イノベーションと
流通構造の国際的変化

業態開発戦略,商品開発戦略から情報化戦略への転換

蓼沼 智行 著

時潮社

目　次

第Ⅰ部　問題提起と流通イノベーション，変化の時系列的変遷

　第1章　序論 課題へのアプローチ ―問題意識，研究目的と方法　8
　　第1節　問題意識及び目的　8
　　第2節　研究の対象と方法　9
　　第3節　先行研究と研究の意義　10
　　　1．研究の意義　11
　　　2．世界システムと流通研究　12
　　　3．流通研究の経緯と国際流通研究の発展　13
　　　4．国際流通比較研究の枠組み　16
　　　5．国際流通比較の多段階的アプローチ　16
　　　6．近年の国際流通比較研究（1990年以降〜）　17

　第2章　情報化，世界システムの変容と流通　21
　　第1節　世界システムの変容モデルからみた近年の情報化　21
　　第2節　情報イノベーションと流通　28
　　　1．第1次流通イノベーション（前大量生産・大量消費時代）　30
　　　2．第2次流通イノベーション（大量生産・大量消費時代）　31
　　　3．第3次流通イノベーション（脱大量生産・大量消費時代）　33

第Ⅱ部　伝統的流通構造の特質とイノベーション

　第3章　ネットワーク化前段階における
　　　　　流通システムの構造とイノベーション　40
　　第1節　流通の概念とその理論的発展　40
　　　1．「小売の輪」理論　41
　　　2．「真空地帯」論　42
　　　3．「小売ライフ・サイクル」論　44
　　　4．「小売アコーディオン」理論　46
　　第2節　流通形態の発展とイノベーション　47
　　　1．米国の流通発展起源とその社会的背景　47

2．米国における小売業態の発展推移とイノベーション　49
 第3節　日本における流通形態の発展とイノベーション　55
  1．日本の流通発展起源とその社会的背景　55
  2．日本における小売業態の発展推移とイノベーション　56

第4章　日本の流通構造の沿革と特質　71
　　　　（歴史的展開　第二次世界大戦後～1990年代）
 第1節　第二次世界大戦後の日本経済と内外価格差　71
  1．国民総生産の観点から　71
  2．世界貿易及び国際収支の観点から　71
  3．企業活動の観点から　72
 第2節　内外価格差問題とその要因　75
  1．供給サイドの価格設定　79
  2．政府規制分野や公共事業における価格硬直性　79
  3．地価コスト問題　79
  4．日本の流通構造問題　80
  5．企業雑費・交際費等におけるコスト意識問題　80
 第3節　日本の流通構造の特質　81
  1．店舗の過多性/店舗規模の零細性　82
  2．経営の生業性　86
  3．流通の多段階制（W/R比率）　88
 第4節　日本の流通システムの特徴とパワーシフト　90
  1．卸売業主導型流通システム　92
  2．メーカー主導型流通システム　93
  3．小売業主導型流通システム　94
 第5節　補論　日本的商慣行の特殊性とその形成要因　99
  1．日本的商慣行の基本的機能　99
  2．日本的商慣行の基本的特性　104

第Ⅲ部　情報ネットワーク化社会と流通イノベーション
　　　　―流通取引の情報化戦略，パッケージIT化戦略，PB戦略―
 第5章　経済・流通のグローバル化，情報化と流通イノベーション　116
  第1節　流通業の国際的変容と国際化　117
   1．米国流通業の国際的進展と国際的製販同盟　117

2．流通業の情報化と国際的製販同盟，流通イノベーション　119
　第2節　流通業の国際的変化と卸売業の対応　123
　　1．流通業の外部環境変化　123
　　2．国際的流通イノベーションと卸売業のマーケティングの再構築　126
　第3節　補論　日本の流通構造と流通調整政策　134

第6章　情報技術革新と流通構造変化　143
　　　　― 2次元バーコードと流通イノベーション ―

　第1節　組織（企業）と消費者・生活者の関係の変化　144
　第2節　個を重視する双方向のコミュニケーションとパッケージIT化の重要性　146
　　1．情報通信技術の進展と表示　146
　　2．パッケージIT化の意義　150
　　3．パッケージとIT戦略手段，方法　150
　　4．「安全・安心」システムとしてのトレーサビリティ確立　154
　　5．個のニーズに対応する双方向コミュニケーションとパッケージ表示　156
　第3節　大手流通業にみるパッケージのIT化戦略　158
　　　　―イオンとイトーヨーカ堂の取組事例を中心に―
　　1．イオン『トップバリュグリーンアイ』とイトーヨーカ堂『顔の見える野菜』　158
　　2．両商品への消費者・生活者のアクセス手段，方法　159
　　3．情報開示による安全性確保の動機付け　160
　　4．各ブランドの位置付け　160
　第4節　ユビキタス情報社会を見据えたパッケージの在り方と今後の課題　162
　第5節　補論　パッケージ情報化戦略がプライベート・ブランドに与える影響　166
　　1．大手チェーン小売業の情報化戦略とプライベート・ブランド　167
　　2．双方向のコミュニケーションとトレーサビリティ　170

第7章　情報技術革新と国際的流通構造の変化の胎動　184
　　　　―ICタグと流通イノベーション
　第1節　情報の産業化と産業の情報化の同質化　184

第2節　流通業の情報化とグローバルネットワーク化　185
　　1．「量」から「質」の革新へ　185
　　2．流通業の国際的変化とネットワーク化　186
第3節　ユビキタス情報社会と新たな情報イノベーション　189
第4節　ICタグの特長　191
第5節　ICタグの経済的効果とその普及要因　192
第6節　ICタグ実験導入事例　196
　　1．流通業界における実験導入事例～マルエツ，ドイツメトロ～　196
　　2．物流業界における実験導入事例～住金物産～　198
　　3．米国国防総省による実験導入事例　199
　　4．アパレル業界における実験導入事例～プラダ～　200

第8章　流通のグローバル化と国際的トレーサビリティ・システム　206
　第1節　社会システムとしてのトレーサビリティ・システムの意義　207
　　1．BSE問題とトレーサビリティ　210
　　2．トレーサビリティの定義　212
　　3．トレーサビリティの有用性と消費者意識　213
　第2節　トレーサビリティ・システムの構築による流通の質的変化とその国際的意義　236
　第3節　トレーサビリティ・システムによる短期的影響と流通構造　239
　第4節　トレーサビリティ・システムによる中・長期的影響と流通構造　241
　第5節　トレーサビリティ・システムが消費者及び流通業に与える影響　246

第9章　結びに代えて　253

あとがき　258

参考文献　262
　［日本語文献］　「単行本」「報告書」「論文」
　［英語文献］　　「単行本」「論文」
　［ホームページ資料］

　　　　　　　　　　　　　　　　　　　　　　　　装幀　比賀祐介

第Ⅰ部

問題提起と流通イノベーション,
変化の時系列的変遷

第1章　序論　課題へのアプローチ
―問題意識，研究目的と方法―

第1節　問題意識及び目的

　情報技術革新の発展，浸透に伴い，経済システムは世界的に大きな変貌を遂げつつある。ミクロの企業組織，生産体制の変化から始まりマクロ的な広がりをもって，世界的な経済体制，制度の変化を促しつつある。本書は，こうした経済構造，制度の変化と融合化について流通業の国際的な構造変化に焦点を当て，イノベーションと構造変化の発展過程とその特質の解明を進めて，情報技術革新と世界システムの変容との関係を明らかにしていくことを意図している。

　流通構造やシステムについては，ミクロの産業構造的視点やマーケティング論の視点，あるいはマクロ経済上の効率性に関わる視点等から国際的な制度比較分析を含めて多くの研究がなされてきた。しかしながら，最近年の情報技術革新の進展を取り込んだ構造変化に関わる研究はまだ少ない。また，現在の変化は，一国ベースの変化を超えて，世界的な構造変化をもたらしつつあるにもかかわらず，世界経済，世界システムの変化との関連付けをもった視点からの分析も未開拓な状況にある。

　一般に経済学の分析においては，供給サイドの分析は生産の分析に焦点がおかれ，広義の供給の概念で対を成す流通は等閑視されがちである。実際，この広義の概念をもって理論的分析を進めた研究は，市場と企業組織の関係に革新的な理論提示を成したR.コースの研究を除いてほとんどない。しかし，取引費用がなく完全情報を前提とした「完全競争市場」を想定しない限り，経済の供給サイドの分析から流通をはずすことは妥当ではない。現実にも，流通は需要との橋渡し役を含め経済活動に広範に関与しており，その構造変化は資源配分，生産体制，企業行動，組織の変化等への影響を含めて経済全体の構造変化をも促す性格を内包している。その構造変化がグローバル

な性質をもったものであれば，世界経済システムの変容を促す重要なファクターとなる。

　こうした現状と認識を踏まえ，本書は，世界経済，世界システムというマクロのフレームワークのなかで，現在の流通業の構造変化を位置付け，その変容を情報技術革新の進展とその影響を軸に日米流通構造の具体的変化の発展プロセスから解明を進める。そして最終的に，イノベーションと構造変化の関係の一般化を図り，流通のグローバル化と国際的トレーサビリティ・システムの新たな構築に向けた動きが内包する社会経済的影響と世界システムの変容への示唆を解明していくことを目的として論を進める。

第2節　研究の対象と方法

　本書の特色は，世界経済，世界システムというマクロのフレームワークのなかで現在の流通業の構造変化を位置付け，その変容を情報技術革新，特に，情報ネットワーク化の急速な進展の影響を軸に解明しようとすることにある。この世界システムというマクロ的なフレームワークにおける情報化と流通業の構造変化を解明していく前段階として，まず，第2章第1節に示すような情報通信技術の発展段階と世界市場の変容の関係を4区分の市場環境変容モデルを用いて検討し，現在の情報化と市場環境の構造的変化の位置付けを図る。そのうえで日米における技術革新と流通構造の発展過程とその特質の解明を進め，情報技術革新と流通構造の国際的変革，その影響を広範な視点から明らかにしていく。

　情報ネットワーク化がもたらす本質的な効用の1つは共有化，標準化という点にある。産業組織や生産体制の国際的標準化はその具体例であり，流通も例外ではない。情報技術，ネットワーク化の進展は各国固有に発展してきた流通構造の制度的融合化，標準化を個別の流通技術の発展と相まって進めてきた。それ故に，流通構造の変容の検証においては制度の国際比較とその融合化のプロセスの検証を抜きにしてはみえてこない。歴史的視点，そのなかでの制度の経済的意義を含めて比較検証を進めていくことが必要である。そのうえで，個々の技術革新が制度の標準化とどのような関係をもち，どのように流通構造の融合化を推し進めてきたのか，その経済，社会的な意義と

影響を含めて実証的に分析，検討を進めていく。

　その検証，分析においては，組織論やマーケティング論を含むミクロ経済学的アプローチのみならず，マクロ経済学的視点にも留意して変化の意義，問題点の解明を進めると共に，社会的影響については独自のアンケート調査も駆使して分析を進める。情報化の進展による構造変化は今や流通形態の高度な標準化と国際的なトレーサビリティを可能とする段階にまで進展してきた。こうした標準化とトレーサビリティの進展は国際的な生産体系の標準化や軍事面におけるロジスティクス戦略のイノベーションにまで発展する可能性も内包している。かかる構造変化を歴史的発展プロセスを踏まえた多段階アプローチを通して解明していくこととする。

第3節　先行研究と研究の意義

　本来，生産され商品化されたものは生産者から直接に最終消費者に届けられるのが理想的であり，古代，我々が誕生するはるか昔はそうした取引が当然のように思われていたに違いない。しかしながら，それは自己が生産したものが単品であり，他の者の加工を付け加える必要もなく，加えて，競争相手が存在せず小商圏内での取引，すなわち，単純な状況下における取引である場合である。

　しかしながら，経済・社会・文化の発展と共に複雑さが顕在化し，今日に至る様々な商品は生産者からの直接取引によるものから中間業者（流通業）を介した取引構造へと変容している。それは経済発展が遂行されるにつれて生産と消費の間に隔たりが拡大したためである。空間や距離問題や分配の効率性という観点から，その隔たりを有機的に結合させ，財の効用を高めてくれるのが流通であり，その機能が流通の基本的存在理由でもある。

　流通は生産過程・卸売過程・小売過程を経て，最終消費者に商品が届くまでの全工程を指すが，その工程は各々，システムとして捉えることができ，それらサブ・システムの総体が流通システムと総称される。

　つまり，流通システムは，流通機構，流通チャネル等を構成する各要素を体系化した概念であり，財の供給に様々な形でもって関与しているメーカー，卸売業，小売業等の個別主体の関わりから構成されている。それ故，それは

生産構造，消費構造，イノベーション，そして規制緩和や競争構造の変化やそれらの相互作用のなかで常に変容の圧力にさらされている。特に，近年においては，それらの変容圧力とグローバル化の流れが相まって，流通システムの抜本的変化を生起させており，それが世界システムをも変容させる大きな流れともなりつつある。流通と情報技術革新との結びつきによる流通グローバル化がそれであり，その流通の効率化や世界的再編に向けた動きが世界システムの変容自体を促す重要な要素の１つとなりつつある。しかしながら，以下にみるように，こうした近年の大きな変化を対象にした研究は未開拓な状況にある。

１．研究の意義

　元来，世界システムにおける経済分野での研究は供給サイドの分析に焦点がおかれ，産業構造の変化に関しても，貿易をも含めて生産体系に焦点を絞った分析が主流となってきた。そのため，広義の供給の概念で対を成す流通部門を含めた分析は等閑視されがちであった。実際，生産と流通をセットとして，理論的分析を進めた研究は，市場と企業組織の関係に革新的な理論提示を成したR.コースの研究を除いて，ほとんど存在していない。

　しかしながら，取引費用がなく，完全情報を前提とした「完全競争市場」を想定しない限り，供給サイドの分析から流通をはずすことは妥当ではない。現実にも，流通は生産と消費の有機的橋渡し役を含め，経済活動に広範に関与しており，その構造変化は，資源配分，生産体制，企業行動，組織の変化等への影響を含めて経済全体の構造変化をも促す性格を内包している。また，ほとんどの先進諸国が現在，既に第１次，第２次産業を経て，第３次産業へと移行しているが（図１－１及び図１－２を参照），その50％以上が流通部門から産出されるサービスで占められるまでになっており，流通の重要性は一層高まっている。加えて，グローバルな連携を可能とする最近年の情報技術の革新が進展してきたなかにあっては，流通システムの変容が世界経済システムの変容を促す重要な要因となりつつあるのは蓋し自然な流れでもあろう。こうしたことからも，新たな視点から流通システムの研究を進めることが必要であり，その構造変化を世界システムの変容と関連付けて分析を試みる本

図1－1　日本の産業構造の変化（GDP）

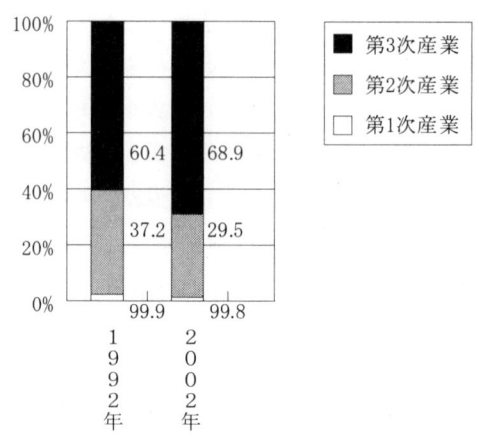

	1992年	2002年
第3次産業	60.4	68.9
第2次産業	37.2	29.5
第1次産業	99.9	99.8

出所：内閣府「国民経済計算」より作成。

図1－2　日本の産業構造の変化（就業者数）

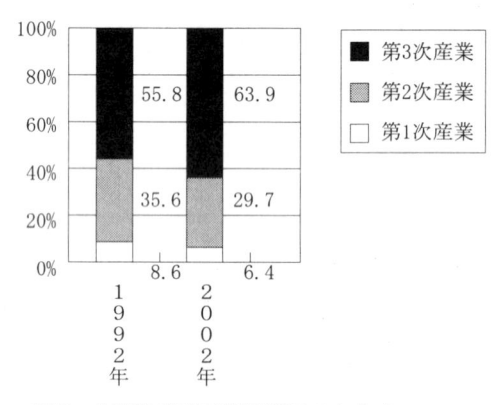

	1992年	2002年
第3次産業	55.8	63.9
第2次産業	35.6	29.7
第1次産業	8.6	6.4

出所：内閣府「国民経済計算」より作成。

研究は十分に高い意義をもつと考えられる。

2．世界システムと流通研究

　流通あるいは流通システムの効率性や変容に関わる研究，及び制度比較に関わる研究は，これまでも多数なされてきた。しかしながら，今日のようなグローバル化の一層の進展に寄与している情報技術と流通の関係に焦点をお

いた研究や，さらには，それをマクロ経済的な視点で世界システムと関連付けていった研究はほとんど見当らない。特に，最近年の情報技術革新との関係にまで踏み込んだ新しい視点での研究は未開拓な段階にあり，文献も少ない。また，それが世界的な構造変化をもたらしつつある大きな変化であるにもかかわらず，世界経済，世界システムとの関わりの視点をもって取り組んだ研究はほとんどないのが現状である。本書は，この未開拓の分野に新たな視点から取り組み，現在の世界的流通構造の変化の意義を明らかにしていくことを第一の目的としている。

以下，第二次世界大戦後から近年に至るまでに多くの研究者あるいは研究機関によって実証研究がなされ理論化されてきた流通研究を，その経緯から発展，さらに国際研究から近年の国際流通比較研究の動向に至るまで，その変遷と概要をみておくこととしたい。

3．流通研究の経緯と国際流通研究の発展

日本における流通に関する研究は，第二次大戦後の戦後経済復興の発展プロセスと絡んで進められてきた。従って，今日のような流通という名称を使用しての学問的体系化はなく，当時は商業学，商業流通論，商業政策論，配給論という名称で呼ばれるのが一般的であった。戦後経済の復興期ということもあり，政府・民間レベルにおいて，日本経済の発展基盤として生産部門に対する政策研究が重要視された事情もあり，この時代の流通研究は，一般的に，製造部門間の付随的な研究の範疇に留まりがちであった。

そうしたなかで，戦後の我国の流通研究の出発点ともいえる代表的な著作として挙げられるのが深見義一の『商業学』である。その研究が母体となって，1950年代に入ると商業学は森下らによる商業論・商業経済論という形で展開し，そこから，荒川らによる商業構造論，さらに三浦，田村らによるマーケティング論への新展開を経て，林，佐藤，荒川，田村，石原，田島らによる流通論及流通システム論と発展し，流通研究が１つの独立的研究分野として進展してくることになった。

流通論がそうした黎明期を経て，発展段階を迎えた時期，すなわち，1960年代以降の主要な研究を概観すると，以下の通りである。

流通研究発展に大きく貢献した研究者には荒川，田島，林らが挙げられる。荒川は，「商業と配給の交錯連環によって特定の様式を与えられた商品流通を対象とするのが流通論であり，これこそ今急速に理論体系を構築されるべきものである」と指摘し，流通論の理論体系化を試みた。

　また，田島や林はスーパーマーケット等大規模小売業者の発展を背景に日本における「流通革命論」の研究と議論の口火を切ったものとして特筆される。

　なかでも，林の著作『流通革命』（中央公論社，1962年）は最も大胆なビジョンを展開し，日本における流通問題に対する関心を高めることに大きく貢献した。林は流通革命のなかで「我国の流通機構の構造的特質は，零細な小売店が過多であることと流通経路が長く複雑であること，従って，1つはスーパーの順調な発展が行われれば，小売店舗の大型化が推進され，中小小売業の比重は低下するであろう，いま1つは中間卸売商の排除が推進され，流通経路の短縮がなされる」と論じている。

　その後の現実の展開は必ずしも林の指摘から示唆されるようには流通業の集約化は進まなかった。卸売業・小売業ともに統計上から検討すると，近年までそれらの数は減少どころか増加傾向を辿り，大型化による店舗数の減少という事実は観察されていない。しかしながら，ここにきてそうした動きが芽生えつつあり，時間のズレが大きかったとはいえ，林の指摘は日本の近未来における流通の方向性という視点から考察してみると，その指摘は意義のあるものであったと評価できよう。

　このように，日本における流通研究は，その研究の発展段階期である田島『日本の流通革命』（日本能率協会，1962年）や林『流通革命』（中央公論，1962年）を契機として，徐々に流通問題研究への関心を高め，学問的基礎付けがなされていったといえる。そうした基礎付けと発展を経て，我国における流通研究の着眼の方向性は次第に欧米先進国における流通実態の研究，あるいは，国際比較流通研究へと向かっていくことになる。

　そうしたなかで，佐藤は『日本の流通機構』（有斐閣，1974年）のなかで米国と日本の流通システムの生成において，その国固有の歴史的発展過程が影響を及ぼしていると指摘し，流通の発展速度及びに発展状況はその国の文化

や慣習の影響を含めて，システム構造も発展進度も異なることを明らかにした。
(14)

この佐藤の研究を契機として，国際比較流通研究が本格化するが，それらのなかでも注目される研究に田内・相原の「流通効率の測定，評価について」(『成蹊大学経済学部論集』，1980年）や田島・宮下の『流通の国際比較』（有斐閣，1985年）が挙げられる。彼らの流通の国際比較研究は，欧米諸国を中心とする流通先進国からの日本流通システムに対する批判とその変革を強く求められた時代の要請にも大きく応えるものであった。国際比較研究は，日本の流通機構の特質を明確にし，改革の方向性を示唆するうえで重要な成果を生みだしてきたといえる。

田内・相原は，「流通の国際比較研究は，異質な社会における共通点と相違点を明確にし，その差異の原因を解明しなければならない。国際比較が真に可能になるためには，多くのデータ集積と，その背後にあるメカニズム解明への仮説を積み重ねる必要がある[15]」と指摘しており，一方，田島・宮下はこれを踏まえ，「重要なことはそのような類似や相違が，それぞれの国の流通の効率・生産性にどのように結びついているかを明らかにすることである。そのことを通じて，流通がどのような方向に変化することが望ましいかを知り，必要があれば，流通変化に誘導するための政策手段を立案投入することが可能となる[16]」として，国際流通比較の意義と研究の方向性を位置付けた。

加えて，田島は同著作のなかで，比較研究をする際の方法と手順にも明確な提示を行い，その後の比較研究の方法論に大きな足跡を残すことにもなった。
(17)

その方法論としては，

①異なった国々における流通相互間の共通点と相違点を抽出すること。

②それらの共通点と相違点，とくに相違点について，その発生機序を説明すること。

また手順としては，

①第一段階として，統計的分析と非統計的分析とを併用しなくてはならないこと。そして，その際，注意を支払わなくてはならないことは，統計比較に入る前処理に重点をおくことであると指摘している。というのは，

15

商業センサスを行っている国において，その産業分類の仕方や調査時点が異なるため，極力，接近したセンサス・データを集めて比較可能な形式に手直ししなくてはならないからである。

②第二段階として，流通の決定要因もしくは影響要因たる環境条件を選別する必要があること。もちろん，無数といってよいほど多くの要因が，流通の決定に，直接あるいは間接に関わっており，しかも，それらの要因は，個別独立的に流通の決定に関わっているわけではなく，要因そのものが強い相互関係をもつと同時に，要因と流通の間にも，双方向的な因果関係が存在する。

現在では，当然のアプローチの基本だが，国際比較研究の枠組みを最初に整理，定義付け，その後の研究発展の基礎付けに貢献したことは高く評価されよう。

4．国際流通比較研究の枠組み

日本の流通研究は，以上のように，国際的比較研究を通して，自国の特質と問題点を明らかにするという形で今日まで進展してきた。その比較研究の内容としては多種多様なものが考えられるが，最も基本的なアプローチは構造比較分析アプローチである。店舗数の国際比較，面積当り・人口当り店舗密度の国際比較，業種別店舗数構成比や規模別分布等の国際比較，あるいは卸売業と小売業の関係の国際比較や流通迂回率に関する国際比較等がこれに含まれる。

こうした国際流通構造の変化の比較を試みることは，市場経済下においては長期的には，より効率的な仕組みへと進展している有様を把握することを可能にすると共に，他方では，それを阻害しうる要因が存在するか否かも，国際比較研究をすることで見出すことをも可能とする。こうした意味で，比較研究の有効性かつ重要性は高いといえよう。

5．国際流通比較の多段階的アプローチ

国際比較研究は，以上のように重要だが，一方で，その欠点・問題点も指摘されるようになった。国際流通比較は異質な社会，すなわち，異なる環境

条件の下での共通点や相違点を明確にしたうえで，その環境条件の要因からどのようなものを見出すか，あるいはこの環境条件との対応関係は検討対象となる流通システムの構造や機能によって差異が生じるであろうと考えられることから，事前の理論的検討が必要不可欠となる。

そして，これらに関して段階的かつ精密な考察を欠いた場合に，国際比較はいくつかの事例研究に留まってしまう惧れがあり，理論的には無益なものに終わるという批判がそれである（Barnes [1980][18], El-Ansary and Liebrenz [1982][19], 田村 [1986]）。

このような問題に直面して，我国の流通研究もトータル・システムとしての流通の国際比較から研究対象を特定したサブ・システム・アプローチへと研究の分化が図られ，それらの積み重ねとしての多段階アプローチへと研究が発展してくることになる。こうした研究には，例えば，田村，バッツァー・鈴木，そして，田島等が挙げられる。

田村は『日本型流通システム』（千倉書房，1986年）のなかで，「中範囲」の理論を提唱しているが，これは先進資本主義諸国に対象を絞って，我国の流通システムの特質を解明しようとしたもので，彼は膨大なデータを綿密に整理し分析を試みた結果，日本型流通システムの後進性を確認している。つまり，理論仮説から出発するトータル・アプローチとは逆に，研究対象を絞った現実の実証分析の積み重ねから一般性をもった結果を導きだしている。そうした意味において，我国における流通システムの特性に関するアプローチを提示したものとして，また多段階アプローチへの基礎付けとなった研究としても高く評価されるものであった。

また，バッツァー・鈴木も『流通構造と流通政策─日本と西ドイツの比較』（東洋経済新報社，1985年[20]）において田村の研究同様に，サブ・システムの手法を用いて，流通政策の視点より実証分析を行っている。

6．近年の国際流通比較研究（1990年以降〜）

以上のような研究と研究方法の変遷，発展を経て成果が積み上げられてきた最近年の国際流通比較の研究業績をみてみると，グローバル環境における流通構造ならびに流通政策，流通革新といった様々な視点から国際流通比較

研究がなされるようになってきている。この背景には，研究手段の発達に加え，時代環境的にも，従来のような欧米先進諸国による批判への対応のための実証分析ということよりも，むしろ，自らの規制緩和や自由競争の促進が前提となったグローバルな視点での国際流通比較の研究が求められるようになったことが挙げられよう。

この最近年の研究で代表的なものには，丸山ら（他6名）[21]，バッツァー・ラウマー・鈴木[22]，横森[23]が挙げられる。丸山らは効率性という観点から，欧米諸国との国際比較を試み，日本の流通業は規模格差が極めて大きいものの，全体的な生産性，メーカーとの相対的な付加価値生産性をみても，決して低くはないとし，さらに，卸の多段階性を考慮に入れたとしても，流通マージン率や流通在庫率は高くはなく，日本の流通業がそれまでの一般認識に反して決して非効率ではないことを示している。

一方，鈴木らは，その研究で，日本と西ドイツにおける流通政策面での国際比較分析を行い，グローバル環境下における日本市場の特殊性の要素として，流通系列化システムの閉鎖性があったことを指摘した。そして，それが自由価格競争を阻害し，非効率性を促し，その結果として，輸入が制限され内外価格差問題が解消されない状況を生む等，流通マージン率や流通在庫率から見出せなかった日本の流通システムの全体的な非効率性の原因を指摘している。

また，横森は，『流通の構造変動と課題―ヨーロッパと日本の流通―』（白桃書房，2002年）のなかで，各国に共通して形成されつつある大規模分散型の小売構造は，流通が本来もっている商品供給機能との間に軋轢を生じさせるであろうと指摘し，このような構造によって「生活の質」が低下してしまう可能性があるという新たな課題をも提示している。

このように，研究対象を絞った実証研究と，その様々な角度からの研究の積み重なりにより，我国の流通構造，特質の解明は着実に進展してきた。しかし，こうしたミクロ的多段階アプローチでは，一方で研究の分化によって，マクロ的視点からの流通体系としての特質や問題点が浮び上がりにくくなり，その解明が等閑視されがちとなる惧れもある。鈴木らの研究が大きな成果を得たのは，政策の分析というマクロ的視点を伴っていたことも働いていたと

考えられ，そのことは逆に，部分的多段階アプローチの限界を示唆しているともいえよう。特に，最近年の情報ネットワーク化の進展による制度の融合化をも含めた世界的な流通システムの構造的標準化への急速な展開に照らすと，それをどのように捉え，分析していくかという場合には，ミクロ的多段階アプローチは，有益なアプローチとは成り難い。ミクロ的多段階アプローチの成果を踏まえつつも，情報化自体がもつ標準化への動きを軸に，マクロ的視点を加えた新たな分析枠組みが要請されよう。

　本書では，そうした新たな分析アプローチを試みる。その新たな分析枠組みの下で，現在の流通構造の抜本的構造変化を以下，分析していくこととしたい。

　　注
　（1）深見義一『商業学』春秋社，1949年。
　（2）森下二次也『現代商業経済論』有斐閣，1960年。
　（3）荒川祐吉『小売商業構造論』千倉書房，1962年。
　　　　同著『商業構造と流通合理化』千倉書房，1969年。
　（4）三浦信『マーケティングの構造』ミネルヴァ書房，1971年。
　（5）田村正紀『マーケティング行動体系論』千倉書房，1971年。
　（6）林周二『流通革命』中央公論社，1962年。
　　　　同著『流通経済の課題』日本生産性本部，1968年。
　　　　林周二・田島義博編『流通システム』日本経済新聞社，1970年。
　（7）佐藤肇『日本の流通機構』有斐閣，1974年。
　（8）荒川祐吉『流通政策への視角』千倉書房，1973年。
　　　　同著『流通研究の方法論』千倉書房，1988年。
　（9）田村正紀『日本型流通システム』千倉書房，1986年。
　（10）田村正紀・石原武政編『日本流通研究の展望』千倉書房，1984年。
　（11）田島義博『日本の流通革命』日本能率協会，1962年。
　（12）久保村隆祐・荒川祐吉『商業学』有斐閣，1974年。
　（13）林周二，前掲書，1962年，170～172頁。
　（14）佐藤肇，前掲書，1974年，23～49頁。
　（15）田内幸一・相原修「流通効率の測定評価について」『成蹊大学経済学部論

集』第11巻第1号，1980年9月， 9～18頁。
- (16) 田島義博・宮下正房編『流通の国際比較』有斐閣，1985年， 5頁。
- (17) 田島義博・宮下正房編，同上書，1985年， 3～5頁。
- (18) Barnes, W.N., "International Marketing Indicators," *European Journal of Marketing*, vol.20, Winter No.2, 1980.
- (19) El-Ansary, A.I.and M.L.Liebrenz, "A Multistage Approach to Comparative Marketing Analysis," *Journal of Macromarketing*, 1982.
- (20) E.バッツァー，鈴木武編『流通構造と流通政策―日本と西ドイツの比較―』東洋経済新報社，1985年。
- (21) 丸山雅祥他「日本の流通システム：理論と実証」『経済分析』企画庁経済研究所，1991年5月第123号。
- (22) E.バッツァー/H.ラウマー/鈴木武編『現代流通の構造・競争・政策』東洋経済新報社，1992年。
- (23) 横森豊雄『流通の構造変動と課題―ヨーロッパと日本の流通―』白桃書房，2002年。

第2章 情報化,世界システムの変容と流通

第1節 世界システムの変容モデルからみた近年の情報化

　ウォーラーステイン⁽¹⁾によると,世界システムとは,「1つの社会システムであり,それも固有の境界と組織構造と構成員,何らかの法体系,一体感等をもった社会システムである」と定義される。そして,彼の描く世界システムにおいて,歴史上で真に意味のあるリアルなシステムは2つしかない。1つは完全に孤立した自給社会(ミニシステム)で,もう1つは巨視的な世界システムである。そうしたシステムのなかで,彼の提唱するその世界システムの対象とは,多数の文化を含みながらも広範な分業体制を基礎としたものから出発する。そして,商品連鎖を通じての世界経済における生産諸過程の統合が,歴史的に,世界システムの様々な局面に影響を与え,そうした体制を形づくりながら,同時に変容を促してきたとしている。このようなウォーラーステインが示した世界システムは評価と議論が繰り返されながら,今日まで多くの研究者に多大の影響を及ぼしてきた。特に,資本主義社会を核とした世界経済史や世界経済論の分野において強い影響を与えてきた。彼の提唱する世界システム論が,大きな一石を投じることになったからである。

　従来,世界経済構造の研究は,経済構造の制度的側面や環境変化を与件として,供給のメカニズムを分析する経済学の視点から研究が進められ,規制や制度の意義にまで踏み込んだシステムの研究は等閑視されてきた。つまり,経済学では,そうした制度与件の下での資源の分配,生産と需要,そして取引のメカニズムの解明に焦点がおかれてきた。例えば,古典派経済学の代表的な一人であるJ.B.セイの主張した法則,セイの法則にみるように,「供給はそれ自身の需要をつくりだす」に代表される供給サイド重視の分析から始まり,その後のケインズ革命に代表される需要サイド重視の分析,そして総需要・総供給分析という流れをもって研究が進められてきたのは周知のところである。需要,供給分析の変化はいずれであっても,経済構造や制度としてのシステムや,その変化自体は環境変化を含めて与件として捉われ,例え

ば，規制を含む制度の意義等の分析，それを含めたシステムの構造分析は，最近年の「情報の偏在」に視点をおいた制度分析研究を除いて，経済学のなかではほとんどかえりみられることはなかった。

　しかしながら，現在の変化は，この構造自体に変化をもたらす性質を内包しており，ウォーラーステイン的な世界システムとしての視野をもって構造分析を進める必要性が高まっている。特に情報化はこれまで，与件として捉われてきた諸規制について，その経済性を問い直すことを求めており，それに応える形で限定的ながら，「情報の偏在」の理論からの分析が進められつつある。「情報の偏在」とは，情報収集能力に大きな開きが生じたり，情報が偏って行き渡ったりする状態を指し示す。例えば，将来的需要を予測する際の情報は基本的に不完全であり，市場取引の不確実性は完全に払拭できない。従って，安全，安定のための競争制限的な制度，規制等の公的介入により，不確実性がある程度コントロールされ得たこと等，規制，制度の再評価が行われる一方，そのコストと自由市場の価格メカニズム抑制のデメリット等との関係を体系的に見直す分析が進みつつある。ただし，現実の情報化の流れはネットワーク化を通じて素早いスピードで広範に広がり，内外無差別に価格メカニズムを浸透させつつある。つまり，理論的見直しの発達をはるかに凌ぐスピードで構造変化が進みつつあり，その現実の変化をまず解明し，その体系的解釈と理論化を進めていくことが不可欠となっている。実際，現在の情報化はインターネットの普及とビジネス間における取引の浸透によって一段と加速され，国境を越えた構造変化を促しつつある。

　世界システムを構成する重要なサブ・システムとしての流通もその例外ではなく，情報化の普及と浸透を伴い，例えば，これまでのような流通における「情報の偏在」が縮小してくるなかで，世界的な取引が瞬時になされるようになり，そのシステムの透明性が図られ世界的標準化が急速に進展している。特に，流通が経済のブラック・ボックスと揶揄されたように，従来より情報の非対称性が大きく，そこから需給のミスマッチを拡大さえしてきたが，インターネットを通じた情報ネットワーク化によって，需要と供給の均衡を調整する本来的な機能を格段に高め，取引の透明性を可能とし，ミスマッチ・リスクを大幅に解消しつつある。こうした変化は，翻って，制度の変化を迫

ることになり，大きな構造変化を促していくことにもなる。

さらに，近年のような需要サイドの変化が著しい資本主義国にとって，流通の取引構造の変化は，経済構造や経済システム全般に大きな影響を及ぼしうる公算が高い。換言すれば，この現在の情報化と相まった流通分野での変化の解明は，現在の世界経済，世界システム構造変化の特質を明かす大きな鍵を提示することにもなりえよう。

情報通信技術は技術革新として，その急速な普及を伴って，経済のグローバル化をよりスピーディーに浸透させている。というのも，ミクロ経済の視点から流通と情報通信技術の関係を捉えてみると，それは個別企業レベルの取引関係を大きく変革させるばかりでなく消費者をも含めた流通構造へと大きく変貌させ，それが世界的に生産体系，資源配分の仕組みを構造的に変化させていくことが予見されるからである。

さらに，既述のように，経済先進国の殆どが既に第3次産業に移行しており，しかも，その50％以上が流通部門から産出されるサービスで産業構造を形成していることから，流通の重要性は高まってきている。そうした意味では，この未開拓な情報化と流通システムの構造変化の関係とその世界システムの変容への影響，示唆を探る研究は，十分な意義があるといえよう。

本節では，まず，世界システムというマクロ的な位置付けを明確にするため，グローバリゼーションの一端を担う情報通信技術の世界市場の環境状況を次の図2－1のように4つの変容モデルを用いて概観する。そして，情報通信技術と流通との絡みのなかで，早期浸透と普及において先行する米国と，それを追従している我が国，さらに流通との関係や情報通信技術におけるインフラストラクチャー整備面や技術革新面等トータルで遅れをとっている後発国の位置付けをしていく。同時に，各々の段階における特徴を流通の取引構造との絡みで概観し，分析のための基本構図を整理していくこととしたい。

図2－1のように，縦軸には世界システムへの影響力を，横軸には流通と情報通信技術の浸透度，すなわち，それが及ぼす効率化の度合いを各々，指し示すように設定してある。4つの升目には，各々，①神の見えざる手状況，②囚人のジレンマ状況，③救命艇状況，④共倒れ状況と位置付けし，①の状況に後発国，②から③の間の状況に日本，そして，③の状況に米国を設定し

図2－1　4つの変容モデル

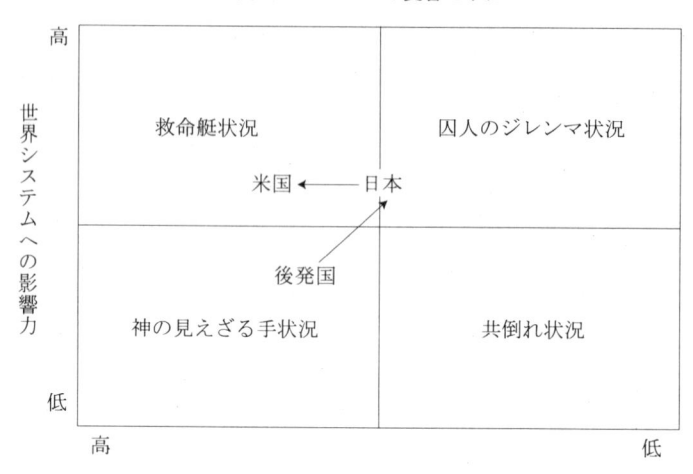

```
          高
          │
世  │ 救命艇状況      │ 囚人のジレンマ状況
界  │                │
シ  │     米国 ← 日本 │
ス  │────────────────┼────────────────
テ  │       後発国    │
ム  │                │
へ  │ 神の見えざる手状況 │ 共倒れ状況
の  │                │
影  │
響  │
力  │
          低
      高ーーーーーーーーーー低
      流通と情報通信技術の浸透度＝効率性の度合い
```

出所：筆者作成。

た。以下，各々の状況にある日・米・後発国の特質と流通及び情報通信技術の浸透度が世界システムにどのような影響力をもたらしているのかを具体的に取引面に焦点を絞って検討してみたい。

①神の見えざる手状況：私的，個別的な競争が全体にとっての善を生みだす状況。この段階では情報通信技術がまだ導入時期に当たり，消費者には未だ完全に浸透していないため，導入状況も主に企業だけに留まっている。従って，効率化を必要とする企業同士が自社の企業管理体制を補完的に作用してくれるツールとして導入している状況であり，企業間の導入がある程度進んだこの状況の後半になると，企業間での効率的な取引が享受できるようになる。ただし，この状況では情報の共有化までは進まず，あくまでも人を介しての電子商取引である。この状況においては各々の企業同士すなわち，横の競争原理あるいは流通構成員が流通においてチャネル支配をめぐる縦の競争原理が作用している状況にある。後発国において，現在がまさにこの状況にあるといえる。例えば，中国を例に挙げてみれば明確なように，莫大な国土と人口をもつ中国におけるインターネットは近年，著しい勢いで普及し続け，今日においては便

利なツールとして活用されている。しかしながら，国土の多くは農村部と発展途上の工業化地域から成っているのが現状であり，その用途は非常に限定的で主にコミュニケーションの一環としての要素が強く，流通との絡み合いでの作用は強くない。従って，それは日系や欧米系外資流通業主導の下，コンビニエンス・ストアや総合スーパーマーケット等の限定した枠内でPOSレジとバーコードの連動によるものに限定されている。あるいは，先進諸国向けの輸出においての情報通信技術の導入段階にあるともいえよう。すなわち，取引相手国企業の流通システムに応じた情報通信技術の導入に他ならないといえよう。また，この情報通信技術段階での諸国の消費市場の特質としては，大量生産・大量消費というマス・マーチャンダイジングの時代に該当し，質よりも量に対する合理的経営手法を追求している段階である。

②囚人のジレンマ状況：お互いの協力に成功すれば，個別に競争するよりは良い結果をもたらしうる状況。①の状況の段階において，情報通信技術で効率的取引の効用が実るようになると，景気低迷と消費低迷により，企業はより効率化を向上させ，信頼のできるパートナーと協業関係を築くことで，規模及び事業の拡大を図ろうとする。この状況に入ると，大手企業を中心に垂直統合あるいは後方垂直統合が一段落し，提携企業対提携企業あるいは統合企業対統合企業の水平的競争が起こり始める。そして，この状況になると，規模の拡大により市場は次第に寡占化するようになってくる。取引も一部オープンな情報ネットワーク化が進み，国内企業に限定することなく，条件・状況に応じて国外からも積極的に取引をするようになる。流通においては「製販同盟」を構築する状況にある。本書では，日本の一部をその該当国として挙げているが，この段階での日本の消費市場の特質として，消費市場の多様化と寡占化により縦の競争から横の競争へと転換し，それに対抗する戦略として，製造から最終消費に至るまでの一貫した効率化を図るための業務提携や合併，統合が遂行される。我国におけるコンビニエンス・ストアをみればわかるように，「製販同盟」を締結することで，需要サイド，すなわち，消費者ニーズへの迅速な対応を実現させている。POSレジから把握される

商品販売状況を締結相手であるメーカーに限定し，オープンに情報を伝達することで，これまで以上に俊敏に消費者ニーズに対応でき，なおかつ，製品開発に際してもより消費者ニーズを汲み取った市場導入を可能ならしめ，さらに，潜在ニーズに合致した製品の生産をも実現させつつある。この段階においては，物流という概念から脱却し，ロジスティクスという概念へと移行させ，ボトルネックとなってきた要因を情報通信技術の強みによって補完させている。そうした意味では，流通における情報技術革新の広範な機能向上が物流改革を遂行させ，流通システムにおけるBtoBの普及が大幅に進展した段階といえよう。

③救命艇状況：全員を救うことはできないが，一部の「強者」だけなら自立（孤立）し生き残れる可能性のある状況。②の状況における寡占化がこの状況においては顕著化してくる。同時に，この状況に入ると，インターネットを通じて消費者も企業活動に何らかの関与をするようになり，企業側のオープンな情報公開が求められる。特に，この状況では，アカウンタビリティやコンプライアンス経営が社会から求められてくる。つまり，これまでは情報ネットワークも企業間で主に行われていたが，それを消費者も活用できるようになり，企業活動に消費者も関与可能な状況になる。従って，企業は消費者の要望によっては情報を提供できるシステムを構築しなくてはならない。そうした意味においては，社会システムとしてのトレーサビリティの導入はこの状況では制度化される。すなわち，この状況においては，トレーサビリティ・システムが確立できない企業は再編・淘汰を余儀なくされるようになる。ここでの「強者」とはそういう意味の強者であり，すなわち，表面的な規模面での強者を意味するものでは決してない。また，さらに，ここで特筆すべきことは，情報ネットワークで消費者もつながっているということである。つまり，当然，消費者に対するプライバシーの保護を確保するシステムも同様に求められるのである。一方，この情報通信技術段階での諸国の消費市場の特質としては，大量生産・大量消費というマス・マーチャンダイジングの効果が薄れ，量よりも質が問われ個を重視した段階にあるといえる。従って，この段階での流通において情報通信技術の効果が絶大であり，

技術革新を通じて世界システムに及ぼす影響力も極めて高い状況となってくる。ハードに加えてそれをより効率的にサポートしてくれるソフト，すなわち，流通において今日，その導入が叫ばれている2次元バーコードやICタグ等といった情報技術革新が台頭してくる。最近年の日米の流通業における情報技術の導入状況としてはこの段階にあるといえるが，②の囚人のジレンマ状況でも述べたように「製販同盟」等の戦略的提携による効率的流通システムに新たな技術革新を導入することで，流通のプロセスの情報を流通構成員のみならず消費者にも，もたらされるようになる。また，この状況における情報通信技術の浸透は国境をもたないボーダレスな取引を可能とするため，インターネットを通じてスピーディーかつ広範に世界各国に広がっていく可能性が強い。従って，情報開示が可能なシステムを構築できるならば，後発国もこの状況に素早い年月を経て到達する可能性は十分に考えられる。ただし，この状況は，かなり質の高いサービスが消費者に求められるため，そうした意識改革が各々の企業にとって必要不可欠となることを忘れてはならない。

④共倒れ状況：孤立しても協力しても生き残れず，一部だけでも生き残るためには全体の規模を強制的に縮小せざるをえない状況。③の状況における2つのシステム，すなわち，社会システムとしてのトレーサビリティと消費者に対するプライバシー保護確立のためのシステムづくり等の失脚，あるいは②の状況において創出された「製販同盟」において締結された運命共同体が何らかの失態・業績悪化に陥ることになり，それが要因で大幅に情報技術の効用が下がる状況。この状況は，未だ世界経済が情報技術を活用してから経験したことのない未曾有な段階であるが，この状況にならないように③の救命艇状況において，入念にその不測の事態に備えておく必要がある。従って，この状況になる前に，その不測の事態に柔軟に対応できる機関を設立しておく必要がある。それは，ミクロな視点である国家レベルにおいては，営利目的をもたない機関，すなわち，NPO (Non-Profit Organization) 等が中心となって，民間企業と消費者間の情報を公正な管理の下，中立的に機能を行う必要があろう[3]。また，もしこの状況になったと仮定した場合にも，情報通信技術は

既述したようにインターネット人口の普及と浸透により広範な拡大をみせていることから，事態の深刻さは想像を絶するものとなるため，世界規模で管理する機関が必要不可欠となる。金融においてIMFが存在するように，情報産業においても同様な機関が早期のうちに創設される必要性がある。そして，その機関の下でのグローバルな視点に立ってのルールづくりが望まれよう。

　以上の4区分の変容モデルでの日，米，そして後発国の位置付けと変化の方向性を念頭において，以下，日，米の情報技術革新と相伴った流通構造の変容に論を進めたい。

第2節　情報イノベーションと流通

　あらゆる時代において，産業に対し，国民経済的に意味のある進歩をもたらすのは，広義の意味におけるイノベーションである。シュンペーターによると，イノベーションとは，「既存の概念や制度，そしてモノやサービスのシステムを創造的な発想で否定し，その上に新しいモノとソフトそしてシステムをつくること」と定義付けられる。加えて，彼はこうした創造的破壊と革新は，生産技術の革新，新商品の開発，新市場の開拓，そして，新しい経営組織の創出によって具現化されるとした。このことは流通部門においても例外ではない。例えば，大手チェーン小売業は大量販売，大量輸送，そしてそれを背景に可能ならしめたワンストップ・ショッピング等の新しい経営管理技術を積極的に導入し，コストダウンを実現し，消費者に質の高いサービスや低廉な物品を供給するシステムを確立してきたことである。

　流通活動は生産と消費を結び付ける活動であり，それは，一国の経済の幅広い分野に存在する。従って，消費市場の様々な変化が流通システム，流通業に影響を与え，これを規定する。イノベーションに関しても同様であり，経済，社会に広範囲に影響を与えるようなイノベーションは，流通に対しても大きな影響を与える。もちろん，こうしたイノベーションを支えてきた社会的インフラストラクチャーも等閑視することはできない。鉄道による大型物資運搬の普及，自動車普及，すなわち，モータリゼーションの到来に伴う環状バイパスの整備や高速道路網の整備等の社会的インフラストラクチャー

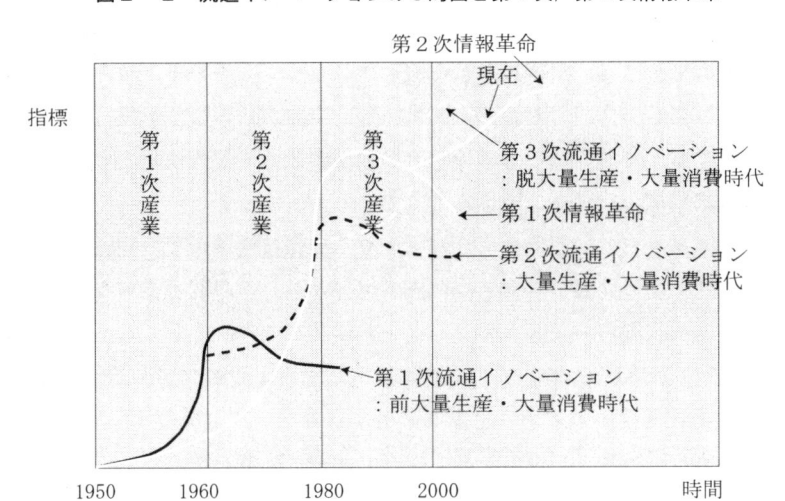

図2-2 流通イノベーションの3局面と第1次，第2次情報革命

参照資料：公文俊平『情報社会学序説―ラストモダンの時代を生きる』NTT出版，2004年。

もイノベーションを支え，その効果を格段に後押ししてきたからである。

こうした形態のイノベーションを通じて，構造変化が進んできたわけであるが，具体的に，日米の流通構造変化を振り返ってみると，その構造変化は，大別して，図2-2のようになり，その中核となる流通イノベーションの三局面と並行する形で第1次，第2次情報革命が同時進行してきたことになる。第1次情報革命は，当初は自社企業での限定的な情報化という性質であった。例えば，事務レベルでの書類，伝票の作成・管理や，工場現場レベルでの生産システムのオートメーション化等一企業内の管理を擁する性質にあった。しかし，その後のチェーン小売業の台頭に伴って1970年頃から情報技術の積極的導入が行われ，EOSやEDIを介しての特定メーカーとの情報の共有化が行われるようになり，それまでの一企業内の管理から特定企業間へとネットワーク化がなされるようになっていった。

一方，第2次情報革命は，インターネットの急速な普及を伴った最近年の企業連携や協業といった手段が外部委託をはじめグローバルなレベルで進展するようになり，消費者を含めた本格的な情報の共有化が実現されつつある

状況へと変貌してきている。1990年代後半より広がりをみせてきている製販同盟等はその方向性を示唆する代表的なものとして位置付けられよう。

なお、図2－2は、日本における流通イノベーションと第1次、第2次情報革命に準拠して作成したが、米国は時間的発展が日本よりも先行しているという点においては異なるものの、その発展の仕方や情報技術との絡みあい方は、ほぼ同様のパターンを歩んできている。

図2－2に沿って、以上のように示される情報技術革新との関係における日本の流通革新の発展プロセスは、先の世界システムの変容モデルに照らせば、後発国の状況から「囚人のジレンマ」状況に向い、そして、イノベーションが先行した米国のような「救命艇」の状況に向う発展経路と重なり合うもので、現在進行中の革新は世界システム変容モデル上からは、「救命艇」の状況をより進行させ、世界システムとの連動と影響を深めていく新たな発展プロセスの途上にあると位置付けられよう。図2－2の変化をより詳しくみておくと、以下の通りである。

1．第1次流通イノベーション（前大量生産・大量消費時代）

我国の流通業において、時代を遡ってみれば、流通業の出現、その存在自体が流通イノベーションといえるが、厳密に研究者間で流通革新という言葉が議論の対象となったのは、百貨店が誕生して以降のことを示す場合が多い。なぜならば、業種から業態へと小売業の特質が変容していき、それが小売業という枠を超え、流通システム全体のイノベーションとして様々な影響を引き起こしてきたからである。それまでは、ただ単に、メーカーが生産する商品を萬屋として、小規模な店舗内で広く浅い陳列で消費者に商品を供給するだけに過ぎなかった。それが、生産品の多様化が進むにつれ、流通する商品の種類や数量が急増し、萬屋だけでは対応できなくなり、分業化が進んで、野菜、肉といったように取扱商品を限定的にした専業店が台頭するようになっていった。因みに、こうした専業店は、流通の分類概念では、一般に「業種」と分類され、販売方法等の営業形態によって分類される「業態」という分類概念とは異なる。より具体的には、後者は、"何を販売するか"という側面の他に、"如何に販売するか"、すなわち、"どのような販売の仕方をす

るか"という側面も併せもった概念である。それは例えば，同じ背広を販売している小売店でも，生産者が製造したものを仕入れ，そのまま販売する小売店と消費者の注文に応じて仕立てる店では業種は同じであったとしても，業態は異なるということになる。

百貨店の出現が1つのイノベーションと見做されるのは，それが，多様な業種の集合化というだけでなく，業種から業態へと大きな転換を成し遂げたところにある。この変化の背景には，中小小売店が社会・時代の構造的変化に対応することができず，その為，小規模で多段階な流通と諸外国から批判を受けるようになったことがあった。こうした状況下，百貨店は，大手企業として企業家精神を発揮し，その資金力を背景に業種から業態へと転換し，流通構造を大きく変えていった。そのイノベーションの意義は，第一に，1つの店舗内で主として買回品について広くて深い商品陳列を実現させ，比較購買・関連購買というワンストップ・ショッピングを消費者に提供したこと。第二に，その現金仕入販売力によりバイイング・パワーを保持し，流通システム内において初めて発言力を高め，返品制をメーカー及び卸売業に対して要求することで，誰にでも常に同一の価格で販売する定価価格販売といった新しい販売方式を確立したこと，すなわち，定価制を採用することで，事実上の商品単価を一定に定める仕組みを確立したディスカウンターとしての性質を内包したこと，である。この百貨店の出現がもたらしたイノベーションのうえに，第二次世界大戦後の革新的構造変化が進んでいくことになる。なお，百貨店が出現した初期から中期にかけては，まだ流通と情報技術革新の浸透度は①の状況にあり，ほとんどその恩恵を受けていなかったといえる。つまり，その恩恵が現れ始めたのは中期から後期にかけてのことであり，そして，それは人を介しての電子商取引に留まっていたとみてよいだろう。

2．第2次流通イノベーション（大量生産・大量消費時代）

第二次世界大戦後の我国の流通イノベーションといえば，チェーン・オペレーションとセルフ・サービスが挙げられる。チェーン・オペレーションとは，チェーン本部に一括仕入れ機能を集中させることによって，小規模ながら多数の店舗を組織的に統合し，さらに専門的な管理の下で戦略が展開させ

る運営方法である。それは，いわば，百貨店の各売場を，チェーン・ネットを通じて全国的に展開するという組織イノベーションであった。ただし，チェーン・オペレーションは，チェーン本部が卸売段階にまで関与していく場合が強く，各店舗が小売段階に位置すると見做すことができることから，卸売と小売が統合されたシステムという側面も有しており，この点で，百貨店組織を超える機能を有していたといえる。

　一方，セルフ・サービスは，従来のフル・サービス（対面販売）とは対照的な概念であり，大量生産・大量販売を遂行するうえで重要な役割を果たしてきた。特に，薄利多売を打ちだした小売業にとっては，それまでのようなフル・サービス方式では，商品の説明サービスを担う販売員を必要とし，人件費におけるコストが割高となるばかりではなく，消費者にとっても自由な購買行動に制約がかかりかねず，効率性と消費者ニーズへの柔軟な対応に問題があった。そのため，セルフ・サービスは導入後，瞬く間に消費者の支持を得て，急速に広まっていった。これらの革新的手法の広がりを受けて流通構造の組織的イノベーションが進んだ結果として出現したのが，スーパーマーケット，量販店，ディスカウント・ストア等である。これらの業態は，どれも薄利多売経営の下，共通して店舗・レイアウトの簡素化とパートタイマーの登用等を進め，ローコスト経営と価格革命を実現していくことになった。

　しかしながら，こうしたイノベーションの進展において，規制も重要な関わりを有していたことを忘れてはならない。チェーン・オペレーションとセルフ・サービスが広まっていった背景には，GATT体制の下での貿易の自由化と規制緩和に向けた政策展開があったからである。また，経済発展に伴う消費者のニーズの多様化やモータリゼーション，地方・郊外を含む社会的インフラストラクチャーの整備(5)も，そうした変化の促進剤となった。それらは，これまでの都心部を基点とした小売業の店舗展開を地価の安い郊外へと転換させ，価格革命を広く実現させていくことになったといえよう。消費経済の全国的な広まりと価格革命を通じた大衆消費社会の到来は，マクロ的には，消費者への安定的供給システムの確立となるが，それは同時に，流通における取引システムの一大変革を意味している。この変革が浸透し始めるまでは，流通の取引形態は，メーカーが主導のものとなっていた。メーカーが販売ル

ートとして，取引形態を確立し，メーカー主導の下で，日本的商慣行を形成してきた。メーカーは，その流通システム内で価格支配力を保持し，卸売業，小売業を垂直統合することで，販路の支配権を握ってきたのである。

その一方で，スーパーマーケットを筆頭に，チェーン・オペレーションとセルフ・サービスという革新的経営手法の導入を通じた価格破壊の進展は，同時に，メーカー主導の流通システムを漸次崩壊させた。建値制，リベート制，特約店制度等の廃止・簡素化が進むなか，メーカー主導型の流通構造は，小売業を主体とするものへと段階的に変化していった。製品特性によっては，生産者であるメーカーと小売業の力関係の逆転が進み，それが広範化し，特に，今日のようなデフレ経済の煽りをダイレクトに受けるような製品群に関しては，むしろ，力関係というよりも小売業への販売依存が，年々高まりつつある。

また，近年では大店立地法施行の影響もあり，主に最寄品・買回品においては，関連商品を1ヵ所でまとめて購入できるような規模の大型店舗をチェーン・オペレーションで展開し，そのチェーン本部が傘下の店舗の取扱商品を一括して大規模メーカーあるいは大規模卸売業から直接，大量仕入れするという方式も一般化しつつある。

これらの変化を通じて，低価格での大量販売という効率的な流通が可能となり，抜本的な流通構造の変革への基盤が整えられてきた。それが，第2次流通イノベーションの重要な意義でもあったといえよう。

3．第3次流通イノベーション（脱大量生産・大量消費時代）

第2次流通イノベーションは，上記のように，スーパーマーケットや量販店，そしてディスカウント・ストア等の「価格訴求型」小売業が中核的役割を担った量的イノベーションであったのに対し，第3次流通イノベーションは，質の面でのイノベーションにその重要な特質がある。すなわち，我国の経済成長率及び生活水準が一定の水準に到達し，PLC（Product Life Cycle：製品ライフ・サイクル）の短命化や需要低迷に伴う物余り現象や少子・高齢化，そして女性の社会進出等といった社会的な構造変化が進んできた。その結果，小売業は，単なる低価格戦略や幅広い品揃えだけでは差別化を図れなくなっ

てきた。加えて，豊かな社会のなかでの経済停滞と生活水準の切り下げ圧力を経験し，その将来不安による貯蓄志向の高まり等から極力消費を抑制するようになった。従って，企業は，真に消費者が必要としているものを如何に的確に捉え，魅力ある製品を提供していくかが，改めて厳しく問われることになった。この点での的確な対応ができなければ，バブル経済崩壊に起因する消費低迷や段階的な規制緩和による競争激化という流通経済環境の変化のなかで，持続可能な企業経営をしていくのは不可能になってきたからである。

そうしたニーズを的確に捉えて機敏に消費者ニーズに対応していく手段として，情報技術が大きな意味をもってくることになった。質の面での流通イノベーションは，こうした要請と情報技術の進展が相まって急速に進むことになった。POSレジの採用とバーコードの導入は[6]，小売業にとってより的確に消費者のニーズに沿った商品を店頭に陳列することを可能ならしめた。それは，また，履歴データの分析による潜在ニーズを先取りした新商品の開発をも可能とさせ，生産と販売リスクを大幅に低減させることにもなった。こうした新たな情報システムは，製品の川下に位置する小売業が1次データの集積地となるため，川上のメーカーとの力関係の変化が一層加速されることにもなる。その結果，大手小売業が，製造分野に積極的に進出し自社ブランド＝PB（Private Brand）製品をも自ら開発することも珍しいことではなくなっている。

この流れのなかで，流通イノベーションの牽引役として頭角を現してきたのが，コンビニエンス・ストアである。コンビニエンス・ストアは利便性をその基本コンセプトに，狭い商圏内で住宅地付近に立地し，最寄品を中心に長時間営業を旨としている。30坪程度という限られた店舗スペースのなかで，平均300アイテムの品揃えを実現するフランチャイズ方式を用いた小売業態である。従って，限定的空間のなかで，如何に効率的な店舗経営を営むかが最重要テーマとなる。また，食品を中心に取扱っているコンビニエンス・ストア等は，鮮度も重視しなければならない。このため，物流システムを抜本的に見直し，流通経路の短縮化を図るという組織的改革にも積極的に取り組んできた。例えば，最大手であるセブン－イレブンの場合，ベンダー・システムを競合企業に先駆け早期の段階で開発し，供給業者の協力を得て仕入れ

先を集約化させ，効率的な物流体制を構築させた。それは，多品種少量生産体制や多頻度配送体制等といった効率的なサプライチェーン・システムの構築を意味する。

　情報通信技術の導入と，こうした新たなサプライチェーン・システムの構築は，小売業主導型の流通構造へと一段と加速させるばかりでなく，限定的ではあるが，従来よりも一歩先に進んだ情報技術を核としたネットワーク取引といえよう。こうした情報技術を核とした流通経営を本書では，第2次情報革命と位置付けておきたい。第2次情報革命は流通と絡むことで，流通取引構造を大きく変貌させつつある。後段でもまた改めて触れることになるが，例えば，ウォルマートとP&G，そして，イオンと花王，味の素等は限定企業間同士で提携戦略，すなわち，「製販同盟」等を締結し，その効率化を一段と高め，質の高い消費社会に対応している。

　　注
（1）イマニュエル・ウォーラーステインの理論に関しては次の著書を参照した。イマニュエル・ウォーラーステイン/川北稔訳『近代世界システム1600〜1750：重商主義と「ヨーロッパ世界経済」の凝集』名古屋大学出版会，1993年，イマニュエル・ウォーラーステイン/丸山勝訳『転移する時代：世界システムの軌道1945−2025』藤原書店，1999年及び，イマニュエル・ウォーラーステイン/山田鋭夫他訳『世界システムの方法』藤原書店，2002年。
（2）4区分の変容モデルについては，公文俊平『情報社会学序説─ラストモダンの時代を生きる』NTT出版，2004年を参考にした。
（3）梅沢は，生産者や企業等とは利害関係のない客観的な第三者機関の認証が必要であるとし，その認証を行う組織としてNPOを提唱している。さらに，そのNPOが正しく機能しているかどうかを定期監査するNPOの存在の必要性も挙げている（梅沢昌太郎編『トレーサビリティ』白桃書房，2004年，146〜152頁）。
（4）木綿良行「現代のマーケティングと流通機構」木綿良行・懸田豊・三村優美子『現代マーケティング論〈第2版〉』有斐閣ブックス，1992年，153頁。

（5）一般に，インフラストラクチャーとは，道路・鉄道・港湾・ダム等産業基盤の社会資本のことを指すが，そのなかでも小売業の郊外化を急速に加速させた要因として幹線道路の存在は大きい。加えて，その建設はモータリゼーションの到来に起因するが，自動車の普及は消費者の生活・行動パターンを大きく変貌させた。交通手段が鉄道や徒歩から自動車に転換したことで，消費者は各々のニーズに沿った安価な商品やブランドを求めて，これまでのような鉄道や徒歩での購買行動では限定的にならざるを得なかった商圏を拡大するようになったのである。近年，よく耳にするようになった「価格破壊」や「流通の郊外化」等という言葉は，いうまでもなく，モータリゼーションとの到来と深く関連性があり，モータリゼーションが都市と地域の間にしばしば生じてきた経済格差を段階的に解消させてきたその原動力となってきたといっても過言ではない。具体的に，日本国内の自動車普及に関する統計資料をみてみると，その保有台数は，1980年から2002年に至るまで常に伸び続けてきたことがわかる。例えば，1980年には約2,275万台しか自動車普及はなされていなかったが，2002年には約5,349万台にまでその普及が拡大している。これは，かつては一家に一台という自動車の所有状況から，一家に複数台所有するようになった結果といえよう（図2－3）。

（6）POSレジとバーコードの連動により店舗の単品情報が，即時に，チェーン本部へ伝達，把握され，機会ロス防止や過剰在庫削減に大きな役割を果たした。具体的には，POSレジの導入によって，それまでの経験に基づくどんぶり勘定的な発想に頼った発注ではなく，ABC分析の手法を用いたきめ細かな発注へと転換されるようになった。

加えて，図2－4のように，ABC分析の基本的な考え方としては，商品の重要度に応じてA（重点管理品目），B（普通管理品目），C（下位管理品目）と通常3つに区別して，重点管理で効率的経営を行うことを目的としている。このABC分析が容易となったことは，「売れ筋商品」の的確な把握及び確保や「死に筋商品」の素早い削減が可能となり，売場の活性化につながっている。

さらに，POSレジ情報は，PB（Private Brand）として製品を開発・導入する際の重要なデータともなっており，そこから消費者ニーズに対応したヒット商品や定番商品が誕生することも稀なことではなく，それ

第2章　情報化，世界システムの変容と流通

が小売業のストア・ロイヤリティの向上に貢献することもしばしばある。

図2−3　自動車保有台数推移

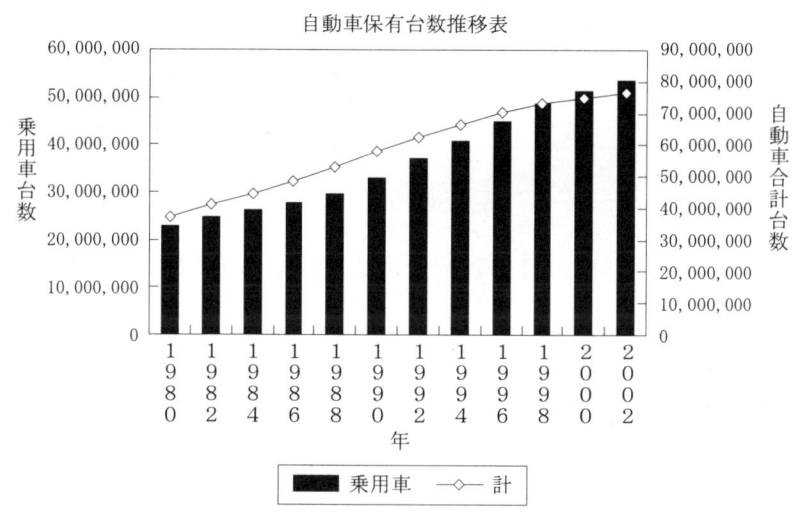

出所：(財)自動車検査登録協会ホームページ
　　　[HP]http://www.aira.or.jp/data/data.htmより作成。

図2−4　ABC分析の基本的な考え方

出所：梅沢昌太郎編著『流通サービス産業の経営論』白桃書房，1991年，164頁。

第Ⅱ部

伝統的流通構造の特質とイノベーション

第3章　ネットワーク化前段階における流通システムの構造とイノベーション

第1節　流通の概念とその理論的発展

　経済の発展あるいは国際化が進展するにつれて，生産と消費の間の隔たりが拡大する傾向にあるが，その隔たりを有機的に結合させ，財の効用を高めるものが流通の役割である。つまり，一般に，流通とは生産者を起点とし消費者を最終点とする，一方的な社会的・経済的な製品の移転，換言すれば，財の社会的移動を意味する。一方，それを組織化し，相互的に関連する独立した複数の要素の集合体を形成するものがシステムである。

　従って，流通システムとは流通機構，流通チャネル等を構成する各要素をシステムとして捉えようとする概念であり，このような財の移動に様々な形態で関与しているメーカー，卸売業，小売業等の個別主体とそれらの関連を指し示している。そして，それらは生産構造の側面，消費構造の側面，イノベーションの側面等といった外部環境要因との相互作用のなかで，常に変化の圧力にさらされている。

　このような視点に立つ流通理論に関する研究は今までにも数多く輩出されてきているが，そのなかでも本書ではあえて小売業に焦点を絞り，そのなかでも最も一般的に知られている，また，小売形態発展理論の原点ともいわれている「小売の輪」理論を中心にそれに付随する理論を漸次，検討することから論を進めていく。というのも，流通の概念という尺度でその理論的発展を示すものを挙げた場合，小売業を中心とした視点から整理された理論の検討なしに先に進むことはできないし，加えて，マーケティングや国民経済といった観点から考慮すると，流通のなかでも消費者と直結する小売業の担う役割は極めて重要なことであり，最も自然な入りかたと考えられるからである。

　さらに，日本の流通史における革新的流通業をみても明確なように，その

多くが米国の模倣からはじまっており，基本理論を整理し，実態経済におけるその発展と方向性について再考していくことは流通イノベーションの変遷を研究するうえで，必要不可欠である。

従って，以下，小売形態発展を説明する理論仮説のなかで最も説得力があるとされる「小売の輪」理論，「真空地帯」論，そして，「小売ライフ・サイクル」論と「小売アコーディオン」理論について，それぞれ概観することにしたい。[1]

1．「小売の輪」理論

小売形態間競争の動態を最も正確に説明している理論に，マクネアーの[2]「小売の輪」理論がある。この理論の内容を簡潔に説明すると，新しい小売形態は相対的に低い社会的地位，低い粗利益率，低い販売価格を特徴として出現するが，成功の過程で次第に社会的地位が上昇し，費用のかかる小売形態へと変貌する。その結果として，粗利益率と販売価格が上昇する。それ故に，次に登場する革新者は低い粗利益率と低い販売価格の形態を導入することで，成功を収めることができる。すなわち，「輪」が一回りする度に新しい革新者が登場してくるというのが，「小売の輪」理論である。

つまり，この理論の焦点は，低い社会的な地位にある価格訴求型小売業者が次第に非価格訴求型へと戦略転換するところにある。この現象はトレーディングアップと呼ばれるもので，その要因として，マクネアーは顧客の所得水準の向上，成功者の心理，競争差別化等が考えられるとしている。

しかしながら，マクネアーの「小売の輪」理論は，実際のところ，理論どおりに小売形態の変化が繰り返すと主張することに矛盾が生じているとされ，今まで諸外国をはじめ日本においても批判，修正が試みられてきた。例えば，実体経済において自動販売機，ショッピングセンター，コンビニエンス・ストア等はどれも高価格形態を持って市場に新規参入しており，この仮説では説明し難い。[3]

図3-1 「小売の輪」理論の基本的な考え方

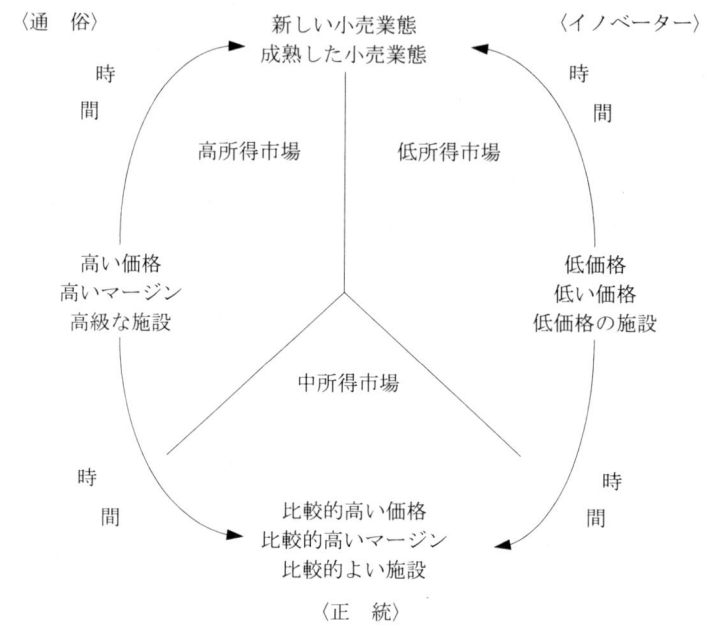

〈通　俗〉　　　　　新しい小売業態　　　〈イノベーター〉
　　時　　　　　　成熟した小売業態　　　　　時
　　間　　　　　　　　　　　　　　　　　　　間
　　　　　　　高所得市場　　低所得市場

　　　高い価格　　　　　　　　　　　　低価格
　　　高いマージン　　　　　　　　　　低い価格
　　　高級な施設　　　　　　　　　　　低価格の施設

　　　　　　　　　　中所得市場

　　時　　　　　　　　　　　　　　　　　　　時
　　間　　　　　　比較的高い価格　　　　　　間
　　　　　　　　　比較的高いマージン
　　　　　　　　　比較的よい施設
　　　　　　　　　　〈正　　統〉

注)〈　〉は梅沢による追加。
出所：梅沢昌太郎編著『流通サービス産業の経営論』白桃書房，1991年，66頁。
原資料：J.Loury, Retail Management, South-Western Publishing Co., 1983.

2.「真空地帯」論

　マクネアーの「小売の輪」理論の弱点を修正しようとした学者の一人にニールセンがいる。彼は，消費者の評価を取り入れた「真空地帯」論を提示し，価格と小売サービス水準との関係について，品揃えする商品の数や接客サービス等の小売サービスが増大すると，消費者に負わせるコストも増大するとしている。

　すなわち，これは，図3-2のように，価格・サービス水準の高いものを要求する消費者層を対象とする小売業者Cは，その水準をC'まで引き下げることにより，選好分布曲線上の高価格・サービスを要求する消費者層はもちろん，それよりも若干，低い水準を要求する消費者層をも獲得することがで

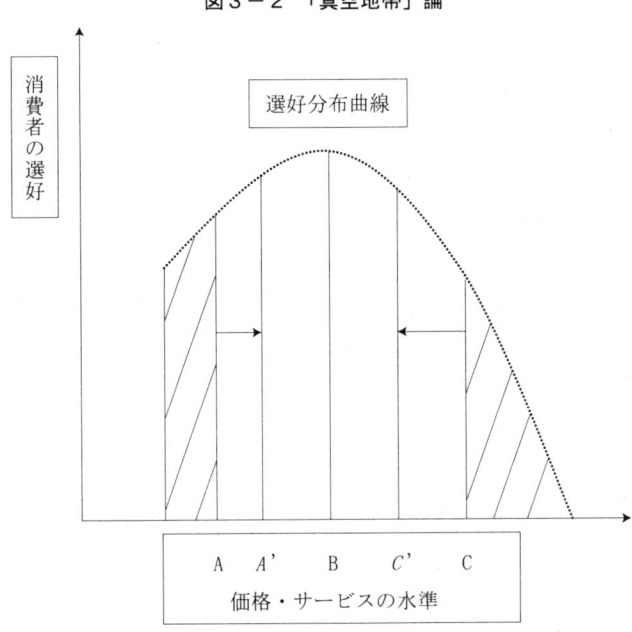

第 3 章　ネットワーク化前段階における流通システムの構造とイノベーション

図 3 − 2　「真空地帯」論

出所：矢作敏行『現代流通』有斐閣アルマ，1996 年，192 頁。

きる。その一方で，価格・サービス水準の低いものを要求する消費者層を対象とする小売業者Aは，その水準をA'まで引き下げることにより，選好分布曲線上の低価格・サービスを要求する消費者層はもちろん，それよりも若干，高い水準を要求する消費者層をも獲得することができるというものである。

　このように価格・サービス水準を巡って小売業者の相互間で競合する領域は増大するが，次第に，価格・サービス水準はBの方向に向かって移動するため，各々の小売業者は，高水準と低水準の両端における価格・サービス水準を要求する消費者層を放棄することになる。その結果，最終的には，この消費者層の要求に応えられる小売業者が存在しなくなり，そこに真空といわれる状態が生じ，その空白となった市場地帯に次の革新的小売業者が出現することになる。つまり，「真空地帯」論は，革新的小売業者が低サービス・低価格，高サービス・高価格の両極端に出現すると主張するものである。

3.「小売ライフ・サイクル」論

　小売業態の導入期から衰退期に至るまでの過程を，製品ライフ・サイクル論（Product Life Cycle）を援用し，市場戦略の観点から「小売ライフ・サイクル」論（Retail Life Cycle Hypothesis）を考案したのが，ダビットソン[6]である。

　彼は，製品ライフ・サイクル論と同様に，小売業態は導入期から衰退期に至るまでの一連の発展過程を捉え，加えて小売業態の場合，年数が段階を踏むにつれて短縮していくことを指摘している。

　具体的には，百貨店が約80年（1860～1940年）と長期的であったものの，その後の小売形態が多様化するに従って，スーパーマーケット35年（1930～1965年），ディスカウント・ストア20年（1950～1970），専門店15年（1965～1980年）と短縮化する傾向にあるとしている。さらに，彼は加速する小売段階に対応すべき経営行動をも示している。表3－1のように，「小売ライフ・

表3－1　「小売ライフ・サイクル」論の段階的特徴と小売業者の行動

関心領域		導入期	成長期	成熟期	衰退期
市場特性	競　争	殆どない	中　間	多くの直接的競争 多少の間接的競争	多少の直接的競争 多少の間接的競争
	売上高伸び率	高く増加	高　い	やや高い	低　い
	利益水準	低　い	高　い	やや高い	低　い
	革新の持続期間	3～5年	5～6年	不正確	非常に高い
小売業者の行動	投資・成長・危険決定	初期投資・高いリスク	成長維持の為の高投資	制限された成長	資本支出の最少化
	管理の中心的関心	調整の実現による概念の確立	市場への位置付け	成熟期の維持と店舗概念修正	脱出戦略
	管理統制技法の使用	最　少	中　間	拡　張	中　間
	成功的な管理スタイル	起業家的	集権的	専門的	管理的

出所：W.R.Davidson, A.D.Bates, and S.J.Bass, "The Retail Life Cycle," *Harvard Business Review*, Nov.-Dec., 1976, 92頁。

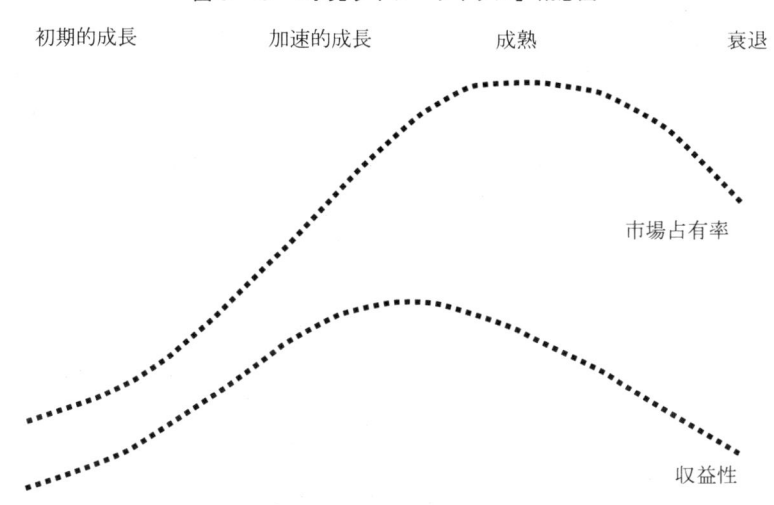

第3章 ネットワーク化前段階における流通システムの構造とイノベーション

図3-3 「小売ライフ・サイクル」概念図

初期的成長　　　加速的成長　　　成熟　　　　衰退

市場占有率

収益性

注：各段階の持続時間（横軸）は多くの要因によって変化する。図式のために，ここでは4つの段階を等間隔で描いている。

原出典：W. R. Davidson, A. D. Bates, and S. J. Bass, "The Retail Life Cycle," *Harvard Business Review,* Nov.-Dec., 1976, 91頁。
出所：懸田豊・住谷宏著『現代の小売流通』中央経済社，2009年，90頁より抜粋。

サイクル」論の段階別における特徴と各段階に要求される小売業の行動についての概念整理をしている。

　まず導入期では，新規の小売業態が価格，立地，品揃え等マーケティング戦略において，既存小売業態とは異なった革新性をもって登場してくる。競争相手のいない段階で，売上高は増加傾向にあるものの，初期投資分のコストや販売促進コスト等がかさみ，利益水準はまだ低い。

　次の成長期に入ると，新規小売業態の売上高が急速に伸び，既存小売業態から顧客を奪っていく。そのために，この業態の成長を見込み新規参入者が増加してくる。この時期が最も利益率が上昇する。

　そして成熟期に入ると，新規小売業態はもはや「新規」「革新」ではなくなり，売上高の伸びは下降するようになる。個々の小売業者は一層，規模が拡大し，激しい競争や過剰な供給能力等の環境変化に対応すべく高度な専門

知識が必要となるため,操作費用が上昇し,利益水準が低下する。また,この段階では,新たな革新的小売業態が出現してくる。

さらに,衰退期にまでなると,小売業態としての競争力は大幅に低下し,もはや顧客を引き付けておくことができず,売上高も利益水準も大幅に低下していく。

このように,「小売ライフ・サイクル」論は小売業態の発展に伴って,小売業自身がどのような対応をすべきなのか,ということに関しての意思決定の指針を論じている。そして,段階を踏むごとに,従来以上の経営の柔軟性が求められてくることをも指摘している。しかしながら,この「小売ライフ・サイクル」理論への批判もある。それは,小売形態の革新の時間的・空間的生成,発展のメカニズムを体系的に捉えられていないという点である。

4.「小売アコーディオン」理論

小売形態の変化が商品ラインの総合化→専門化→総合化のように繰り返しであると指摘したものとして,ホランダー[7]の「小売アコーディオン」理論がある。この理論は,米国において,食料品から衣料品まで幅広く品揃えをするゼネラル・ストアがまず出現し,その後,人口の増加と共に消費構造の変化に応じて食料品,衣料品等のような分野に特化した専門店が出現,そして,再び専門化した小売業が総合化に辿り始めるというものである。すなわち,この呼び名は,品揃えに焦点をおいて,あたかもアコーディオンのように増えたり,減ったりする過程を繰り返しながら変化していくところに由来する。確かに,ホランダーの提唱した「小売アコーディオン」理論は,小売形態を歴史的視点から捉えてみてもその正当性はあるが,そのような変化をもたらす要因の解明にまでは至ってはいない。

以上のように,小売形態の変化に関する代表的な理論をみてきたが,いずれもその妥当性はあるものの,何らかの修正が必要とされている。そうした意味では,完全性をもって全てを説明できるものにはいずれも至っていない。

しかしながら,これらの理論を基礎に自国や比較対象とする国々の小売形態の変遷を当てはめてみることは,その発展段階やその特質,さらには,それを構成する要因を探るうえで,非常に有効かつ重要な試金石となるだろう。

第2節　流通形態の発展とイノベーション

　一般に，流通とは生産と消費を有機的に結ぶ役割を果たしている。そして，一国の経済社会が発展し，高度消費経済社会になると当然流通構造も複雑になり，さらに流通構造は価格，利潤等市場成果に対して様々な影響を及ぼすことになる。一国の流通構造は資本主義経済体制において，経済発展段階の進み方や段階的に生起する現象は根本的には類似しつつも，その国の経済発展段階及び文化的，歴史的，社会的な背景によってその国特有の特徴をもつことになる。我国の流通は，既述してきたように，先行する米国の業態を輸入しそれを自国の社会・経済事情に合せて規制等も踏まえながら流通システム化し，調整してきた。では，その本家本元である米国自身は，一体，どのようにして流通を発展させてきたのであろうか。米国は歴史的にみても，他国と比べてその期間は極めて浅い。しかしながら，その発展段階におけるスピードは，一転して，極めて速い。従って，そこには，米国流通を支えてきた様々な要因があったと考えられる。そこで，本節では，その発展を支えてきた社会的背景を概観し，その後で，具体的な流通業態の発展・推移についてみていくことにする。

1．米国の流通発展起源とその社会的背景[8]

　元々，米国は，工業製品はあまり発展していなかった。その理由の1つには，人件費が欧州に比べて高く，そのために自国生産するよりは輸入した方が安上がりなためであった。従って，18世紀後半に起こった産業革命が19世紀になって波及するまでは，メーカーは生産，財務に力点をおき，商品の流通を担ったのは，それまでの米国経済を支えてきた貿易通商を営んでいた卸売業者であった。そして，当時，彼らが事実上の流通主導権を握っていた。すなわち，卸売業者がメーカーの販売部門となり，メーカーと小売業者を連結させるつなぎ役としての機能を果たしてきたのである。

　しかしながら，英仏戦争の余波と産業革命の波及，さらに，南北戦争の終焉を迎えるようになると，急速に進展したフロンティア運動によって，米国経済が海外志向型から国内市場へと移行するなかで，メーカーは生産体制，

財務状態を安定化させ，徐々に市場に目を向け始めるようになった[9]。そして，それ以降，米国においても独自で工業製品の生産を行うようになっていったのである。

やがて，フロンティア運動によって，市場が停滞し過剰生産が恒常的になると，メーカーは一層市場の問題に関心をもたざるを得なくなり，市場獲得とその支配を目指して，当初は価格政策を中心に据えた政策展開を進めていったが，そのことが結局，お互いの破滅を促すことにつながると認識し，非価格競争を中心とした組織的かつ体系的な問題解決策を求めるようになった。ここに，メーカーはマーケティングという発想をもって，流通支配を強めるようになったのである。そして，産業革命によって誕生した多くのメーカーは，規模の拡大を図ると共に，大量生産した商品のはけ口を求めるようになった。通常，日本の場合をみれば，明らかなように，大量生産された製品は卸売業を介して小売業へと分配され，最終消費者へとわたる。

しかしながら，米国の卸売業の場合は，元々，貿易業であったため，海上輸送にはたけていても陸上輸送には慣れてはいなかった。彼らは危険でもあり，また，コストのかかる西部への進出には消極的で，ほとんどが東部からでようとしなかったのである[10]。加えて，移民国ということもあって卸売業が多様化する米国消費者のニーズに対応できなかったという事実もある。それ故に，今日のように，米国の流通は卸売業を介さないメーカー，小売業直結の流通体制が初期の段階から成立していたとみることができる。

メーカーは大量生産された商品を柔軟に東部市場から西部市場に至る範囲へと販売させるため，自ら物流網を確立し，直接に小売業への販売に乗りだすようになった[11]。また，この時期になると，既述したように，広域販売ができるような社会的インフラストラクチャー（運河，道路，鉄道網等）が既に充実していたことも後押しとなってメーカーが，事実上，流通主導権を握るようになった。さらに，その当時の小売業の状況をみてみると，小売業態は開発途上の段階にあり，その大半がまだ業種レベルの範囲にあった[12]。このことから判断すると，この時期が，まさに，流通チャネル・リーダーとしてのメーカーの全盛期時代といえよう。

しかしながら，その後，小売業はやや遅れて，業種から業態へと転換する

ようになり，段階的に流通の主導権を握るようになっていった。それは，後段でもまた詳しく論じるが，デパートメント・ストアを皮切りにスーパーマーケットによる躍進，ディスカウント・ストアの浸透等によって漸次，革新的な流通改革を進めていったからである。また，卸売業も，メーカーと小売業の狭間で，ボランタリー・チェーンという独立小売業との結合を強化することで，革新的な体質改善を図るようになっていったのである。

2．米国における小売業態の発展推移とイノベーション

米国の小売業態を概観すると明確なように，実に数多くの小売業態が存在する。日本の小売業態の多くもそうした先行する米国から輸入する形で導入されてきたわけであるが，日本の小売業態と比較してみても，その数の多さは歴然である。では，何故，米国では日本と比較して小売業態が多いのだろうか。業態開発という観点から考えてみると，そもそもその契機には，流通業界における競争激化回避の必要性と寡占市場における市場シェアの限界とに直面しそれらに対応するために新たな市場を開拓することにあった。元々，日本とは異なる消費市場を確立してきた米国市場では，所得格差が大きく中間所得を多く占める日本とは業態の存在する意味は大きく異なっていた。つまり，米国では，日本に比べ，流通段階における顧客を巡る競争がかなり前から先行して行われてきた。

また，所得以外にも日本とは異なる点がある。例えば，それは国土面積の違いから生じる売場面積の広さや通信手段による販売形態の浸透性等，これらの点は日本とは大きく性格を異にしている。

そこで，本項では，米国における革新的な小売商業形態の変遷について整理してみることとしたい。[13]

（1）デパートメント・ストア[14]

米国における最初の小売イノベーションがはじまったのは19世紀の後半であり，それはデパートメント・ストアからである。[15]フランスのR.H.メーシーが1858年，ニューヨークに衣料品店を開店させたのが，米国デパートメント・ストア第1号であり，徐々に商品部門（デパートメント）を拡大し，今

日のようなMacy's Department Storeの基礎を築いた。そして，その後，米国内各地で百貨店が開店されることになるが，その基本コンセプトは，定価価格販売，現金販売，返品・返金の自由等，当時にして企業家精神の発揮された新しい業態であった。

　また，米国のデパートメント・ストアは，いくつかの部門を1つのコンセプトで統合している点に業態としての一貫性がみられる。例えば，実際に，取り扱っている品種は靴，鞄，アクセサリー，バック等といったように，少数に絞り込まれた陳列で，これは主に上級所得者や中級所得者の上層，中級所得者等をターゲットにしている。

　従って，米国のデパートメント・ストアは日本の百貨店にみられるようなワンストップ・ショッピングを可能とする総合的小売業態ではなく，むしろ，ターゲット・マーケティングを基本とする専門的小売業態といえる。

（2）バラエティ・ストア

　日用雑貨品を中心に多店舗経営を基本コンセプトとしたチェーン形式の小売形態として，バラエティ・ストアがある。チェーン・ストア自体の歴史は古く，1859年のギルマンとハートフォードの2人が設立したA&Pが，チェーン・ストアの発祥であるといわれているが，バラエティ・ストアとしてチェーン店を展開したものにウールワースが挙げられる。

　1879年，F.W.ウールワースはニューヨークに「ファイブ・アンド・ダイムストア」を開店し，当初，均一価格で日用雑貨品を中心に販売した。この「ファイブ・アンド・ダイムストア」の名前の由来は，雑貨等の最寄品を5セントあるいは10セントという価格に限定して販売するところから付けられたものである。この販売価格は1930年代に入る頃まで継続された。そして，その後は，ほぼ全体的に価格の改定がなされ，この価格に因んだ名前は消え，創業者の名前等へ社名変更されていった(16)。この小売業態は，小型店舗をチェーン化し，大量仕入れによる規模のメリットを追求することによって，低価格政策を実現し，百貨店等に対抗していった。

（3）通信販売事業[17]

　通信販売事業は米国固有の小売革新であり，その起源は1872年のモンゴメリ・ワードにより展開されたメール・オーダー・ビジネスであるが，急速に発展したのは1893年のシアーズ・ロバックによる通信販売事業への参入とその成功にあるといわれている。

　当時，時代がモータリゼーションの到来前という時期ということもあり，消費者の購買行動にも地理的制約が生じ，消費者は比較的小さい商圏内で購買行動をするしかなかった。加えて，当時は郵便制度や鉄道網の整備が確立されていた通信販売可能な時期でもあった。このような状況のなかで，シアーズは地理的制約を受けない通信販売事業へと参入するようになったのである。また，当初の取扱商品は，時計，貴金属，金物類等で，買い物に不便な農村地帯を中心に販売していた。

　その後，シアーズ・ロバック等の成功により需要が見込めるようになると，メール・オーダー・ビジネスは，消費者とのコミュニケーション手段をパンフレットからカタログへと発展させていき，カタログ・デスクやカタログ・ハウス等の全国展開が開始されるようになった。なお，当時は冷蔵・冷凍技術といったイノベーションもなかったため，通信販売事業の主要な分野は非食品で展開されていた。シアーズ・ロバックがその後のゼネラル・マーチャンダイジング・ストア（GMS）という業態に，絞り込まれた取扱商品で展開していったことを考慮すると，通信販売事業が主軸とする非食品分野との関係には共通した側面が窺われる。

（4）ドラッグ・ストア

　ドラッグ・ストアは，医療品を基幹商品に据え，それを中心に，商品を幅広く扱い，人的サービスを重視しながらチェーン展開をする業態である。この業態は，1950年代の郊外化が進行するまでは町の中心的存在で，街角にあったことからコーナードラッグ・ストアと呼ばれていた。当初は，飲食や軽食を提供するカウンターが併設され，顧客の待ち時間に利用されていたが，そうしたカウンターはやがて商品等の陳列場所に変更され，その販売にもセルフ・サービスが導入されるようになった。そして，その後の1950年代以降

51

になると，店舗は大型化し飛躍的発展を成し遂げるようになったが，自らのポジショニングが曖昧となっているという疑念も投げかけられている。

また，1970年代以降には，スクランブルド・マーチャンダイジングによって医療品に加えて，ヘルス＆ビューティ・ケアという商品カテゴリーを主体にアソートメントし，併せて，日用雑貨品等を扱うスーパードラッグとしても発展するようになる。なお，1975年以降からは，医療品の再販制度が廃止され，チェーン・ドラッグ・ストアは処方箋薬を低価格販売するようになった。また，その時期から次第に薬局を併設するスーパーマーケットやディスカウント・ストア等が増加するようになり，そのことは益々，低価格化を招くと同時に，医療品を取扱う小売業は多岐にわたるようになっていった。

（5）スーパーマーケット（SM）

米国におけるスーパーマーケットの起源は，1930年にニューヨークに開店したキングカレンが初とされている。食品分野を中心カテゴリーとするスーパーマーケットは，セルフ・サービスとチェーン・システムというオペレーション[18]で低価格販売を可能とした業態である。スーパーマーケットが誕生する以前の食品分野においては，小規模の零細小売店，あるいは，チェーン・ストア等が主な商品提供者として君臨してきたが，それらの店舗は時間的経過と共に革新性を失っていった。そして，そのような店舗は消費者側の視点からしてみれば，全般的に活力のないものとなってしまい，また，それは単なる食品を提供するにすぎなくなってしまった。加えて，スーパーマーケットの登場以前の米国経済は大不況と自動車の普及という2つの社会的変化と，さらに，都市化の進行も加わった消費者行動の変化という時代的な背景があった[19]。このような状況のなかで，スーパーマーケットは都市化とは逆行する形で，既述したセルフ・サービスとチェーン・システムという革新的手法を駆使して，消費者に1ヵ所で幅広い商品を低価格で提供すると共に，モータリゼーションの到来に後押しされる形で，地域化を促進していった。このようなスーパーマーケットのコンセプトは，後のディスカウント・ストア，コンビネーション・ストア，そして，コンビニエンス・ストア等の発生を生みだすことになる。

（6）ゼネラル・マーチャンダイジング・ストア（GMS）

　米国のゼネラル・マーチャンダイジング・ストア（以下，GMS）は日常生活に必要な商品を総合的に取り揃えた，中流所得者層を対象に全国展開を行っている小売業態である。ただし，日本のGMSとは異なり，食品は扱っていない。元々，米国のGMSは，通信販売からはじまり，1920年代に衣料品，文具，電気製品等総合的に扱う大型小売店舗として開設された。それは，大衆百貨店とも呼ばれ，戦後，米国小売業界で一時期不動の地位を占めてきた。これはバラエティ・ストアが発展した流れの1つで，経営手法にチェーン・オペレーションを取り入れている。一見，商品部門の集合体という観点から，百貨店に追随する店舗形態と見做されてきたわけであるが，百貨店と異なる点は，取扱商品の多くをプライベート・ブランドが占めていること，投資を極力抑制させた店舗づくりをしていること，そして，集中仕入れにより低価格商品を部門ごとに集結させていることである。GMSに属する小売業には，モンゴリー・ワード，シアーズ・ロバック，J.C.ペニー等がある。

（7）ディスカウント・ストア（DS）

　ディスカウント・ストア（以下，DS）は，衣料品，家庭用品，医療品，そして耐久消費財に至る多様な商品カテゴリーを対象として，独自性に富んだマーチャンダイジングと低コスト店舗経営を基軸に，継続的な低価格販売をする高効率経営型小売業態である。この業態が出現した背景には，1930年代に登場したスーパーマーケットの影響がある。つまり，スーパーマーケットが食品の低価格販売を志向したのに対して，DSは非食品の低価格販売を志向した。

　DSは1948年に初めて米国に誕生したといわれているが，その理由は，それまでは合法的にメーカーの再販売価格維持制度が継続していたためであった。しかしながら，小売業がメーカーを訴え，勝訴するようになると，ナショナル・ブランド品を低価格で販売できるようになった[20]。そして，その後，次第に商品カテゴリーの幅を拡大させ，多店舗展開とそれによって生みだされる大量仕入れによるボリューム・ディスカウントで，さらなる安売りを成

功させている。

（8）コンビニエンス・ストア（CVS）

　コンビニエンス・ストア（以下，CVS）は米国ダラスに本部をもつSouthland社がその起源とされるが，同社の最初の販売・サービスは1920年代のテキサス砂漠地帯の旅行者を対象とする氷販売ビジネスからだといわれている。その後，具体的な小規模店舗をもつようになるが，1940年代までは未だ人口が都市部に集中していたこともあり，郊外化を志向していたCVSはそれほど進展しなかった。

　しかしながら，地域開発計画（Plan Unit Development）が施行された1950年代になると，人口の郊外化が押し進み，それに伴い小売業も計画的に開発を促進するようになり，その相乗効果によってCVSも発展するようになった[21]。

　CVSの主要な成長要因は，若年層，あるいは，独身層をターゲットとし，住宅地周辺に便宜性を提供したことにあった。コンビニエンス・ストアが提供する便宜性とは，

① 近隣に立地する便宜性
　　…住宅地域で営業し，徒歩や自転車で買い物ができる距離に立地
② いつでも買い物ができる便宜性
　　…消費者ニーズにいつでも応えられるように時間を問わない24時間年中無休の営業時間
③ 日常生活に必要なものが揃う便宜性
　　…店舗をあえて小型にし，分かり易いレイアウトで日用必需品を提供し，消費者に買い物のし易さを提供

等の3点が挙げられる。ただし，米国のCVSは日本のそれとは異なり，その後，ガソリンスタンドを併設する等[22]，一層，利便性を高めている。さらに，日本同様，フランチャイズ・システムの導入によって，短期的に成長している。

第3節 日本における流通形態の発展とイノベーション

1．日本の流通発展起源とその社会的背景[23]

　自給自足を前提とした社会においては販売する商品は存在しないため，流通は必要とされない。すなわち，流通の必要性あるいは価値が問われてくるのは販売する商品が存在し，それを販売するための分業体制を前提とした社会が存在しなくてはならない。生産したものを販売したい人やそれを購入したい人の存在が多数になれば，その必要性と価値は高まってくる。分業社会が到来した当初は，当然，今日のような商品数もなくそのため今日のように商いをする店舗は必要とされていなかった。従って，店舗経営でなく消費者に直接販売するという形態が一般的であった。いわゆる行商と呼ばれる形態で，販売商品も実に限られていた。

　しかし，こうした行商が1人1人単独で商いを行う分には商品数は限定的であるが，これが1ヵ所に多数集まることになれば，全体として種類は飛躍的に増加することになる。それは関連購買や比較購買が可能となり，消費者にとって便宜性が増すことになる。同時に，そのような状況になれば，消費者の数も増加し，販売機会も高まることになるので，相乗効果が期待でき規模は拡大していく。こうした状況の下で確立されたのが，一般にいう「市」である。「市」は奈良時代から平安時代にかけて都の周辺に設けられてきたものであるが，そこで商品の売買が活発化するようになると，次第に専門の行商が周囲の地域も含め周囲の生産者から商品を購入あるいは委託され，それを市にもち込み消費者に販売するようになった。ここに流通業者の母体ともいうべき商業者が誕生したのである。商業者は当初は，ほとんどが小売商人であり，そのため，輸送能力は極めて限定されていた。その構図をみてみると，生産者－小売商人－消費者と実に単純なもので成立していた。

　しかしながら，平安末期に入ると，生産品の増大やそれを保管する場所，それを広範に販売する輸送力や決済手段等の必要性が生じるようになった。そして，それを解消すべくそうした機能をもった新たな商業者が出現するようになる。それが，卸売商人である。卸売商人は鎌倉時代の問丸からその頭

角を現し，江戸時代には大きく発展し，我国の経済，特に流通において中心的な地位を占めるようになっていった。その機能は，物流機能をはじめとする商品流通の機能を担うだけでなく，人の輸送機能や売買に伴う決済機能等といった多様な機能にまで拡大した。このような卸売商人発展の背景には，小売商人の取扱う商品幅の拡大とそれを円滑に消費者に分配する機能の必要性が関連している。すなわち，卸売商の発展は同時に小売商の発展をも推し進め，それが連結することで消費を円滑なものにしている。卸売商と小売商，そして消費者の有機的な結びつきが流通を形成し，その発展起源となっているといってよいだろう。

以上のように今日の日本流通の発展にはこうした社会的背景が深く関係しており，つまり，社会・経済の進展，変化，そして消費者ニーズを伴っての変革がその根底にあることはいうまでもないことだろう。

2．日本における小売業態の発展推移とイノベーション

流通とは，生産者から最終消費者の手元に商品が届くまでのプロセス，すなわち，輸送，保管，商取引等の一連の活動を意味する。そして，そのプロセスにおいて生じる隔たり（生産と消費の間の時間的，地理的，人的な隔たり）を有機的に結合させ，生産と消費を円滑につなぐことが流通の役割となる。

また，流通は，元来，メーカーのマーケティング・ミックスの4P理論（Product, Price, Promotion, Place）の1つであるPlace（流通）の誕生に端を発する。つまり，その生成はメーカーの経営哲学にあり，加えて，それは，メーカーが自ら自社に優位な戦略の一部としてマーケティング活動を遂行するために，卸売業や小売業を選別し，縦割りの自社系列の流通経路を創造したことにその存在価値を有してきた。

しかしながら，近年において，従来のメーカーのマーケティング活動の重要な1要素を担ってきた流通は大きく変革している。というのは，メーカー主導型流通は，流通業の成長と共に，その力関係が崩壊してきたからである。サプライチェーン・マネジメントや製販同盟等といった言葉を見聞きするが，このことは流通の重要性への再認識といえる。その背景には，流通のイノベーションにより流通がメーカー主導型流通から脱皮し，流通業の自立と進化

がある。

　では、その流通のイノベーションとは一体どのようなものだったのだろうか。本項では米国同様、日本における革新的な小売商業形態の変遷に焦点を絞って整理する。またそのなかでも、特に、小売業態が欧米を模倣し導入する際、どのようなイノベーションをもって、小売業優位な流通システムを構築したのか、さらに、どのような新しい経営手法を開発し、日本流なものに発展させたのかといった視点も交えながら論を進めていく。

（1）百貨店

　百貨店は戦前に日本に導入された小売業で、それまでの「業種」から「業態」へと転換した最初の小売業態である。高品質な商品を豊富に陳列し、これまでの不安定な価格形成を一変させ、なおかつ、消費者に商品情報を提供するフル・サービス方式（対面販売方式）を展開してきた。百貨店は元々呉服店からの出身者が多く、その歴史がはじまったのも1904年に三越呉服店が[24]、以後、欧米のデパートメント・ストアに倣った営業をするいわゆる「デパートメント・ストア」宣言をしたのが契機とされている。

　また、百貨店のイノベーションとしては、まず、徹底的な信頼関係にその基盤をおいていることであろう。というのも、当時は不当に高く消費者に販売する業者が支配的であり、そのような信頼関係が未だ築かれていない時代にあって、徹底したサービスと定価価格販売を確立させた百貨店は、企業行動としては画期的なことであったからである。つまり、信頼関係の形成が、当時の商業にとっては、重要なイノベーションの1つであったと考えられる。

　さらに、1920年代以降、鉄道会社系資本[25]による百貨店が新規参入するようになり、百貨店の立地の概念と新たなマーチャンダイジング技術[26]を加えた革新的な小売業として注目されるようになる。小売業が立地産業といわれるようになった所以である。

　なお、日本のデパートメント・ストアは百貨店と訳されるわけだが、米国と日本の百貨店の形態は、完全に同じとはいい難い。なぜならば、日本の百貨店は衣食住の全てにわたる商品を取扱っているのに対し、米国のそれは食料品をほとんど取扱っていないからである。つまり、そこに日本の百貨店と

いうの名称の由来があり米国のそれとの差異がある。米国の場合はあくまでも，部門（デパートメント）別に管理している経営組織であることを意味しているのである。さらに，日本と米国においてのイメージの側面も異なる。日本においては，高級イメージ[27]が強いが，米国においては，必ずしも高級店を指し示しているわけではない。従って，例えば，日本の総合スーパーマーケット等も米国ではデパートメント・ストアに含まれる場合もあるといわれている。

（2）スーパーマーケット（SM）

百貨店の次に，小売業の花形として台頭したのがスーパーマーケット（以下，SM）である。SMは，合理性の追求と，大量仕入れ・大量販売による経費節減と低価格販売を実現させて登場した小売業態である。

当初のSMは最寄品中心の品揃えをとっていたため，店舗規模もそれほど大きくなく，百貨店のような豪華なつくりでもなかった。しかし1960年代以降，消費者からの支持の下で急成長したため，1970年代初頭には百貨店と同様に大規模小売業として位置付けられるようになった[28]。また，米国のSMとは異なる点として，日本のSMは生鮮食品という日本の消費者の購買行動を反映させた品揃えに注力しながら店舗運営をしていることが挙げられる。

しかし，その一方で，日本のSMは元々，衣料品の専門店であった大規模小売業が新たな経営手法としてSMを導入したという背景もあり，衣料品分野における品揃えも米国のそれと比べて格段に充実，発展しているのも特質すべき点である。しかもそのなかには，既述したように，次第に合理的経営に転換したものもあり，薄利多売を兼ね備えたディスカウント・ストアのイメージをも含めた量販店へと発展していったものもある。

SMのイノベーションとは，まさにこの合理的経営にあり，その背景には既に確立されていたチェーン・オペレーションの導入と，POSレジとバーコードの連動による効率的経営の実現が挙げられる。このチェーン・オペレーションは，1つの企業が多数の店舗をとりまとめ，本部を拠点に一括仕入れや広告活動等を通じて集約化を図り，規模の経済性を達成ならしめた。それまで革新的業態と見做されてきた百貨店が商品単価の高い買回品を中心に

都心部に大規模店舗を設置することで幅広い顧客を吸引し，1店舗の販売額で規模の経済性を発揮してきたのとは対照的に，SMは最寄品で商品単価がたとえ低くとも，効率的経営の下で多店舗展開を行うことで規模の経済性を追求することを選択していったのである。

つまり，チェーン・オペレーションというイノベーションによって，店舗販売における限られた商圏の制約を克服しながら，次第に企業規模を拡大し，それに基づき効率性を高めることで，他の小売業態よりも低価格な販売を実現させたのである。

さらに，SMのもう1つのイノベーションとして，セルフ・サービスが挙げられる[29]。セルフ・サービスはこれまでの百貨店がフル・サービス（対面販売）を基本とする方式に対し，販売員が顧客に商品を対面販売するのではなく，顧客が自由に商品を選択し，集中化された支払い場所（レジ）でまとめて決済をする方式である。これは最寄品中心という商品構成の特性からすれば，販売員へのコスト的・時間的制約から判断しても尤もなことである。このセルフ・サービスの導入は，販売員の人件費や店舗におけるショーケース等の費用が節約され，しかもそれと相まって，多数の顧客に自由な商品の選択，販売ができるため，従来よりも効率的な販売方法となり，イノベーションをもったものとされている。

（3）カテゴリー・キラー

特定の製品カテゴリーに的を絞り特化した品揃えを行うことで，徹底的な低価格販売を実現した小売業態をカテゴリー・キラーという。家電製品やスポーツ用品，玩具といった専門分野でのカテゴリー・キラーの攻勢が，近年目立ってきている。元々，低価格販売を武器に小売業態を発展させてきたものに先行するSMが存在するが，カテゴリー・キラーの場合，ただ単に安さを追求しているばかりというわけではない。すなわち，その特化した専門製品の商品構成の幅広さとその奥深さにも定評がある。加えて，絞り込んだ商品構成を志向しているため，単品仕入れ量で他の業態を追従させない恒常的な値引き販売による圧倒的低価格の実現という特徴をもっている業態といえる。そしてその代表的なものに，トイザらス等が挙げられる。トイザらスは

流通チャネルにおける中間マージンの削除を可能にした業態として注目を浴びた有名な外資系流通業である。トイザラスは卸売業を介さないメーカー直接取引を遂行し、そこから繰り広げられる恒常的な値引き販売が強力な集客力につながり、一店舗当たりの売上高は15－20億円であるともいわれている。そのことが功を奏して瞬く間に玩具業界のリーディング・カンパニーとなった。トイザラスの日本市場への進出に際しては、当時の新聞・テレビニュース等でも盛大に報道され記憶に新しい。当時、日本の商慣行が外資にとっての最大の参入障壁となり諸外国の批判を浴び続けてきたわけであるが、日米構造協議を経た後、トイザラスは日本市場にカテゴリー・キラーとして日本型流通に旋風を巻き起こした。つまり、玩具業界で低価格販売を実現させ、日本流通システムに大きな変革をもたらしたのである。そしてトイザラス効果によって玩具販売価格が初めから値引きされた形で消費者の手元に届く仕組みが一般化してきている。外資系流通業によるこうしたカテゴリー・キラーの活躍には、それ以外にも、オフィスデポやオフィスマックス、スポーツデポといった文具やスポーツ用品等を扱う業界等にも大きな一石を投じている。

　また、日本発の有名なカテゴリー・キラーとしてはユニクロが挙げられる。ユニクロ等のアパレル業界では、流行が常に売上や経常利益に大きく反映されるため、当然、消費市場に対する素早い対応が求められてくる。そこで、ユニクロはSPA (Specialty store retailer of Private label Apparel) という経営手法を導入し、製造小売業という形態を確立させている。これは、製品の企画、開発、販売という領域を越えて、資材の調達から製品生産、在庫管理そして店舗開発等のすべての工程を統合・調整し、全体の合理化を図りながら消費者の需要に迅速かつ的確に対応できるシステムを構築したものである。日本のアパレル業界においてSPAは、本来、メーカーから小売業への進出戦略の一環としてこれまで遂行されてきた。アパレル・メーカーが小売経営を行い、業態を向上させる狙いでしばしばそうした傾向を図ってきた。

　しかし、ユニクロの場合は元々小売形態をとったれっきとした郊外型紳士服チェーン店からの業態転換であり、そうした観点からすれば、立派なカテゴリー・キラーであると見做すことができよう。既述したトイザラスやオフ

第3章　ネットワーク化前段階における流通システムの構造とイノベーション

ィスデポ，オフィスマックスのようにニッチ（隙間）市場を独自に発見した業界の小売業ではないが，製品構成の絞り込みと，他企業に追従させない国際的な価格設定，そして，専門性に富んだという観点からカテゴリー・キラ

図3－4　カテゴリー・キラー（トイザらス進出による低価格化が進む玩具業界）

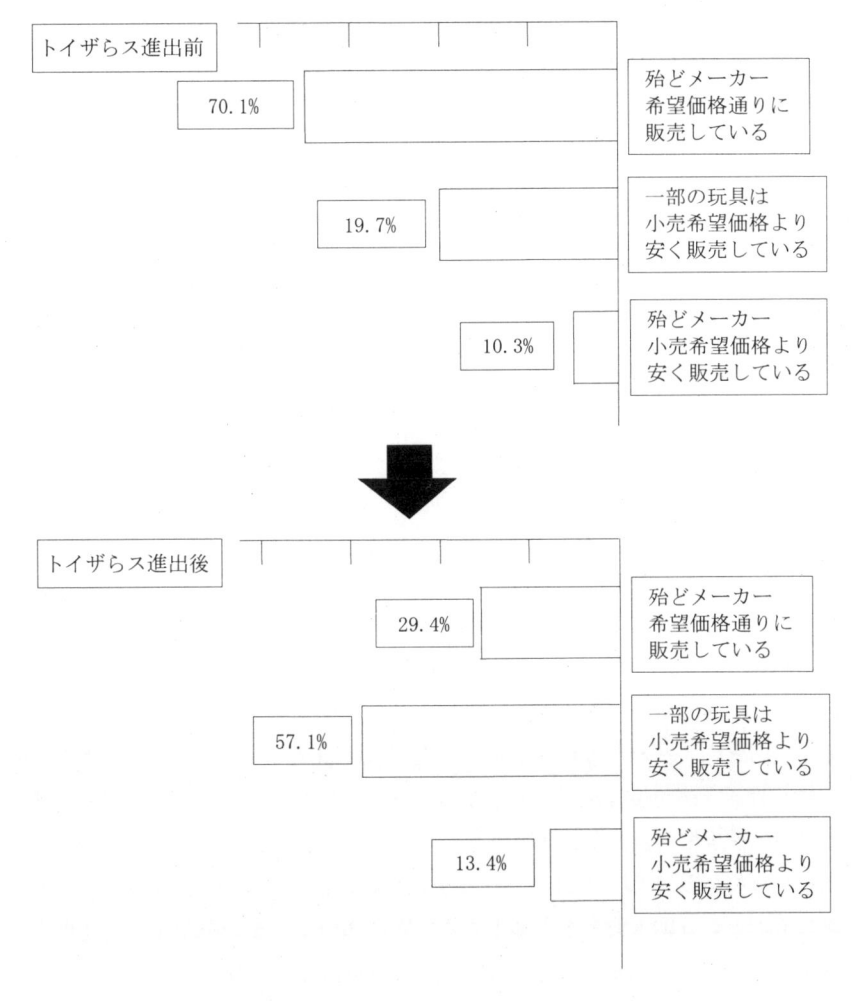

トイザらス進出前

- 70.1%　殆どメーカー希望価格通りに販売している
- 19.7%　一部の玩具は小売希望価格より安く販売している
- 10.3%　殆どメーカー小売希望価格より安く販売している

↓

トイザらス進出後

- 29.4%　殆どメーカー希望価格通りに販売している
- 57.1%　一部の玩具は小売希望価格より安く販売している
- 13.4%　殆どメーカー小売希望価格より安く販売している

注）調査時点は1993年7月。
出所：公正取引委員会「玩具業界の流通実態調査報告書」1994年3月。

ーとしての性質を内包したものと判断できるであろう。

（4）コンビニエンス・ストア（CVS）[30]
　コンビニエンス・ストア（以降，CVS）は米国からノウハウを輸入し，日本で発展した業態である。CVSは現在，日本人の生活に深く密着し，定着している。その定着の背景には次の4点が挙げられる。①早朝から深夜（24時間営業もある）までの営業，②日常生活に欠かせない商品の陳列，③住居地に近接，そして，④気配りの届いたサービスの提供である。つまり，どれも共通していえることは「便宜性」ということである。
　これまでの日本小売業界の革新性の中核を担ってきたスケールメリットとディスカウントといった2つの原理とは対照的に，消費者・生活者への便宜性を戦略の中心に押しだして成功をおさめた日本特有の小売業態といえる。すなわち，米国のCVSの出現背景と大きく異なっているという所以である。米国の場合，ショッピングセンターとSMの発展による商圏の拡大に伴う消費者ニーズに対応するために，補完的な役割として誕生している。それに対して日本の場合，中小小売店の対大規模小売店活動という側面と大手チェーン小売業による大規模小売店出店規制問題に対する対応策という側面，加えて，マーチャンダイジングにおけるコンビニエンスの追求という3つの側面をもって誕生している[31]。
　また，その一方では，CVSはSM等とは異なり，小規模店舗でレギュラー・チェーン方式だけでなくフランチャイズ・チェーン方式も導入している。加えて，多品種少量商品販売も遂行している。一見，CVSの店舗規模は一般食品小売店と何ら変わらない。従って，在庫の問題から生じるリスク回避のためにも流通経路が複雑かつ長くなるのが一般的である。つまり，小規模店舗での多品種少量商品販売は従来の考え方では不可能に近いということになる。
　しかしながら，CVSのイノベーションはこの点にある。CVSはベンダー・システムという納入業者を主体とする共同流通のシステムを開発し高度物流システムを確立し，その結果，SMよりも一層合理化されたシステム運営での在庫管理と鮮度管理を可能ならしめている。さらに，それだけに留まらずレギュラー・チェーンとフランチャイズ・チェーンによる店舗増大を推し進

め，そこから得られるPOSデータの集積，有効活用とそれにマッチングした物流システムを結合させた戦略を実現させている。CVSは単独店による経営は困難であり，チェーン・システム（レギュラー・チェーン，フランチャイズ・チェーン）を最大限に活用している業態であるといえる。

なお，このCVSの物流システムに関しては，セブン－イレブンが最先端を走っている。まず，1976年に物流改革を行い，取引先の集約化（供給業者の絞込みとコミュニケーション力の強化）とメーカー・ケース・ロットの小口化に努めている。1980年代後半に入ると，これが実現し問屋の小分け作業は大幅に削減された。また，メーカーとの受発注業務の効率性を求め，発注末端機を導入しオンライン化を開始している。一連の物流改革は物流コスト抑制のためであったが，結果としては，供給業者とのコミュニケーションの改善や最適なメーカー・ケース・ロットの設定，受発注業務の電子的処理は物流機能の効率的な統合の基礎となった。そしてそれ故に，供給業者による高コストな多頻度小口・定時配送サービスの提供も可能となった。さらに，共同配送センターを軸とした温度帯別による共同配送の導入が進められ，これにより鮮度の高い商品の供給を可能とし，1日70台のトラックによる納品も現在では10台前後と激減し，コスト削減を実現したばかりでなく，店舗の荷受け，検品作業をも減少させている。[32]

現在，CVSは日用必需品に加えて，ゲームソフトや宅配便，チケット，公共料金等，より一層の便宜性を高め，消費者・生活者の来店頻度を高めている。

上記のように日米における小売商業形態の発展とイノベーションについてみてきた。日米における流通形態の出現年度と時代の背景をおおよそ整理したものが，図3－5である。先行する米国の小売商業形態の発展パターンをみてみると，デパートメント・ストアからチェーン・ストア，バラエティ・ストアへ，チェーン・ストア，バラエティ・ストアからスーパーマーケットへ，そして，スーパーマーケットからディスカウント・ストアへと発展する，いわゆる，低価格化と大型化が進められていった。また，米国は海外から輸入されたものはデパートメント・ストアを除いてほとんど存在せず，そうした意味では，既存の小売形態を消費者及び社会のニーズに順応する形で，経

図3−5 日米における流通形態の変遷概略図

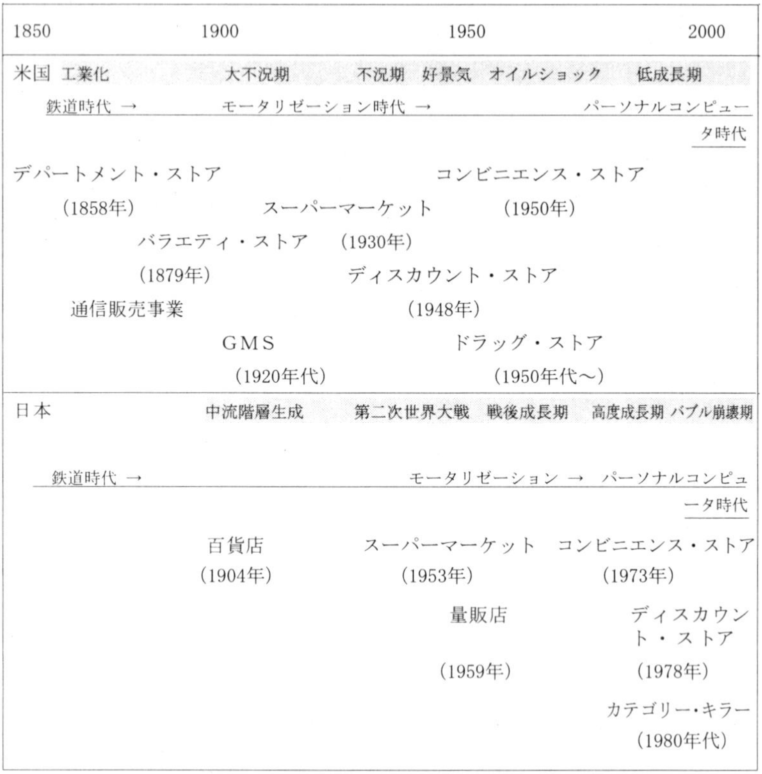

1850	1900	1950	2000
米国 工業化	大不況期	不況期　好景気　オイルショック	低成長期

米国
鉄道時代 →　　モータリゼーション時代 →　　　　　パーソナルコンピュータ時代

デパートメント・ストア　　　　　　　　　コンビニエンス・ストア
　（1858年）　　　　スーパーマーケット　　（1950年）
　　　　バラエティ・ストア　（1930年）
　　　　（1879年）　　　ディスカウント・ストア
通信販売事業　　　　　　（1948年）
　　　　　　GMS　　　　　ドラッグ・ストア
　　　　　　（1920年代）　　（1950年代〜）

日本　　　　　中流階層生成　第二次世界大戦　戦後成長期　高度成長期　バブル崩壊期

鉄道時代 →　　　　　　　モータリゼーション →　パーソナルコンピュータ時代

　　　　百貨店　　スーパーマーケット　コンビニエンス・ストア
　　　　（1904年）　（1953年）　　　（1973年）
　　　　　　　　　　量販店　　　　　ディスカウント・ストア
　　　　　　　　　　（1959年）　　　（1978年）
　　　　　　　　　　　　　　　　　カテゴリー・キラー
　　　　　　　　　　　　　　　　　（1980年代）

資料：各種資料より筆者作成。

営手法の転換とシステム技術を開発してつくりだしたものが多いといえる。特に，世界恐慌の影響により消費社会構造が一変し，低迷期を迎えた1930年代には，消費者・生活者の生活基盤を救うべくして誕生したスーパーマーケットもセルフ・サービスやチェーン展開，簡素な店舗経営等のイノベーションをもって遂行することで低価格販売を実現させている。

　しかし，その一方で，広大な国土面積を保有する米国では，地域化に対応した小売形態も多く輩出させている。例えば，通信販売事業やドラッグ・ストア，コンビニエンス・ストア等の無店舗販売網や小規模小売店である。これらの小売形態は各々が消費者に距離的な制約を克服するために考案された

ものであった。さらに，米国の消費者の購買行動も小売形態との関係性で考えてみると，消費者は基本的に自家用車を利用して一回に大量購入し買いだめする傾向にあり，それと重複する形で価格志向にもあるといった地域特有の傾向に対応する結果とよみとることができる。

　他方，日本の小売商業形態の発展パターンは，表層的には，おおよそ米国と類似した形態と解釈できるが，そのなかには大きく異なる点もあることに注意したい。確かに，米国と同様に，スーパーマーケットやディスカウント・ストア等低価格販売を志向する小売形態は多く存在している。

　しかしながら，実際には，そのような低価格志向の小売形態はあまり成長していない(33)。それには長期間にわたって日本が高度経済成長を遂げてきたという見方も当然あるが，実はそれ以上に日本の消費者が品質を重視するという性質を内包していることにも裏付けられる(34)。米国の消費者が比較的価格志向をとるのに対して，日本の消費者が品質に対する水準が高いのである。これは店舗に対しても同様で，米国の消費者は倉庫型の店舗（ホールセールクラブ等のディスカウント・ストア）でも好んで買い物をするが，日本の消費者は極端な店舗では好んで買い物はしない傾向にある。また，日本の消費者は生鮮食品を好んで購買する傾向にあり，それ故に店舗の清潔感や安全性を重視する傾向にもある。そうした意味では，価格志向よりも品質を重視しやすい環境にあるといえる。つまり，そのことが日本の消費者を比較的購買頻度を高める傾向に招きやすくしている。さらに，狭い住居事情や中間所得層が多いということもそれらを一層促進させている一因となっているといえるだろう。

　このように，日米の流通形態の発展とその特徴は，各々異なる側面もあるが，概していえることは，消費市場の特性に対して，流通業がイノベーションをもって順応していったということである。また，そのイノベーションとは，安さを追求した効率的な経営と利便性を意識した経営という企業と消費者の需給バランスを配慮したものであり，こうした2つの基盤を重視しながら，「小売の輪」理論にもあるように，漸次，その時代のニーズにあった新たなイノベーターが誕生してきたといえよう。

注
（ 1 ）小売発展理論については，多くの研究がなされているが，ここでは主に矢作敏行『現代流通』有斐閣アルマ，1996年，186～195頁を参照した。
（ 2 ）M.C.McNair, "Significant Trends Developments in the Postwar Period," in A.B.Smith,ed.*Competitive Distribution in a High-Level Economy and Its Implications for the University*, University of Pittsburgh Press, 1958, pp.1-25.
（ 3 ）金沢尚基『現代流通概論 構造・経営・マーケティング』慶応義塾大学出版会，2005年，35頁。
（ 4 ）Orla Nielsen, "Development in Retailing," in M.Kjaer-Hansen,ed., *Readings is Danish Theory of Marketing*, North-Holland, 1966, pp.101-115.
（ 5 ）ここの論述については主に李栄璨『日・韓小売構造に関する比較研究』日本大学大学院商学研究科博士論文，1999年，45～46頁を参照した。
（ 6 ）W.R.Davidson, A.D.Bates, and S.J.Bass, "The Retail Life Style," *Harvard Business Review*, Nov./Dec., pp.89-96.
（ 7 ）S.C.Hollander, "Notes on the Retail Accordion," *Journal of Retailing*, Summer, 1966, pp.29-40.
（ 8 ）ここの論述については主に流通経済研究所国際研究部『アメリカ流通概要資料集2003年版』流通経済研究所，2003年による。
（ 9 ）Bruce Mallen, "Conflict and Cooperation in Marketing Channels," in *Reflections on Progress in Marketing*, ed. L.George Smith, American Marketing Association, 1964, pp.65-85.
（10）流通経済研究所国際研究部『アメリカ流通概要資料集2003年版』流通経済研究所，2003年，4頁。
（11）米国流通システムの特徴は，国土が広大にもかかわらず，流通経路が短いところにある。その要因には，歴史的な浅さと国土の広大さ故に，メーカー及び小売業の発展速度に卸売業が追いついていけなかったという議論もあるが，もちろん，それは全く卸売業を介さないというのでは決してない。なぜならば，地域レベルでみていくと，地域区切りのなかで，地域密着型で業績を伸ばしている卸売業も多く存在しているからである。
（12）当時の米国の小売業の形態は，食品分野では，八百屋，肉屋，魚屋等の

第3章 ネットワーク化前段階における流通システムの構造とイノベーション

零細小売店，すなわち，いわゆる業種レベルのものが多く，一方，非食品分野では，ゼネラル・ストアと呼ばれる雑貨商がその大半を担っており，スーパーマーケットのような合理的な業態は存在していなかった。そのため生産部門であるメーカーが自社製品の価格等を決定し，小売業はそれを陳列・販売する機能に留まっている段階にあり，発言権をもつまでには至っていなかった。

(13) 本項の論述については主に流通経済研究所国際研究部，前掲書，113～143頁を参照した。

(14) 米国商務省商業統計によると，「デパートメント・ストア」は次のように定義付けられている。衣・住にわたる日用品を小売する大型店舗で，衣料品の売上高が全体の20％以上を占めていること。また，①家具・インテリア・家電製品，②家庭用総合衣料品，③家庭用品・雑貨の3ラインを販売し，各1つの商品ラインは全体売上高80％を超えないこと。1つの商品ラインだけで80％を超える場合は，他の2つのラインの売上が100万ドル以上となること。さらに，年間商品販売高は1,000万ドル以上で，常時従業員50人以上を雇用していること。

(15) デパートメント・ストアが小売業態として開発されるようになった背景には，産業革命によるミシンの発明が挙げられる。つまり，ミシンが発明されたことで，衣料品の大量生産が可能となり，それを大量販売するための小売業態が必要となった所以である。

(16) 流通経済研究所国際研究部，前掲書，145頁。

(17) 通信販売事業は，様々な技術や社会的な諸制度が整備されてはじめて可能となる。つまり，産業革命を経て，鉄道等が整備された19世紀後半になってはじめて米国では成しえたのである（詳しくは，原田英生・向山雅夫・渡辺達朗『ベーシック 流通と商業—現実から学ぶ理論と仕組み』有斐閣アルマ，2002年，45～46頁）。

(18) セルフ・サービス・システムを最も早く導入した食料品店は，1916年のPiggly Wiggly Storeであるとされている。そして，その後の1930年に，マイケル・カレンによって設立されたスーパーマーケットKing Kullenによって引継ぎ採用され，以後，セルフ・サービス・システムが一般化されるようになった。

(19) スーパーマーケット誕生の背景には，1929年10月に起きた米国ウォール

67

街の株式大暴落に端を発した大恐慌による影響で失業者が続出している社会環境の変化と，その一方で，フォード生産方式という自動車の量産化による低価格販売の実現とそれによって発生したモータリゼーションという社会環境の変化があった。また，モータリゼーションによってそれまでの都市化から郊外化へと格段に転換した。このような社会的変化のなかで，スーパーマーケットは価格志向と広い駐車場スペースを要望する消費者の要望に対応する形で登場したのである。

(20) 流通経済研究所国際研究部，前掲書，118頁。
(21) 流通経済研究所国際研究部，同上書，139頁。
(22) 米国では，現在，多くのコンビニエンス・ストアでガソリンスタンドの併設が一般化している。その割合は，80％にまでなっているという。コンビニエンス・ストアにガソリンスタンドが併設されるようになった背景には，ガソリンスタンド間の競争が激化し収益性の低下が生じてしまったため，それを補完することを目的に進出してきたとされている。つまり，石油系企業がコンビニエンス・ストア経営に参入してきたのである。しかしながら，これに対抗して，近年では，元祖コンビニエンス・ストア経営企業も利便性の追求と企業再建のために，自ら積極的にガソリンスタンドを併設するようになってきている。
(23) 本項での論述については主に原田英生・向山雅夫・渡辺達朗『ベーシック 流通と商業—現実から学ぶ理論と仕組み』有斐閣アルマ，2002年，37〜38頁による。
(24) 三越呉服店とは，今日の三越であり，江戸時代初期に三井家が開業した越後屋呉服店を起源とする後の三井財閥の基盤となった事業の1つとされている。三越同様に，呉服店から百貨店に転身したものに有名な松坂屋，松屋，高島屋，大丸等がある。
(25) 当時，東京・大阪・名古屋等の大都市圏で発達しつつあった私鉄が，ターミナルに百貨店を開店するようになった。具体的には，東京・渋谷の東急百貨店，大阪・梅田の阪急や阪神等が有名である。さらに，これらよりも遅れるような形で地方都市においても，旧呉服店が百貨店に転身するようになり，全国的に相次いで百貨店が開業されるようになった。
(26) 李栄燦，前掲書，67頁。
(27) 当初，百貨店は高所得者向けの高級店であり，一般庶民が商品を購入す

るような店ではなかった。しかし，1923年の関東大震災を契機に，百貨店は大きく路線転換するようになった。それは，それまで一般消費市場の大半を担ってきた中小小売店が震災の影響で営業ができなくなり，その代わりに百貨店が日用品の安売りを始めるようになっていったからである。それ以降，百貨店は営業の範囲を従来の高所得者から漸次，所得上昇期にあった一般サラリーマン等の大衆向けに広げ，同様に，日用品等も揃えた店舗へと変革していった。

(28) スーパーマーケットが，百貨店と同等に大規模小売業として位置付けられるようになった理由としては，それまでのスーパーマーケットが食料品から日用品等幅広い商品ラインをもつようになったことと，新興住宅地や環状バイパス等の整備とモータリゼーションの到来により商店街から郊外へとスーパーマーケットが立地するようになったことが挙げられる。つまり，事実上，百貨店同様に，商店街の中小小売店との共存が困難になってきたからであると考えられる。

(29) 日本において最初にセルフ・サービスを導入したのは，食料品店では1953年の紀ノ国屋であり，衣料品店では1955年のマイカル（旧社名ハトヤ）であるといわれている。その後，本格的なスーパーマーケットでは，1956年，丸和フードセンターが最初にセルフ・サービスを導入し，その後のスーパーマーケット業界の常識となっていった。

(30) 日本における最初のCVSは，食品系の卸売業・小売業主宰のボランタリー・チェーンの加盟店によって展開された。具体的には，1968年の食品系卸売業丸正が主宰する「サンマート」をはじめ，1969年の「サンフラワー」，1971年の「セイコーマート」「ココストア」等があり，小売業主宰では，1969年に開店したマイショップ・チェーン第一号店の「マミー豊中店」がある（詳しくは，川辺信雄「コンビニエンス・ストアの経営史―日本におけるコンビニエンス・ストアの30年―」『早稲田商学第400号』早稲田大学商学部，2004年9月，9頁）。

(31) 三家英治「アメリカと日本における小売革新の差異」『京都学園大学論集』第14巻第1号，1985年，62頁。

(32) 矢作敏行『現代流通』有斐閣アルマ，1996年，108～112頁。

(33) 李栄琢，前掲書，1999年，76～77頁。

(34) 野村総合研究所が行った「1万人アンケート」によると，日本人全体の

購買嗜好は「品質にこだわる」という点においては世代間問わず，高い水準にあることがわかった（表3－2）。

表3－2　日本人の購買嗜好

年代 項目	男性						女性					
	10代	20代	30代	40代	50代	60代	10代	20代	30代	40代	50代	60代
価格と品質が見合っているか検討	42.6	50.6	57.7	54.4	45.4	48.2	45.2	53.7	60.4	55.6	51.9	52.2
多少高くても品質の良いものを購入	32.6	39.3	43.1	40.8	41.2	43.1	31.3	34.3	36.4	37.7	44.1	45.6
ブランド品ならば，高くても構わない	21.5	187	13.5	10.0	6.3	5.7	18.3	18.4	9.8	5.4	4.3	4.7
周りの人と違う個性的な物を選択	20.2	22.1	14.2	7.7	4.1	3.8	25.4	13.4	9.6	6.7	9.3	9.7

（備考）数字は項目に対して○を付けた人の数。
原出典：野村総合研究所「1万人アンケート」より抜粋。
出所：黒崎宗宏「欧米小売業の日本進出にどう備えるか」『システム・マンスリー』野村総合研究所，2001年10月。

第4章 日本の流通構造の沿革と特質
（歴史的展開　第二次世界大戦後～1990年代）

第1節　第二次世界大戦後の日本経済と内外価格差

　第二次世界大戦後，我国の経済は成長の一途を辿ってきた。1950年代後半から1960年代にかけての高度経済成長期に飛躍的な経済発展を遂げ，1970年代以降の2度に亘る石油危機を克服し，他の先進諸国と比較して高度経済成長を持続してきた。加えて，1980年代後半の大幅な円高の恩恵も受けたことも相まって，周知のとおり，世界有数の経済力を保持するようにもなった。以下，本節では，我国の世界経済における位置付けを具体的な経済指標を用いて簡単にみていくこととしたい。[1]

1．国民総生産の観点から

　我国のGNPは1955年から1989年までに名目で47倍，実質9倍になっており，その間における我国のGNPの世界GNPに占めるシェアは，1950年に1%であったが，1960年から1970年にかけては3%から6%へと上昇し，1988年には既述したように円高の恩恵を受けて14%にまで上昇に転じた。また，ドルベースに換算した1人当たりのGNPも1960年には477ドル，1970年には1,963ドルになり，1987年には19,675ドルと対米国18,557ドルを上回る水準にまでなった。因みに，翌年1988年には23,416ドルとなり，世界最高水準に達している。

2．世界貿易及び国際収支の観点から

　我国の世界貿易の観点，すなわち，輸出入の対世界輸出入シェアは1950年の1.4%，1.6%から高度経済成長期の1970年には6.7%，6.2%と各々なり，1988年には，9.9%，6.8%となった。一方，国際収支の観点からみてみると，1946年から1960年代前半までは17億ドルから18億ドル程度の外貨準備が制約

となり，国内景気が拡大すると輸入が増大し，経常収支を悪化させるために引締め策が採用され，国内景気が停滞すると金融を緩和する循環が続いていた。そして，この間の経常収支は赤字基調で推移している。

また，1960年代後半から1970年代には国際競争力が向上し，経常収支黒字は拡大の一途を辿った。加えて，2度の石油危機の際には，貿易収支黒字は大きく縮小に転じたが，黒字基調はそのまま継続した。さらに，1980年代に入ると，対米国貿易収支黒字を中心に，対外収支黒字は大きく拡大し，ピークを迎えた1987年には，貿易収支黒字は964億ドル，経常収支黒字は870億ドルとなった。この過程において，我国の対外純資産の累積も進んでおり，1985年末には英国を抜き世界最大の対外純債権国となり，1988年には2,917億ドルの対外純資産を保持するに至っており，金融面においても我国は大きな経済力を保持するようになっている。因みに，我国の銀行の対外資産は1985年末から1988年末にかけて2.5倍となり，この間に国際決済銀行（BIS）報告によると地域銀行全体に占めるシェアは26.0％から38.2％に上昇している。

3．企業活動の観点から

我国の経済成長を支えた3つ目の観点として，企業活動の規模の拡大が挙げられる。世界規模のメーカー売上高上位500社中で，我国の企業は1980年には66社が名を連ねていたが，8年後の1988年には102社へと企業数を増やしている。

また，企業の国際的事業展開も盛んに行われるようになっており，例えば，海外直接投資は1980年度の122億ドルから1989年度には675億ドルへとなっている。

上記のように，我国の経済は第二次世界大戦後，飛躍的に成長し，世界経済のなかでも極めて重要な位置を占めるようになった。同時に，我国の家計所得も名目上最高水準となった。そして，そのことは，本来ならば，日本の国民生活の水準を格段に上昇させるはずであるし，生活の豊かさを国民1人1人が実感するはずである。

しかしながら，実際に高度経済成長期を経てバブル期を迎えた時期に入っ

ても，国民の生活実感という観点から判断した場合，世界最高水準を感じられるほどには至っていない。すなわち，日本国民の所得水準が世界のトップクラスに君臨しながらも，国民がそれに見合った消費生活の豊かさを実感できずにいるのである。

その要因として，内外価格差の存在によって実質的な購買力が低いことが挙げられる。というのは，この内外価格差の存在は，我国の物価水準への割高感を与えてしまいかねないからである。例えば，同一商品であっても，海外のものよりも我国のものの価格がより高ければ，消費者にとって同じ商品・サービスを購入する際に余計な負担となってしまい，同じ所得であればそれに比例して実質的な消費水準が低下することになる。1985年9月のプラザ合意以降の大幅な円高の進行と定着のなかで，安価な輸入品が浸透したにもかかわらず，それが必ずしも消費者利益へとつながっていないのも，それ故という指摘もある。

また，海外で高級ブランド品を購入した際と国内で購入した際の価格差も依然として大きく，日本からの海外渡航経験者は渡航を通じて，自国国内物価が他国に比べて割高であるということを再認識することとなった（日本人海外渡航者数の推移については，図4－1を参照）。

加えて，後章においても詳しく論じるが，パソコンとインターネットの結合とその普及等によって（図4－2を参照），近年，消費者は様々な商品情報や世界規模での市場価格動向を容易に検索，検討することができるようになってきている。またその一方で，このような消費者意識の変化の胎動に先駆け，企業の海外移転等が促進されていった。そして，そのような動向がやがて顕在化するようになると，行政は調査委員会を設け，内外価格差問題への本格的対応を試みるようになっていったのである。

図4－1　日本人海外渡航者の推移

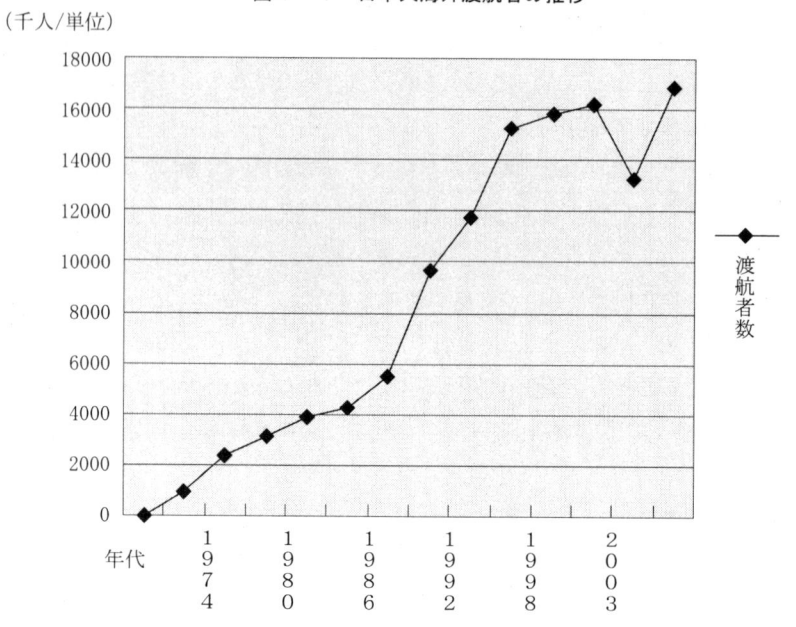

（千人/単位）

◆ 渡航者数

年代　1974　1980　1986　1992　1998　2003

出所：観光白書各号より作成。

図4－2　パソコン，インターネットの普及率

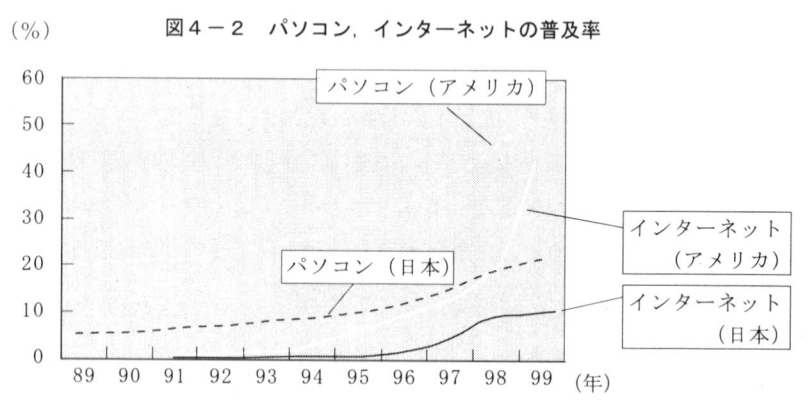

（％）

パソコン（アメリカ）
インターネット（アメリカ）
パソコン（日本）
インターネット（日本）

89　90　91　92　93　94　95　96　97　98　99　（年）

出所：経済企画庁編『世界経済白書』大蔵省印刷局，2000年，166頁。

第2節　内外価格差問題とその要因

　一般に，内外価格差とは，同一の商品あるいは商品群を国内及び国外で購入した場合の価格差であり，通常，価格調査時点の為替レートを用いて換算した価格によってその比較がなされたものである。実際には，購買力平価を為替レートで割ることによって求められる。[2]

　さて，この内外価格差問題は，「内外価格差」という言葉が新聞紙上を賑わすようになった1989年頃から注目されるようになり，その年の『日米構造協議』において，行政を中心に様々な商品あるいは商品群における検討がなされ，その実態が初めて明らかにされた。その検討には，具体的に表4－1のような購買力平価（購買力平価の推移については図4－3を参照），内外価格差（内外価格差の推移については図4－4を参照）を用いて，数値で分析するのが一般的になっている。また，その際には，それを試みた時期の為替レートが関係してくることはいうまでもない（為替レートの推移については図4－5を参照）。

　そこで本節では，そのなかでも最も理解しやすく，また，一般にポピュラーな資料でもある経済企画庁物価局の調査に基づいて，以下，概観していくことにする。当調査は，1994年11月に東京と欧米主要各都市，すなわち，ニューヨーク，セントルイス，ロンドン，パリ，ベルリン，ジュネーブで行われたものである。

　表4－1の内外価格差の推移表によると，東京とニューヨークの内外価格差は1985年の時点では，0.81倍と東京の方がニューヨークに比べて低い数値を示しているが，それ以降，いずれも東京の方が高い数値で推移している。その背景には，プラザ合意の影響による円高の拡大が要因と考えられるが，その円高基調に乗るようにして，内外価格差は拡大路線を辿っている。それぞれ品目ごとの内外価格差の現状に関しては，表4－2を参照されたい。なお，現内閣府国民生活局のホームページ記載調査では，米からハンバーガーまでを食料品分野，背広服から紳士靴までを被服・履物分野，ティッシュから雑誌までをその他の財分野，洗濯代（背広）からパーマ代までをサービス分野と各々，分野別に分類しているが，ここでは食料品分野，非食料品分野

表4−1　内外価格差の推移—東京とニューヨーク（倍）

	購買力平価	為替レート	内外価格差
1985年	194	239	0.81
1986年	191	169	1.13
1987年	184	145	1.27
1988年	178	128	1.39
1989年	174	138	1.27
1990年	170	145	1.18
1991年	171	135	1.27
1992年	167	127	1.31
1993年	157	111	1.41
1994年	155	102	1.52

出所：経済企画庁物価局『内外価格差の是正・縮小に向けて』1995年。

図4−3　購買力平価の推移

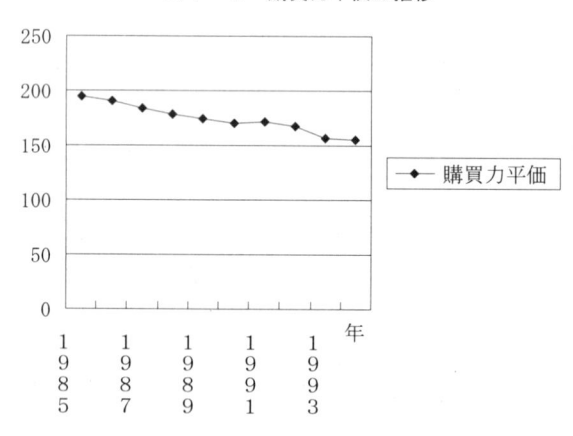

資料：上表のデータより作成。

第4章　日本の流通構造の沿革と特質

図4－4　内外価格差の推移

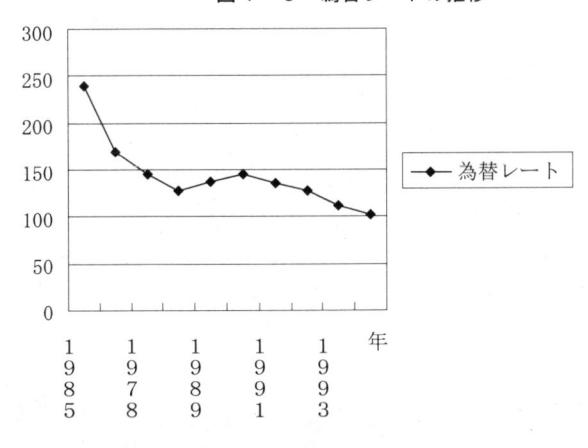

図4－5　為替レートの推移

資料：上表のデータより作成。

と簡略して説明することにしたい。

　表4－2の調査結果によると，六都市平均でみた場合，我国の食料品分野での割高が目立つ。特に，牛乳，オレンジ，グラニュー糖，紅茶，コーラ等は欧米各都市の2倍以上であり，一目で割高であることがわかる。また，食料品分野の消費者物価に占める割合は約30％と最も大きく，このことは我々

77

表4－2　調査品目の東京，欧米各都市の内外価格差

品　目	ニューヨーク	セントルイス	ロンドン	パ　リ	ベルリン	ジュネーブ	六都市平均
米	1.47	1.36	1.68	1.81	1.35	2.17	1.64
食パン	1.06	1.70	3.62	0.92	1.65	0.85	1.61
スパゲティ	1.13	1.90	2.91	1.99	1.36	2.20	1.91
さ　け	1.86	1.60	1.27	1.30	0.86	1.16	1.34
牛　乳	2.28	1.92	2.61	1.83	2.09	1.58	2.07
玉　葱	2.20	1.60	2.34	2.24	1.58	1.27	1.87
オレンジ	2.46	2.55	2.89	3.25	4.05	2.69	2.98
バナナ	1.27	1.14	1.20	0.91	1.10	1.10	1.12
グラニュー糖	2.11	3.26	2.28	2.06	2.34	2.32	2.49
紅　茶	2.83	3.19	4.27	2.27	1.89	2.38	2.80
コーラ	4.90	2.71	1.87	2.29	2.10	1.54	2.57
ハンバーガー	1.91	3.13	1.52	1.44	1.40	1.00	1.73
背広服	1.16	1.59	1.63	1.43	1.26	1.10	1.36
スカート	2.24	2.19	1.53	1.73	1.29	0.98	1.66
長袖Yシャツ	0.87	1.60	1.78	0.79	1.18	0.68	1.15
男子下着	1.52	1.77	0.73	0.56	0.33	0.47	0.46
紳士靴	1.45	1.41	1.65	1.21	1.31	0.83	1.31
ティッシュ	0.52	0.54	0.27	0.56	0.41	0.46	0.46
ガソリン	3.24	4.56	1.60	1.19	1.28	1.38	2.21
テレビ	1.55	2.10	0.96	1.04	0.76	0.59	1.17
カラーフィルム	0.77	1.41	0.98	0.82	0.98	1.07	1.01
CD	1.54	1.84	1.43	1.13	1.66	1.30	1.49
雑　誌	1.33	1.21	1.42	0.99	1.12	0.99	1.18
洗濯代（背広）	1.44	1.34	1.35	0.87	1.04	0.65	1.11
宿泊料	1.13	1.23	1.32	1.24	1.10	1.07	1.18
映画料金	2.34	3.64	2.79	2.28	2.42	1.61	2.51
ビデオ・レンタル料	1.05	1.72	1.07	0.80	1.17	0.83	1.10
理髪料	1.70	1.86	1.62	1.12	1.50	0.83	1.45
パーマ代	1.16	1.28	1.24	1.06	1.13	0.78	1.11

出所：経済企画庁物価局「主要な消費財及びサービスに係る内外価格差調査の概要」1995年6月。

の生活実感に最も影響を及ぼすことになってくる。食料品分野でのこうした割高要因として考えられるのは，安全性を確保するために設けられた規制とそれに準拠した民間レベルでのシステム等の導入による高コスト体質の定着化である。しかし，その一方で，1994年からの価格破壊等の影響を伴ってか，食料品でも比較的輸入品に依存している品目については，着実にその価格帯が低下してきている。他方，非食料品分野においては，ガソリンや映画料金を除けば割高であることには変わりないが，食料品分野ほどの目立った数値は示されていない。それとは逆に，日本の方が割安なものとして男子下着，ティッシュペーパーの2品がある。特に，ティッシュペーパーは海外価格の半値以下になっているということがわかる。

では次に，一体どのような要因がこのような内外価格差を生じさせてしまうのだろうか。以下，内外価格差を生じさせる要因として，次の5点[3]を挙げて，まとめてみたい。

1．供給サイドの価格設定

我国の消費者嗜好の特徴として，消費者は価格よりも品質の良さや高級品を重視して購入する傾向が強く，また，伝統的に贈答習慣や既述したように急速に拡大する輸入ブランド品市場が相まって，価格引き下げ圧力が働きにくいということが考えられる。

2．政府規制分野や公共事業における価格硬直性

公的規制は，各々の政策目的に応じて行われるものであり，従来から産業の発展と国民生活の安定に寄与してきた。例えば，競争力のない産業を規制で保護することによって，産業の均衡を保ったり，あるいは，安全・安心な国民生活を確保させるため，様々な規制を設けて国民生活の充実を図ってきたりした。しかしながら，こうした公的規制が，輸入数量制限や製品基準規制[4]を引き起こし，価格の硬直化を引き起こしてしまっている。

3．地価コスト問題

我国の地価は国際的にみても非常にコストが高く，そのため，家賃や倉庫

等に関わる費用は割高となる。そして，その地価コストを上昇させてしまう要因として，我国の人口対国土の広さや土地利用頻度の影響，そして税制等といったものが挙げられる。また，消費者行動や企業行動においても，その要因は存在し，例えば，消費者は高い地代を前提とした飲食やショッピングを好み，一方，企業はそうした消費者行動に対応するが如く高い地代条件においても進んで立地するようになった。その結果として，地代が都心を中心に上昇するようになっている。

4. 日本の流通構造問題

『日米構造協議』において日本市場の構造的特殊性が指摘されてきた。後段でも論じるが，特に，日本の流通においては卸売業の多段階制及び流通段階における商慣行，すなわち，建値制，リベート制，そして，返品制等が具体的に取り沙汰されてきた。また，それらが市場における価格メカニズムの機能を阻害し価格を高めに設定させてしまう可能性がある。加えて，輸入代理店や卸売業者が販売員の派遣を行ったり，小売業者からの返品を受け取ったりすることを前提に，それらにその分のコストを上乗せした価格を設定してしまう場合もある。これらは的確な専門知識のある派遣店員による高付加価値サービスの提供や豊富な品揃えにもつながり合理的な範囲で行われれば，消費者にとっては好ましいものになる。

しかしながら，これらが合理的な枠を超えて流通段階における安易なコスト転化となってしまえば，本来，機動的であるべきはずの価格設定を硬直化させてしまう可能性が強くなる。特に，背広，化粧品，香水等はそうした対象となり易いと考えられる。

5. 企業雑費・交際費等におけるコスト意識問題

日本の法人企業の多くは，バブル期における雑費・交際費等の購買行動はコストと無関係という捉え方が一般的であったが，バブル崩壊以降，こうした捉え方は大方，改善されるようになった。しかし，こうしたバブル期における企業の意識行動が高価格を生じさせる一因となっている。

第3節　日本の流通構造の特質

　第1節では，第二次世界大戦後日本経済の急速な成長の軌道について経済指標を用いて論じた。そしてそのなかで，日本の経済成長が他の先進諸国を凌駕するほどの世界最高水準に達しているにもかかわらず，他国に比べて，消費者はそれに見合うだけの豊かな消費生活が実感されていないということについても論じてきた。また，続く第2節では，その具体的要因として『内外価格差問題』についても触れ，それに我国の流通構造が深く関わっていることを論じた。そしてそのなかでキーワードとなってくるのが1989年に開催された日米構造協議である。当初は，日米貿易摩擦にその議論の焦点は置かれていた。特に，自動車貿易を巡る議論はやがて日本の流通システムにまで発展した。つまり，貿易障壁以前に日本的商慣行こそが外資系企業あるいは外資系企業商品の日本市場参入を阻害していると見做したのである。そして日本的商慣行が日本の流通システムの『特殊性』を形成し，それが要因となって効率性が損なわれているのでないかと批判を浴びせるようになったのである。

　では，日本の流通システムは果たしてどの程度の『特殊性』をもっているのだろうか。また，効率性という観点でそれを判断した場合，それを阻害する要因は，一体，何処にあるのだろうか。本節では，日本の流通構造を客観的に評価するために統計資料を活用してその真意の再確認をしてみることとしたい。なお，ここで前もって留意しておかなくてはならない重要な視点がある。前章でも論じてきたが，イノベーションと小売商業形態の歴史的変遷を考慮すると，少なからず，そこには社会・経済的要請や消費者購買行動との関係性をもって，その国の流通システムの形成に関与してきたという実情がある。これは日本に限ることではなく，諸外国でも同様である。経済・社会環境や文化，宗教，国土面積，人口等が深く関与していることはいうまでもない。従って，ただ単に，流通構造の特質と効率性について考察するのではなく，そうした観点も広く踏まえたうえでの再考をここでは行っていくことにする。

　なお，次の図4－6は先行研究においても触れたように田村による日本型

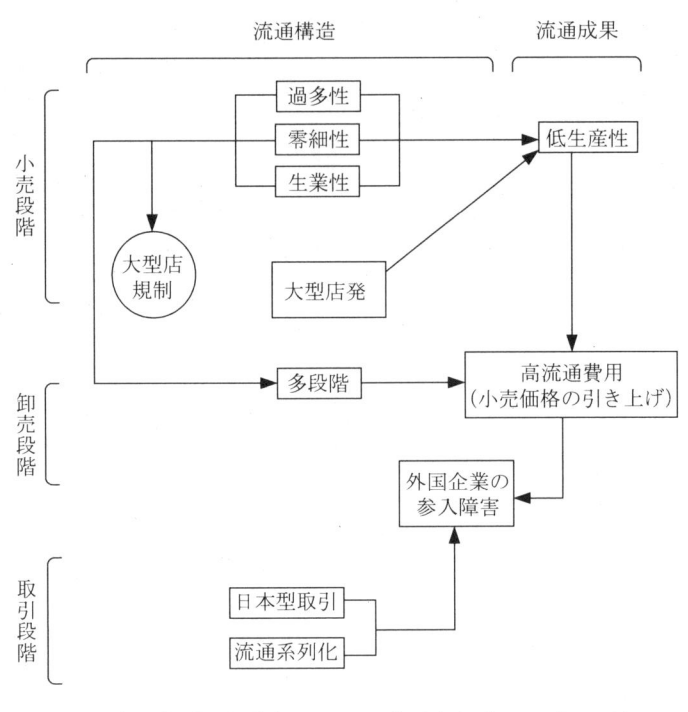

図4－6　日本型流通システム分析モデル

出所：田村正紀『日本型流通システム』千倉書房，1986年，5頁。

流通システム分析モデルである。この図4－6の分析モデルを参考にしながら，本書では，必要に応じて日米比較も含め，論を進めていくこととしたい。

1．店舗の過多性/店舗規模の零細性

　一般に小売店舗数が増加すればするほど，生産者や流通業者が担う流通サービス・コストは増大する。一方，それと引きかえに，消費者にとっては店舗にでかけるのに費やす時間的・距離的コスト，すなわち，消費者コストは低くなる。従って，そうしたことを考えると，理論的には，流通サービス・コストと消費者コストを合計した流通コストの最も低い状態にある店舗数が社会的には望ましい。また，生産者や流通業者が各々，市場競争やコスト節

減を最大限に行い合理的な企業行動を遂行することによって理想的な小売店舗数は確立される。このような小売店舗数は国や地域によって，あるいは，消費者の国民性や地域性によって当然，異なってくる。換言すれば，国や地域が異なれば，消費者行動も当然異なり，小売店舗に必然的に影響してくるということになる。

例えば，1994年の商業統計によると，我国における小売店舗数は，150万店であり，それに対して1992年の米国のそれは，152万6,000店である。我国と比較して，米国の小売店舗数は約2万6,000店ほど多いことになる（表4－3参照）。しかし，米国は人口，国土面積が日本よりもはるかに広大なことを考慮に入れると，この数字は，我国の店舗密度が如何に高いかということを意味する（表4－4参照）。

表4－3　流通業の日米国際比較

		日本 (1994)	米国 (1992)
小売業	小売店数（千店/単位）	1,500	1,526
	人口1万人当たり小売店数	120	60
	小売就業者1人当たり売上（千ドル/単位）	103	143
	小売1店当たり就業者数	4.9	12.7
卸売業	卸売店数（千店/単位）	429	415
	人口1万人当たり卸売店数	34	16
	卸売就業者1人当たり売上（千ドル/単位）	597	561
	卸1店当たり小売店数	3.5	3.7
卸売販売額／小売販売額	W/R比率（消費財）	2.01	1.13

注）1．就業者1人当たり売上げの統計年度は日本：1993，米国：1992．なお，各々，統計年度の購買力平価ドルで換算されている。
　　2．W/R比率については消費財での検討のみ。
資料：日本「商業統計表」，米国「Census of Retail Trade」，「Census of Wholesale Trade」より作成。

表4－4　日米国際比較（国土面積，人口）

	日　本	米　国
国土面積	37万km²	937万km²（日本の国土面積の約25倍相当）
人口	1億2,500万人	2億6,000万人（日本の人口の約2倍相当）

資料：日本：総務省統計局http://www.stat.go.jp/data/jinsui/index.htm及び
　　　米国：U.S.Census Bureau, Current Population Reports.

　具体的には，人口10,000人当たりの小売店舗数で比較してみると，我国の120店舗に対して，米国は60店舗ということになる。因みに，人口密度は単純に計算しても，日本の約13分の1ということになる。加えて，小売1店舗当たり就業者数の方も日本4.9に対し米国12.7であり，その点からも我国の小売業の規模の零細性が窺われる（表4－3参照）。

　さらに，図4－7に示されているように，我国の従業者規模別店舗数の構成比を比較してみると，従業者が2人以下や3～4人という小規模店が過半数を占めており，米国が均等かやや大型規模店が占めているのとは対象的な数値を示している。

　このように，我国において中小規模の小売業が多く存在し，加えて，我国の国土面積の広さを米国と比較した場合，如何に小売店舗の密度が高いかということが再認識できる。しかしながら，こうした特質をもたらした要因の1つとして，先にも軽く触れたように，国民性や地域性が大きく関係している。つまり，我国の消費者行動の特徴にその要因は求められ，その要因が流通構造に少なくとも何らかの関連性をもっているといえる。因みに，我国の消費者行動の特徴は，以下の通りであり，そのことが近隣の中小小売店舗を選択する要因となっている(5)。

　①食料品や日用雑貨等の最寄品は，継続的・反復的に購買されるものであり，消費者は頻繁に買い物にでかけなくてはならない。従って，それほど頻繁に遠くの店舗を好んででかけるようなことはしなくなる。ましてや，最寄品は価格単価も低いこともあるので，なおさら近くで済ませたいという消費

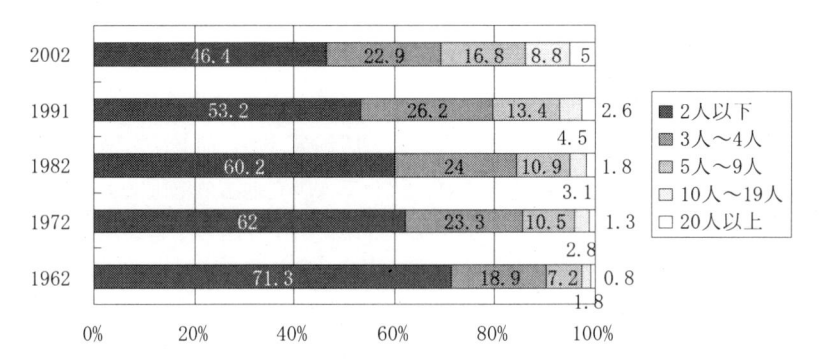

図4-7　小売業：従業者規模別の変化（事業所数）

年	2人以下	3人～4人	5人～9人	10人～19人	20人以上
2002	46.4	22.9	16.8	8.8	5
1991	53.2	26.2	13.4	4.5	2.6
1982	60.2	24	10.9	3.1	1.8
1972	62	23.3	10.5	2.8	1.3
1962	71.3	18.9	7.2	1.8	0.8

出所：経済産業省産業政策局調査統計部編『我が国の商業〈2005〉』経済産業統計協会，2005年，86頁。

者心理が働きやすい。

②我が国の加工食品や冷凍食品は最近になっては社会構造の変化を受けて，増加傾向になってきているが，それでも欧米と比べると消費量は少ない。すなわち，欧米人と比較して，生鮮食品を好む傾向にある。従って，鮮度重視の生鮮食品を購入するため，買いだめをする欧米人と対照的に頻繁に買い物にでかけていく傾向にある。

③我が国の住居状況を欧米と比較して概観してみると明確なように，住居のスペースが非常に限定されている。特に，世界で最も狭いといわれている都心での住居スペースは非常に狭い。そのため，比較的コンパクトな冷蔵庫に食料品等のストックが節約されるという事情がある。従って，欧米においてはあまり業績を伸ばすには至らなかったコンビニエンス・ストア等のような小売業態が我が国において急速に普及した要因も，こうした住居環境が少なくとも関係しているといってよいだろう。

以上のように，我が国における店舗状況を米国との比較を用いながらその特質を概観してみると，小売店舗数が過多でその過多を構成する小売業の大多数が零細小売店であるということがわかる。

しかしながら，近年，規制緩和や競争激化等の流通構造を根底から揺るがすような新たな変革要因も相まって，流通業の再編・集約化が進み，その数

も減少の一途を辿り始めてきている。特に，そのなかでも零細小売店の店舗数が著しく減少している。同時に，その零細小売店を主要取引先としていた中小卸売業も取引先の減少の煽りを受け，倒産・再編を余儀なくされ減少傾向に推移している。

　一方，そうした状況のなかで，大型店の店舗数は逆に徐々に，増加傾向にある。事実上の大店法の廃止とそれに代わる大店立地法の施行によって，ショッピングセンターやパワー・センター等の大型小売店の出店ラッシュが進んでいる。そうした意味では，米国の流通事情に少し近づきつつあるといってもよいだろう。

　しかし，過去における店舗の過多性/店舗規模の零細性を内包する我国の流通システムは，確かに統計上は米国に比べ特殊性がみられるものの，消費者行動との関連性を含めた観点から評価した場合，必ずしも，そのことが効率性を阻害しているとは一概にはいい切れないということは特質すべき点であろう。

2．経営の生業性[6]

　上記でみてきたように，日本の伝統的小売業は店舗の過多性と店舗規模の零細性という構造的特質に加えて，多くの小売店が生業性を伴っているということが挙げられる。生業性という特質をもった小売店が多数存在するということは，少なくとも既述した零細規模の小売店が多数存在することに直接の関わりをもってくる。日本の商業統計では，特に，生業店に関する統計はみうけられないため，本項では，経営組織上，具体的な小売業の従業者規模の変化のなかで，従業者数2人以下の商店を生業店と見做すことにしたい。

　図4－7のように，日本における生業店は1962年には小売業全体の71.3%の割合を占めていたが，1982年には60.2%へと減少に転じ，その後の1991年には53.2%とさらに減少率が加速していることがわかる。

　一方，その売上額をみても，漸次，減少傾向にある。また，小売業全体に占めるその年間売上額から判断しても，その僅かを占めているにすぎない状況にある（図4－8参照）。

　従って，『日米構造協議』が行われた当時において，この2人以下の生業

第4章　日本の流通構造の沿革と特質

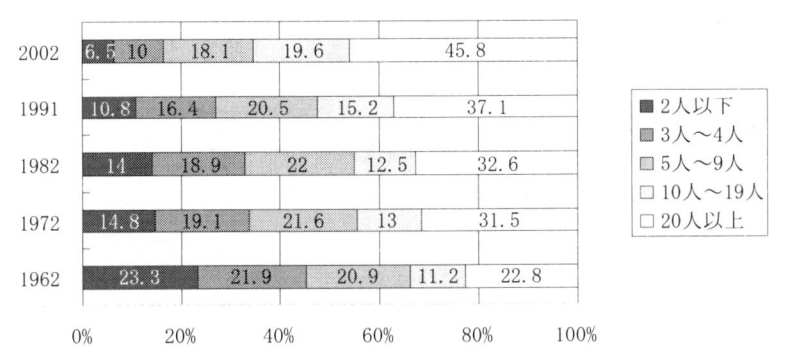

図4－8　小売業：従業者規模別の変化（年間商品販売額）

年	2人以下	3人～4人	5人～9人	10人～19人	20人以上
2002	6.5	10	18.1	19.6	45.8
1991	10.8	16.4	20.5	15.2	37.1
1982	14	18.9	22	12.5	32.6
1972	14.8	19.1	21.6	13	31.5
1962	23.3	21.9	20.9	11.2	22.8

出所：経済産業省産業政策局調査統計部編『我が国の商業〈2005〉』経済産業統計協会，2005年，86頁。

店が小売業全体の事業所数において圧倒的シェアを占めていたにもかかわらず，その年間商品販売額において占めるシェアが極めて低い数値を示していたことが論拠の1つとなって，欧米諸国から日本の流通構造が非効率的といわれた所以であったと考えられる。

以上のように，従来の多くの生業店の存在は，日本の消費者による多頻度小口購買行動と当時，比較的初期投資を要さないとされてきた小売店の開業の自由度といった社会的事情を反映しているとみることができる。また，飲食料品をはじめとする小売店は未経験者でも，卸売市場の指導の下で比較的容易に経営できる産業でもあった。さらに，こうした実情から第3次産業は潜在的失業者に対する労働の受け皿的な存在でもあり，行政は規制等を設けて保護的政策をとってきた。その結果，これらの産業が過剰人口を収容することを可能とし，多くの人々の生計の糧を得る道を開いてきたのである。

しかしながら，上記のような性質をもつ生業店は，近年のような景気低迷による消費不足，経営者の高齢化や後継者問題，そして，大店法の廃止（規制緩和）等を受けて，その存在基盤を失いつつあり，今後も生業店の減少は続くものと予測される。

3．流通の多段階制（W/R比率）

　我国の流通構造は小売店舗の過多性，小売店舗規模の零細性，そしてその小売店の多くが生業性をもっているという特質が挙げられるが，その小売店を補完する形で，卸売業もまた，他国と比較すると，多数存在していることがわかる。このことは，いわば零細小売店と中小卸売業との間に「共存・共栄」の関係を形成することを意図しているわけであるが，欧米諸国からみれば，この日本の流通の多段階制こそが非効率性を引き起こす元凶と見做されている。しかし，果たしてすべての商品分野にそうした指摘にみる事実があるのであろうか。いや，商品特性からくる多段階性や規制等といった政策面からくるそれといった実情がその要因となりうる可能性も否定できないのではなかろうか。

　従って，本項では，そうした観点での考察を日米のデータに基づいて行ってみたい。ただし，全体的な流通が多段階であるか否かをデータに基づいて判断することは容易なことではない。なぜならば，商品が消費者の手元に届くまでに，取引がどのくらいの頻度で行われてきたのかということを調べることは極めて不可能に近いからである。そこで，一般によく利用される方法に，卸売販売額を小売販売額で割るW/R比率（流通迂回比率：卸売業の総販売額／小売業の総販売額）という指標がある。仮に，卸売業者が何段階も介在すれば，各段階の卸売販売額が加算されて大きくなるために，この比率も大きくなることになるというものである。本項においても，この手法を用いて，日米間のW/R比率を求め，効率性との関連性についても確認をしていくことにしたい。

　既述した表4－3のW/R比率（卸売販売額÷小売販売額）の数値をさらにわかり易く年代別推移（1982年，1988年〈米国は1987年のもの〉，1994年〈米国は1992年のもの〉）を用いて示したものが，次の図4－9である。なお，この数値は，消費財に限るものとする。それによると，我国の消費財全体におけるW/R比率は，過去10年間で約2.0，一方，米国におけるそれは，約1.0といずれも安定的に推移している。これらの数字をみる限り，日本の流通構造の方が米国に比べて，多段階になっているといえる。

第4章　日本の流通構造の沿革と特質

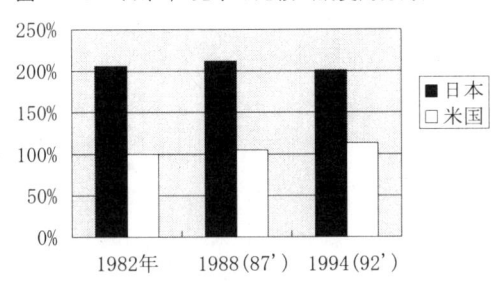

図4－9　日米W/R比率の比較（消費財分野）

（注）（87'）及び（92'）は米国のW/R比率を指し示している。
（出所）通商産業省編『21世紀に向けた流通ビジョン』1995年，228頁。
（原資料）日本「商業統計表」，米国「Census of Retail Trade」，「Census of Wholesale Trade」

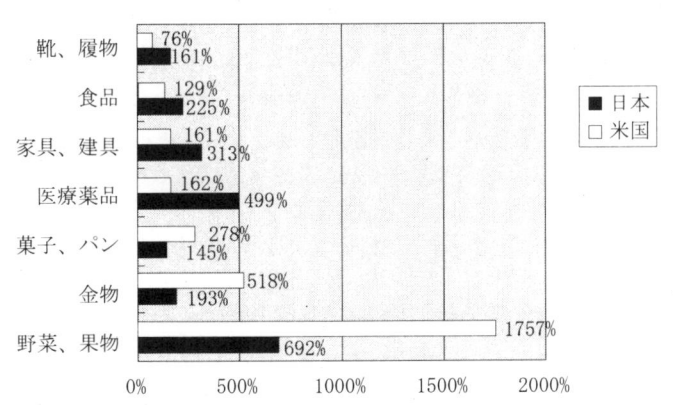

図4－10　日米業種別W/R比率（消費財）

業種	米国	日本
靴、履物	76%	161%
食品	129%	225%
家具、建具	161%	313%
医療薬品	162%	499%
菓子、パン	278%	145%
金物	518%	193%
野菜、果物	1757%	692%

（出所）通商産業省編『21世紀に向けた流通ビジョン』1995年，229頁。
（原資料）日本「商業統計表」，米国「Census of Retail Trade」，「Census of Wholesale Trade」

　しかしながら，これらの数値は消費財全体のものであり，近年，流通の効率性を求めて卸売段階での集約化が進んでいる業界も顕在化してきており，一概に全てが多段階となっているというわけではない。従って，さらに細かく消費財分野における物資別に分類した統計に基づいて日米間を分析してみたものが図4－10である。それによると，金物，野菜・果物，菓子・パンと

いった分野においては，米国のそれは，むしろ，高い数値であることがみてとれる。ただし，我国の場合，メーカーが商社を通じて行う完成品の輸出や原料品及び最近増加している資本財の輸入等のいわゆる間接輸出入が行われている。これらは，卸売販売額のなかに計上されているが小売販売額にはつながっていない。そのため，我国のW/R比率を他国に比べて高い水準に引き上げていると推測される点には留意する必要がある。[7]

　他方，W/R比率の高さには我国の伝統的な小規模・多数の小売業者の存在と密接な関係がある。すなわち，小売業者がメーカーから直接仕入れるよりも卸売業者を介在させた方が，流通全体としての取引回数を削減することになり，流通全体の取引コストの節約につながる。また，規模の小さい小売業者にとっては小口取引が可能となり，それによる過剰在庫負担を回避できるといった卸売業者へのバックアップは大きなメリットと考えられる。既述した消費者行動も含めこのような観点から考えてみると，必ずしも当時の流通の多段階制が非効率的とは断言できないだろう。だが，近年の日本流通は経済のグローバル化，情報のグローバル化といった新たな局面のなかで，長期的には抜本的な流通の短縮化が進むことになることは推測の至るところである。

第4節　日本の流通システムの特徴とパワーシフト

　第二次世界大戦後の破滅と荒廃は，我国の経済に重大な打撃を与え，我国の再建と復興はほとんど絶望的であった。経済的混乱，進展する戦後インフレ，失業者の増加が我国経済に襲いかかった。この間，連合国最高司令部（以下，GHQ）の意向によって百貨店法が廃止されたが，第二次世界大戦後の百貨店にはこれを契機として廃虚から力強く再興するだけのエネルギーも条件もなかった。百貨店は1940年代末になって，ようやく戦前水準に回復をみるにすぎなかったが，1951年に綿製品の統制撤廃が行われるようになる頃には，徐々に再建と復興を目指すことが可能となった。一方，国際政治の観点からすると，1940年代末よりGHQの政策に変化が生じるようになった。GHQは我国の非軍事化・民主化から産業復興へと政策転換を図ったのである。GHQの政策変さらに後押しされる形で，我国の政府は経済復興によう

やく積極的に取り組むようになった。そしてその出発点として，政府はまず経済全体として復興の鍵になると考えられる生産力の振興を掲げ，主要な消費財メーカーの生産体制に対して強力な援助を与え，これが起爆剤となり，さらに，朝鮮戦争（1950から1953年）が経済の成長と発展に拍車をかけるようになった。

　しかしながら，生産分野への投資が積極的になされてきた一方で，商業分野，すなわち，流通分野においては未だに全くそのような援助を受けることはなかった。つまり，卸売，小売を問わず我国の流通組織は戦後の混乱のなかで，全くの自助努力で事業展開を行う以外に方法がなく，いわば放置された恰好とされた。それ故に，メーカーが急成長・大規模化しているのを尻目に，卸売業や小売業はその成長軌道にのれないでいた。こうした第二次世界大戦後の実情の下，メーカーが主導となり自己にとって優位なマーケティング政策が漸次，遂行されるようになっていった。例えば，量産化した自社製品を効率的に販売するために，メーカーは零細・中小小売業を系列化したり，建値制を設けて価格統制を進めたりといわゆるメーカー主導の流通システムを形成，定着させていった。

　しかし，その後のスーパーマーケット誕生以降，小売業のチェーン展開や店舗規模の拡大，零細・中小小売業の経営悪化・廃業等に伴い，次第に大手チェーン小売業の成長が進む。そして近年では，その建値制を基盤とするメーカー主導の価格体制は大きく崩れてきている。その要因として第一に挙げられるのは，いうまでもなく流通システムにおける小売業のバイイング・パワーの隆盛である。小売業はこのバイイング・パワーを梃子に流通システム内での拮抗力を高めるようになった。そして，従来，川上であるメーカーが担ってきたチャネル支配権を川下の隷属的な存在でしかなかった小売業が治めるにまで至っている。

　このような流通システム内における主導権の変化は，換言すれば，流通システム内のイノベーションとして捉えることもでき，これらを分析・検証することは日本の流通システムの軌跡と現状を知るうえで重要な手がかりとなる。加えて，どのような社会・経済的背景をもってそれが誕生し，そして崩壊したのかを解明することは今後の流通研究にとって欠かせない要素ともな

りうる。

　従って，本節では，特に，流通システム内におけるパワーシフトの変化について着目し，時系列的に分類しながら整理していく。より具体的には，時代別に，卸売業→メーカー→小売業の順でみていくこととしたい。

1．卸売業主導型流通システム

　卸売業の起源は古くは平安末期時代にまで遡るが，一般に問屋（卸売）機能として頭角を現し始めたのは鎌倉時代の問丸が出現してからといわれている。そして，本格的にその機能が強化されるようになったのは，商品流通が発達した江戸時代以降とされる。具体的に挙げると，松前問屋・諸国問屋等の荷受地域別の専門・分化に加え，積荷問屋・荷受問屋・廻船問屋といった各々の問屋が卸売機能を発揮し，また，油問屋・米問屋・炭問屋といった商品別の専門問屋が発達したといわれている(9)。さらに，この時代には，問屋は仲間を結成し組織力を高め物資を独占するほどのパワーをもつようになった(10)。

　このような問屋を中心とした商品流通は昭和初期まで続いたが，第二次世界大戦以降，その支配的地位は次第に失われていくことになる。そしてその最たる要因として，戦争における物資統制が挙げられる。つまり，問屋は物資統制によって，生産者と小売業者を自由に結び付ける従来の機能を統制されたこと，加えて，戦争によって物資そのものも不足してしまい営業活動が困難となったからであった。

　そして，第二次世界大戦後になると，従来ほどの支配的地位は保持できなかったが，自由な取引の回復と大量生産体制の下で生産者と消費者を結ぶ機能として再復活を遂げる。

　しかしながら，経済が回復し，急速な成長が進むなかで，問屋は大量生産体制を確立したメーカーの流通システム体制の一機能として組み込まれた存在となり，流通チャネル・リーダーとしての優越的な地位の確立を構築するに至ることはなかった(11)。

　そして，かつて流通革命という言葉が浸透したように，近年になって卸売業に対する風向きは厳しく，その存在自体に大きな圧力が生じてきている。それは，革新的小売業が力をつけ，彼らが取引の段階での発言力を増してい

く過程で，メーカーとの間で直接取引を志向し，その皺寄せが卸売業に向けられつつあるということである。実際，革新的小売業は従来の百貨店とは異なりアイテム数の少ない商品に限り，メーカーと直接取引を段階的に行う兆しも見え始めている。例えば，大手スーパーマーケットであるイオンでは自社物流センター[12]を建設し，卸売業の中抜きに取り組んでいるという例もある。

　また，もう一方の要因としては，大店法の緩和[13]も挙げられる。すなわち，大店法の緩和により，革新的小売店の大型化が促進され，そのため従来，卸売業と取引関係にあった零細小売店が規制緩和以降，店舗数が減少傾向を辿り，取引上，密接な関係にあった卸売業のなかにはその煽りを受けて，今日，メーカーと小売業との狭間で存続の危機に瀕しているものもある。

2．メーカー主導型流通システム

　メーカーがチャネル・リーダーとして主導権を握った時代には，大量生産・大量販売・大量消費体制が確立された高度経済成長期という歴史的背景があった。というのは，メーカーがチャネル・リーダーとなった当初は第二次世界大戦後の非常に貧しい社会的な背景があったということもあり，物不足が生じていたからであった。従って，メーカーは製品化し市場に導入すれば，たいていの場合，売れるという時代で飛躍的に成長した。そして，メーカーは大量生産に見合う大量販売を実現するため，本格的な流通チャネル網を構築していった。例えば，自社の優位になるように卸売業や小売業を支配下におき，建値制等を設けて価格支配権を強化していったのである。つまり，流通の系列化[14]という言葉が叫ばれたように，メーカーは流通をマーケティング・ミックスの4P（Product「製品」，Place「流通」，Promotion「販売促進」，Price「価格」）の1つとして重要な位置付けをしてきた。

　しかしながら，市場が成熟化し始めた分野においては，メーカーは自社の思うような需要が確保できなくなり，各々のメーカーは需要を喚起するため新商品を開発したり，付加価値を付けることで製品の寿命を延ばそうとしてきた。加えて，広告活動も重視し，ブランド力を確立するために，メーカーによっては多額の投資を繰り返し，製品化してきた。

　ところが，そうした行為が逆にかえって，製品ライフ・サイクルの短命化

を促進し，ブランド力の低下を引き起こしている。例えば，かつては我国の経済の基盤を支え，高度経済成長期に革新的成長を遂げた産業のなかに家電業界がある。家電業界はかつて「三種の神器」(冷蔵庫，カラーテレビ，洗濯機)が一世を風靡したように，製品化すれば，必ず売れていた時期があった。その背景には，市場が未発達だったことや需要が供給を上回っていたこと，加えて，当時，消費者にとって各々の製品が革新的なものであったという実情が挙げられる。

そしてそうした市場も近年では，成長段階を経て，既に成熟段階に入ってきている。さらに，バブル経済の崩壊で消費が低迷するようになると，価格統制に限界が生じるようになり，製造費や人件費等売上高拡大というよりも利益確保といった方向性に移行し，また同時期には，大手小売業が現金による完全買取制を背景に強力な販売力をもつようになり，その結果として，「値崩れ現象」が生じるようになった。

つまり，このような家電業界の例にみるように，メーカーの流通の系列化は製品の市場浸透度が増すことによって逆に衰退している。そして，それ故に，スケールメリットとしての販売売上が見込める量販店への販売依存度が高まるようになっていったのである。[15]

3．小売業主導型流通システム

近年，チャネル・リーダーとして台頭しつつあるのが小売業である。小売業がチャネル・リーダーとなり始めた時代になると，「価格破壊」という言葉が一般的に広く消費者間においても浸透するようになり，消費者の価格への認識に変化が生じるようになった。といっても，「価格破壊」という言葉は既に1980年代にSMのダイエーが革新的な台頭をした時に使われた言葉であり，それは大手小売業のイノベーションと小売業のマーケティングという2つの事業戦略によって実現された代名詞といってもよかろう。従って，本項では，小売業が流通チャネル・リーダーとして力を温存するに至った要因として，小売業のイノベーションと小売業のマーケティング戦略の双方について，さらに詳しく論じていくこととしたい。

(1) 小売業のイノベーション

第2章でも論じたように，イノベーションとは，「既存の概念や制度そしてモノやサービスのシステムを創造的な発想で否定し，その上に新しいモノとソフトそしてシステムをつくること」である。つまり，小売業が流通チャネル・リーダーとして力を保持するようになる過程において，メーカーにとって代わるようなイノベーションが流通チャネル内で行われてきたのである。具体的には小売業におけるイノベーションは以下の3つに分類される。

①単独店舗経営から多店舗経営へ
②情報技術の導入
③グループとしての業態開発

1) 単独店舗経営から多店舗経営へ

多店舗経営とは，チェーン・システムの導入を意味し，元々，1店舗を拠点に経営を行ってきた零細・中小小売店にとってこのシステムの導入は大量販売を行ううえでは革新的な経営を可能とし，小売業発展の原動力となっていったといっても過言ではなかろう。事実，革新的小売業の申し子といわれたSMも，このチェーン・システムを基盤として低マージン・高回転率の経営手法とセルフ・サービスを取り入れ，飛躍的な成長を遂げている。

2) 情報技術の導入

POS（Point Of Sales：販売時点情報管理）に代表されるようにエレクトロニクス技術の発展により，店舗の単品情報が，即時に，本部へ伝達され把握できるようになった。POSの導入によりABC分析が可能となり，従来に比べて，格段に店舗経営の効率化が進んだ。これはPOSレジとABC分析を上手く連動させることによってランク別商品管理が容易となり，店頭での商品活性化を促進させている。なお，ランクによってそれぞれの特徴とその管理の仕方が異なるので，その点に注意を支払う必要がでてくる（表4-5参照）。また，POSレジに関しては，既に記してある図2-4のABC分析の基本的な考え方を参照されたい。

いずれにしても，POSの導入により受注・発注業務や在庫管理，配送流

表4－5　ランク別商品管理法

	Aランク	Bランク	Cランク
特徴	・最重点管理品目で，その貢献度は高い →ヒット商品であり，魅力のある商品群	・普通管理品目で，中堅的地位を占める →明日の担い手と過去の担い手商品があるが，品揃え的なものが主流	・下位商品管理品目で，カット商品（売れない商品）やシンデレラ商品（新製品や見せる商品）が含まれる →売上貢献度が低く，取扱いが問題となる
在庫管理ポイント	・毎日在庫確認する ・「定期発注」方式 ・品揃えを充実させ，品切れや品薄を生じさせない	・週1ペースで在庫確認する ・「定期発注」方式 ・品揃えにバラエティをもたせつつ，同一商品は在庫数量を規制する	・2週に1回，在庫確認する ・「定期発注」方式 ・商品種類を増えないようにする
注意点	・常にライフ・サイクルの確認をする ・Aランクに入らないが，Aランクと同様に重点管理すべきもの ① 季節商品 ② 流行商品 ③ 新規商品	・現在Bランクにある商品はAランクからの商品なのか，Cランクからの商品なのか？　を把握しておく ①衰退商品が多い場合(Aランクからの商品が多い場合) ②成長商品が多い場合(Cランクからの商品が多い場合) →利益率よりも売上高の増大に重点をおいた販売促進を展開しAランクへの上昇を図る	・特にこのランクに含まれる商品が多い場合は，商品管理や商品構成に問題がある ・商品カットは売上高だけでなく，交差主義比率や仕入・商品管理の費用や需要動向等総合的に検討する ＊カット対象となる交差主義比率の基準 　卸売業　40％ 　小売業　100％ ・成長が期待される商品の取扱い及びその対応策を考慮する必要がある

出所：梅沢昌太郎編著『流通サービス産業の経営論』白桃書房，1991年，168頁。

動等の各種業務や顧客情報が迅速かつ正確に行われ，チェーン本部を通じてメーカーへ瞬時にフィードバックされることで，素早い消費者ニーズへの対応が可能となる。また，このことはチェーン本部が事実上，卸売機能の一部を担うようになっていることを意味し，さらに，それによって製販同盟締結の動向も高まりつつなってきている。

第4章　日本の流通構造の沿革と特質

3）グループとしての業態開発

先程，革新的小売業の申し子としてSMを挙げたが，これは小売業の業態の1つであり，以来，日本国内小売市場には次々に新しい小売業態が開発されている。

元々，業態開発がなされるようになった契機は，米国流通業界にみる多種多様な業態を現地にて我国の小売経営者がまのあたりにし，それを自己の経営戦略に取り込んだことによるとされている。また，多種多様な業態開発の根底には，多様化する消費者の変化がそこに存在する。つまり，業態開発あるいは業態戦略は，多様化する消費者のライフスタイル及びそのニーズに小売業が対応するという形で導入されたものであるのと同時に，各々の大手小売業がグループ経営の強化戦略として積極的に導入してきたものでもある。具体的には，図4－11のようにダイエー・グループがその代表的な例であろう。

ダイエー・グループはスーパーマーケットにはじまり，実に幅広い業態を開発してきた。ハイパーマーケット，総合スーパー，食品スーパー，Ｄマート，専門大店，トポス，Kou'sといった様々な業態を開発することで，多様

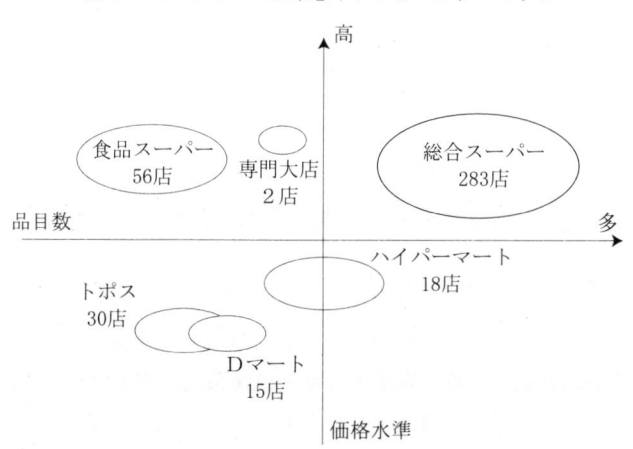

図4－11　ダイエーの業態ポジショニング・マップ

（出所：矢作敏行『現代流通』有斐閣アルマ，1996年，189頁。）

97

化する消費者ニーズに対応しようとしてきたのである。また同時に，グループによる大量仕入やストア・ロイヤリティを確立させ，流通チャネル内で対メーカーや卸売業に優位な政策を行ってきた。

　しかしながら，今日，ダイエーの衰退が叫ばれて久しいが，その原因の1つにこの過剰な業態開発が指摘されていることも，また，事実である。すなわち，業態戦略をするうえで，最も重要なことは，常にリスクを伴っているという認識を十分にもったうえで行動しなければならないということである。そうした意味では，消費市場ニーズの変化に素早く対応し，消費者にとって飽きのこない店づくりを形成していくことも業態開発を行っていくうえで重要な視点となってくるだろう。

（2）小売業のマーケティング戦略

　小売業のイノベーションと共に，小売業が流通チャネル・リーダーへと移行させた要因に小売業がメーカーと同様に，マーケティング戦略を遂行してきたことが挙げられる。すなわち，小売業はマーケティング自体を自社のチェーン・システムのなかに組み入れることで，その事業戦略を確立してきたといえよう。そしてそれは，メーカーのマーケティング・ミックス4P理論を小売業に適応させたもので，より具体的には，チェーン小売業の本部を軸にして，次のような5P理論として成り立つ。

　①Product…自社で企画・開発したPB製品
　②Place…チェーン本部からみた各チェーン小売店舗
　③Promotion…テレビCMや折込広告，パッケージングによる販売促進
　④Price…オープン価格により，小売業自身が状況に応じて決定できる小売価格
　⑤POS…情報技術を駆使した消費者ニーズの把握・需要喚起

　このようなマーケティング戦略の確立が，小売業，特に大手チェーン小売業を中心に展開されている。大手チェーン小売業は，イノベーションとこうしたマーケティング戦略を導入することで，その競争力を高めチャネル・リーダーとして流通システム内において主導権を握り，後方垂直統合の形成を実現していったのである。

第5節 補論 日本的商慣行の特殊性とその形成要因

1．日本的商慣行の基本的機能

　日本の流通取引に存在する日本的商慣行は伝統的なもので，それ自体，日本的合理性という側面をもって長期的に培われてきた。しかしながら，経済のグローバル化，ボーダレス化，情報化等が進展するに従って，海外企業の日本市場への参入障壁に値するものであるとして，日本的商慣行はしばしば批判を欧米諸国から受けてきた。そして，このことは，これまでに幾度となく我国の行政レベルにおいても，取り上げられてきた。

　例えば，1970年代には，「流通の近代化・合理化」を目指し，物流・情報活動の機械化，省力化を進めていくには取引条件の標準化を図るという観点から取り上げられてきた。また，1980年代には，「不公正な取引方法」の検討という観点から日本的商慣行が取り上げられてきた。さらに，1980年代後半からは周知のように『日米構造協議』において議論の的となり，海外企業の日本市場参入の阻害，流通段階における自由な価格形成の阻害，そしてそれが要因で既述したように内外価格差が生じているという観点から日本の個々の商慣行の機能及び問題点が大々的に取り上げられ，それは国際問題にまで進展した。

　では，日本的商慣行というものは一体，どのようなものなのか。日本的商慣行を構成する建値制，リベート制，返品制，特約店制度といった個々の商慣行は表層的にはそれぞれ性質を異にするものであるが，それらは日本の流通取引に深く根ざしており，それぞれがお互いに関連性をもってこそ，その意義を保ってきた。

　本補論では，以下，日本的商慣行の諸々の機能について概観してみることにしたい。そして，そのことを踏まえたうえで，次項の日本的商慣行の基本的特性へと論を進めていくこととする。

（1）建値制

　建値制とは，メーカーが希望小売価格を基準として，メーカーから卸売業

への取引価格や卸売業から小売業への取引価格の基準を掛け率で指し示し，この価格で実際に取引が行われるようにする取引慣行のことをいう。一般に，この建値制の下で取り決められた価格体系は，購買側企業までの物流コストを含んだものとなっており，定着価格制となっていた。このような価格制度がとられることにより，メーカーは卸売業を経由して小売業に安定的な商品供給を遂行することができるシステムを確立した。また，この取引慣行が意図するものは，メーカーによる流通における価格支配にある。特に，我国における多数の中小小売店を集約化するのにこうした価格体系は有効的に働いてきた。

　さらに，具体的にメーカーの指定してくる建値制の目安としてのマージン体系は，例えば，メーカーが希望する小売価格を100とした場合，メーカーから卸売業への価格は60，卸売業から小売業への価格は70，そして70で仕入れたものを小売業は100で最終消費者へと販売するというシステムになっている。このように建値制は価格決定力のない時代の流通業者にその参考値を提示するという意味においては重要な意味をもっていた。しかしながら，この建値制における強制度が増すと，流通段階での価格差がなくなり市場において競争性が減少するというデメリットの側面も生じやすい。

　一方で，今日のように大手小売業の台頭と消費市場の多様化による多頻度少量配送等の影響によりオープン価格制が導入されるようになると，この建値制の効果も薄れていくこととなった。

　なお，メーカーが建値制を積極的に採用した理由を簡略して整理すると，以下の3点が挙げられる。

①メーカーが流通業者の適正な利潤を確保することで，流通業者に対し商品取り扱いのインセンティブを与える。
②ブランド内競争を回避することで，メーカー自身のマージンが確保できる。
③価格に関する取引交渉を円滑にし，費用節約ができる。

（2）リベート制

　リベートとは，メーカーが卸売業者や小売業者に対して取引価格として定

めた価格とは別途に，制度的にまたは個別的に取引ごとに支払う金銭のことをいう。また，このリベートは建値制を補完するための重要なシステムであり，販売活動等の協力推進のために取引相手に支払われる割戻し金でもある。特に，建値制で粗利益を確保できない卸売業にとってこのリベートはそれを補塡する収益を保障するものとなっている。この制度は，国内流通取引において様々な名目の下で複雑化し，それが海外企業側からすると市場参入に際しての障壁となっている。同時に，しばしば支払いの基準を巡って公正を欠くとされ問題視される場合もある。

　また，公正取引委員会によると，リベート体制は以下の4点に分類することができる。
　①累進リベート：予め取引先と合意した販売目標を設定し，その達成度に応じて期末に支払われるリベート。
　②占有リベート：自社商品仕入れ量に応じて支払われるリベート。
　③決済リベート：決められた決済条件の達成度によって支払われるリベート。
　④忠誠度リベート：自社商品の販売努力や協力度，あるいは取り扱い占有度に応じて支払われるリベート。
　さらに，その他のリベートとして次のものがある。
　⑤帳合いリベート：商品がメーカーから小売業へと直接配送される場合，形式上の取引関係をもつ卸売業に支給されるリベート。
　⑥特別リベート：その他特別のマーケティング目標や活動への貢献度に応じて支給されるリベート。

（3）返品制

　返品制とは，買収契約によって商品を仕入れている場合においても，売れ残り品等を明文化された契約に関係なく小売業者が卸売業者やメーカーに一方的に返品する制度である。日本では，販売業者に出荷された商品でもほとんどの場合，ある一定量は欠陥の有無に関係なく返品される慣行が広く定着している。従って，流通取引終了後に再度，取引数量が修正されることとなり，この制度は完全買取を基本とする欧米諸国では類をみない特殊なシステ

ムとされ，最も理解しがたい商慣行であり，加えて，そのことが海外の企業が日本市場参入の際の障壁となっているとされている。この返品制が制度化された背景としては，小売業者，特に，財務的余裕のない中小小売業者や零細小売業者等が販売予測を誤った際に，彼らが在庫を抱えることで生ずる経営の悪化を回避して販売網の維持を図り易くすることや，メーカー自身も小売業者や卸売業者の販売リスクを低くすることで，新製品の販売促進を図り易くするといったメリットが挙げられる。例えば，我国において返品制はアパレル業界を典型例として，書籍，加工食品等の業界を含む広範な分野でみられるが，返品制を通じてリスク分担をお互いに軽減させている。また，返品制の取引契約形態であるが，その代表的なものには，次の3つ類型のものがある。[22]

①買取契約

　売買が成立した時，買手が商品を引き取ると共に，その所有権も買手が取得できるに至るという内容の契約である。買取契約は，本来ならば，「完全買取契約」というべく買手が売れ残りリスクを全面的に負い返品が一切できないのが通常であるが，実際には，そうしたケースは少ない。逆に，売れ残り品の返品を前提としているケースが多い。このケースの場合，返品条件は返品数量，時期，配送方法等により返品時に検討される。また，小売価格での買戻しを条件とした「返品条件付き契約」では，メーカー（あるいは卸売業者）が全面的にリスクを負担することになる。

②委託契約

　売買の約束が成立しても，買手はその所有権を預かるのみであって，その所有権を売手が保持し，そのために商品リスクも売手が保持するという内容の契約である。委託販売契約は，メーカーが販売量から独立な一定の手数料を小売業者に支払う契約で，メーカーが全面的に負担することになる。

③売上仕入契約

　買手は商品を預かっておき，その商品が第三者によって購入されたその時点で，その商品の所有権が売手から買手へと移行していくという内容の契約である。売上仕入契約は返品が出荷価格で行われる買取契約と全く同

第4章　日本の流通構造の沿革と特質

表4－6　業態別の契約形態

項　　目		買取契約(%)	委託契約(%)	売上仕入契約(%)
①繊維製品	百貨店	44.0	47.2	(8.8)
	量販店	88.3	8.3	(3.3)
②食料品	百貨店	49.1	5.2	5.7
	量販店	86.0	0.0	14.0
③家庭用品	百貨店	76.8	4.6	18.6
	量販店	93.6	2.9	3.5

注）括弧内の数値は，返品条件つき契約のものを示す。
出所：丸山雅祥他編「日本の流通システム：理論と実証」『経済分析』経済企画庁経済研究所，1991年5月第123号，53頁。
原資料：繊維製品：繊維取引近代化推進協議会「取引条件及び慣行に関する実態調査」1980年2月。
　　　　食料品及び家庭用品：公正取引委員会・独禁懇資料集9巻1984年，99頁。

等であると理解できよう。それ故に，売上仕入契約の場合にも，流通業者のリスク負担が存在することになる。

一方，各種契約形態の業態別ウェートをみてみると，委託契約，売上仕入契約，あるいは返品条件付き契約が百貨店を中心に行われてきたことが明確に把握できる（表4－6参照）。

(4) 特約店制度

特約店制度とは，多数の卸売業者や中小小売業者への安定的な商品供給経路を確保するために，メーカーが特定区域単位に特定の卸売業者を指定し，当該区域での商品供給を一括して行わせるものである。第二次世界大戦後，大手メーカーは，需要が供給を大きく上回っていたこともあり売手側に有利な市場状況の下で，大量生産体制を確立していった。

加えて，当時は，小売段階においては零細小売店を中心とした小規模分散的な状況にあり，大規模チェーン小売店のような小売組織が成長していなかった。そのため，メーカーにとってチャネル戦略上の最重要課題と見做されてきたのが，如何により多くの小売店に自社製品を専売的に取り扱ってもらうかということにあった。つまり，小規模分散的な状態にあった零細小売店

を自社製品の販路として集約化し，全国的な販売網を形成することにあった。

そこで，メーカーは，各地の有力卸売業者に対して商品・地域ごとの優先的販売権を設定する形で，第1次卸としての特約店を組織化していった。これが，特約店制度による流通系列化というものであるが，全国に分散する小売店に対して直接的に，あるいは各地のより小規模な第2次卸売業者，場合によっては第3次卸売業者を経由して，商品を販売すると共に代金回収を遂行したのである。[23]

このようにして形成された商品別・地域別の特約店制度の導入によって，メーカーは卸売段階における自社の系列内企業間あるいは自社商品間の競争（ブランド内競争）をある程度抑制しながら，他の系列企業との競争あるいは他社商品との競争（ブランド間競争）を推進していったのである。

2．日本的商慣行の基本的特性

我国の流通における商慣行が，公正かつ自由な競争を阻害しているとしばしば欧米諸国からいわれている。また，それに留まることなく日本の商取引そのものに対しても，不透明かつ不合理であるとの批判もある。

しかしながら，それは，商取引に関与する人々の意識特性と行動様式に大きく依存して形成されてきたものであり，一国の社会システムを形成する一部でもある。従って，このことを解明することは，日本人の取引観，契約観，人間関係観といった文化的な諸問題，すなわち，日本的商慣行問題発生の根底を理解するうえで極めて重要な手がかりとなる。換言すれば，このような観点から検討を踏まえなければ，日本的商慣行の基本特性の糸口を見出すことは困難である。そこで，本項では，日本的商慣行を根底から支える基本的特性の中核となる商取引に焦点を当てて論を進めていく。

（1）人間関係重視の長期継続的取引[24]

我国では，伝統的に取引パートナーとの人間関係が非常に重要な役割を担ってきた。このことは流通取引分野においてのみ限られているものではなく，あらゆる取引関係においても同様なことがいえる。こうした取引形態は日本特有なものであり，伝統的な村組織形態にその起源はあるとしばしばいわれ

ることもある。

　実際，我国では，経済合理性の追求が急速に広がりをみせた近年になっても，欧米諸国のような契約関係を重視する取引よりもむしろ，本来的に共同体とか小集団等においてみられるべき個人的な信頼のうえに成り立つ人間関係が取引関係において重きをなしているといえる。

　このような人間関係を重視した取引関係は欧米諸国にはほとんどみられることはなく，それ故に，海外の企業が日本市場に進出する際，その特殊性が議論となる。このような人間関係重視の日本の商取引に対して，欧米諸国からは次のような批判が寄せられている。

①日本で商取引を行う場合，人間関係の面においてはいつも大きなストレスを伴う。例えば，日本のビジネスマンは自分で取引の細かい点について話し合うのが好きである。

②個人的関係が日本で商取引をする場合に最も大切であり，これが会社と会社との関係を規定してしまう。

③人間関係をつくらないと，商品が売れない。品質よりも人間関係が優先される風潮がある。

④日本の業者は，普通，長期にわたる信頼関係を重視することが多く，日本企業同士ですら，新規参入を難しくしている。

　また，矢部も欧米諸国との比較において，「欧米における取引形態，取引慣行が短期的な契約意識に基づいたものであるのに対し，我国では長期的な取引関係を考慮し，また，それを維持するために，責任やリスク負担等に弾力性をもたせたものである」と指摘している。さらに，丸山も，日本の商慣行がなす継続的な取引形態は，相互理解と取引関連的な知識の共有化をベースとした「曖昧な契約」を可能とするという点で，コミュニケーション・コストを節約する機能を有しているが，その反面，第三者にとって契約内容に不透明性を生じさせてしまい，従って，こうしたことが取引の新規開設を求める者，特に，それが海外企業である場合，コミュニケーションの困難さも伴って，日本でのビジネス展開の難しさと判断されると指摘している。

　このような諸々の批判や指摘のように，確かに，日本では，相手企業の信頼性の確認のため，営業マンは何度も足を運ぶことが多く，取引交渉では，

既に信頼関係にある当事者あるいはその人からの紹介が有用となる。加えて，こうした行為は取引交渉コストを高め，効率性を欠いたものとなりやすい。従って，このような信頼に基づいた人間関係重視の取引は，一種の長期継続的な取引関係を志向し，取引機会ごとに契約し，それに依拠して商取引を進めていく欧米とは全く性格を異にしている。

　しかしながら，丸山はこうした一見，非経済的なものと思われがちな日本的商慣行の背景をなす継続的取引関係に関するメリットの側面についても触れている。そこでは，具体的に次のような機能があると挙げている。[28]

　①取引に関わる事前的な合意形成のためのコミュニケーション・コストの節減
　②取引契約の事後的拘束力の自律的な確保（継続的な取引関係の下では，取引解消コストが高まる結果，拘束力が強まる）
　③継続的取引関係が，市場の失敗への私的な対応として，メーカーと流通業者間の垂直的協調の基盤となる
　④需要不確実性の回避
　⑤メーカーと流通業者間で交わされる情報の信頼性の確保
　⑥取引に伴う危険分担のベースとなる

　このような信頼に基づいた取引が我国において有用であるからこそ，一旦，成立するようになると，それが1つの商取引慣行として機能し，長期継続的取引を可能ならしめてきたといえる。

（2）ミスマッチ・リスク回避

　伝統的経済学においては，自由な市場取引が価格メカニズムを通じて，需給関係を調整し，社会的に望ましい資源配分が実現されるという説明があるが，そこでは，生産と消費が直接結びつき，流通は存在していないことが前提となる。しかしながら，需給結合には取引コストが生じ，生産と消費の架橋には流通が必ず存在する。

　O.E.ウィリアムソンらが提唱する取引コストの経済学では，市場取引には必ずコストは生じ，取引コストが節約される場合，内部組織が市場取引にとって代わることを明確にした。そして，流通はその市場取引と組織取引を

両極とした，取引関係の変動範囲内にあると想定されている。つまり，その説明として，取引関係の形態が取引コストの発生に従って，市場取引から組織取引へと変化するものと想定されている。

　市場取引は，取引主体の匿名性と一回性を原則とし，その場限りの交換である。そこでは，売手（なるべく高く製品を販売しようとする）と買手（なるべく安く製品を購入しようとする）の利害が対立関係を生み，また取引に要するコストの発生も生じる。

　しかしながら，こうした市場取引は実体経済における取引において，必ずしも一般的ではない。取引において，信頼性がお互いに確認されれば，長期継続的な取引は行われ，取引関係が安定するようになる。そのような状況が形成される背景には，我々も日常生活のなかでしばしば経験することであるが，相手との間に「なじみ」あるいは「お互いさま」等といった関係を築きあげ，それを糧にして信頼性が高まり，反復取引をするようになる。そして，このことが取引コストを節減させ，流通段階におけるミスマッチ・リスクを回避させてくれる。つまり，市場取引においては，売手と買手はただ単に経済的な関係で結合しているが，反復取引においては，人間関係が生成することがよくある。取引が継続的になることで，社会的関係も深まるのである。従って，長期取引は反復取引が長期間継続される取引形態であり，そうした長期取引では，取引に伴うミスマッチ・リスクを回避してくれる現実的で有効な手段として長く機能してきたといえる。

　　注
（1）以下の「1.国民総生産の観点から」「2.世界貿易及び国際収支の観点から」「3.企業活動の観点から」における数値に関しては，経済産業省のホームページ [HP] http://www.meti.go.jp/statisticsを参照した。
（2）購買力平価とは，日米間で考えるならば，米国において1ドルで購入できるものを日本で購入する場合に，どのくらいの価格が関わるかを表わすものである。
（3）ここの論述は主に白川一郎『内外価格差とデフレ経済』通商産業調査会，1998年，53～55頁を参照した。

（4）製品規格，その規格に適合しているかどうかをチェックする検査手続き，規格との適合性を証明する認証制度等の技術面における貿易障害を取り扱ったものをスタンダード協定，いわゆる，テクニカル・スタンダードという。一国の消費生活の安全，健康を保持し，生活環境の破壊を防止するためには，こうした規制も当然，必要となる。しかし，それは，各国によって異なった規格・手順で遂行されるため，国際的な商品のスムーズな流れが妨げられる可能性がある。しかも，これには数多くの国内の法律，規則と相まって生成されているものもあり，NTBsとして法的規制と流通機構の複雑さを形成してしまうことにもなる。(小林通『国際経済の新視点』時潮社，1993年，115～117頁参照)。

（5）近隣の中小小売店舗選択要因については，高嶋克義『現代商業学〈第2版〉』有斐閣アルマ，2004年，49～50頁を参照した。

（6）生業性の解釈・論述については李栄璨『日・韓小売構造に関する比較研究』日本大学大学院商学研究科博士論文，1999年，108頁による。

（7）通商産業省編『21世紀に向けた流通ビジョン』通商産業調査会，1995年，228頁。

（8）戦後日本経済の復興は，1951年の「外貨法」の制定を契機に，海外からの新しい技術導入が進み，やがてイノベーションを中心とした設備投資が活発化した。こうしたイノベーションにより製品の規格化と大量生産が可能となったが，その一方で，メーカー各企業同士における競争をもたらした。それに直面した各メーカーはマーケティングを導入し，新製品開発とその需要創造のための広告活動を積極的に行うことで巨大国内市場を形成していった。

（9）田口冬樹『新訂 現代流通論』白桃書房，1994年，221頁。

（10）江戸時代に問屋は物価対策という観点から，仲間の組織力をふるい，価格の統制に着手するようになった。また，江戸幕府に対しても，問屋は冥加金上納によって自らの地位の保証を求め，その権力を背景にさらなる仲間組織の強化と仲間商人の締めだしを図っていった。

（11）宇野政雄・市川繁・片山又一郎著『流通業界』教育社新書，1982年，151頁。

（12）自社物流センターをもつチェーン小売業は各納入業者からの納品を物流センターに集約させ，各店舗から発注された商品を店舗別，カテゴリー

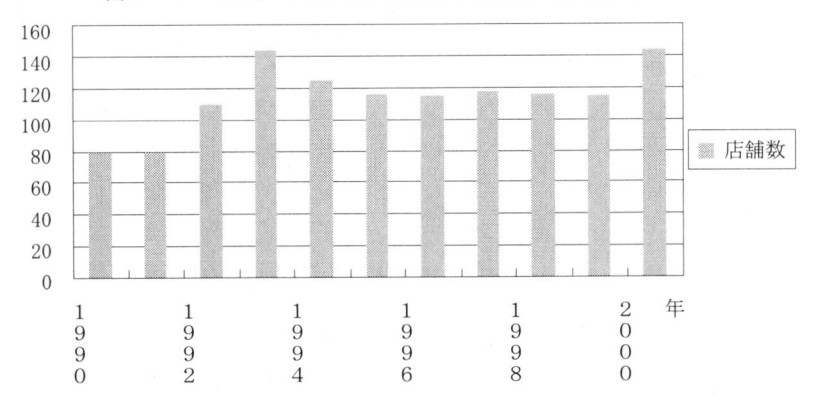

図4-12　1990年〜2000年までの出店数の推移（SC開業数）

出所：日経流通新聞，2000年，12月12日より作成。

別に仕分けをし，各店舗に配送している。つまり，1ヵ所に商品を集約させることで，チェーン小売業は時間やコストを削減させ，効率的なオペレーションを実現させることができる。そしてその一方では，納入業者に対して商品の仕分けや手間が省ける代償として，物流センターの使用料を課しているケースも多い。

(13) 大規模小売店舗法（大店法）の目的は，大型店の出店を規制し，中小小売業の事業機会を確保することにあり，1974年に施行された。しかし，1989年の日米構造協議で米国政府より規制緩和の要請を受け，それを契機に1990年以降，段階的に規制が緩和している。その結果，大型店出店に著しく拍車がかかり，我国の流通構造を大きく変化させた。特に，それまでの日本の特徴ともいうべき伝統的中小小売店の店舗数減少という大きな構造変化を引き起こしている（図4-12　SC開業数を参照）。

(14) 一般に，流通の系列化とは，メーカーが自社製品を売りやすく（専売）したり，末端の販売価格を維持したりすること等を狙いとして，卸売業や小売業を組織化し，独自の販売経路をつくることである。これは資本関係以外にも，各種の販売支援策やリベートの提供等によって，強い絆を結ぶことが多い。しかしながら，この流通の系列化は，特定のメーカーの特定商品を特定条件の下に専売する方式であるが故に，系列化が進んだ業界では自由競争が促進されず，消費者にとっては価格が低下しに

くいという弊害を生じさせる可能性があるとされている。

(15) メーカー，特に，有力メーカーは自社製品ないし自社ブランドに対する消費者選好の形成とその需要の拡大を遂行するため膨大な広告費を投資した。これにより特定企業ブランドに対する消費者の意識と需要をもたらすことができたが，結果的には，小売段階における消費者の店舗忠誠度の低下をもたらすこととなった。つまり，このことは一方で，特定企業ブランドに対する忠誠度を高めたことになったが，他方では，消費者間に自己の選好するブランド品が安値で入手できれば，店舗はどこでも構わないと認識させるようになったのである。折しも，それは，スーパーマーケット等の薄利多売を経営基盤とする小売業の展開・成長過程に当たり，そのことが流通の系列化の崩壊を招き，それに代わって小売業の力の台頭の要因となっていった。

(16) ダイエーは，2004年10月に産業再生機構に支援要請を行っている。

(17) PB (Private Brand) とは，流通業が自ら企画・開発した製品を示し，製造業が自ら企画・開発するNB (National Brand) としばしば区別されている。流通業，特に，ここでは小売業にとって，PBを導入することは事業戦略上，様々なメリットがある。なぜならば，ただ単に製造業に委託された製品を製造業の希望する価格で販売するといった従来の受け身的な発想からの脱却ができるからである。また，企業家精神を小売業がもつことで，流通チャネル内における製造業に対する拮抗力を保持するようなったと考えられる。

なお，小売業がPBを導入することによって生じるメリットは次の通りである。

1. 自社で製品企画・開発するため，NB製品に比べて約2〜3割程度安い価格で製品を消費者に提供でき，なおかつ，NB製品よりも高い利益が確保できる。
2. 基本的に自社店舗だけで販売される製品であるので，独自性が発揮され成功すれば，他社との差別化による集客効果が期待でき，それがストア・ロイヤリティを向上させる。
3. PB製品を店頭に陳列することで，NB製品との価格競争を活発化させ，小売業にとって対製造業に優位な取引を実現させることができ，なおかつ，消費者にも利益還元できる。

4．製造業が本来，担ってきた製造機能に小売業が進出することで，製造業のブランド力を背景とした流通支配を排除することができる。

(18) パッケージングには，個装，内装，外装の3種類があるが，元来は製品の汚染や破損を防止する保護の役目と，持ち運びを容易にする輸送補助の役目を担っていた。しかしながら，消費者が購買時に製品イメージを重視する傾向が強まってからは「無言のセールスマン」として，マーケティング機能を果たすようになった。特に，近年，小売業においては，自社の販売促進を担う1手段として，自社名の強調だけに留まらず，自社のホームページ・アドレスを掲載したもの等，販売促進的な性格をより一層強化している。

(19) POSによって顧客データを管理することで，消費者ニーズを的確に把握することが可能となり，PBとして製品を開発・導入する際の小売業の重要なデータとなる。

(20) Pellengrini et and Reddy, "*Strategy to Cope With Retailer Buying Power*", by Susan Segal Horn and John Mcgee, Retail and Marketing Channels, Routledge, 1989, p.24.

(21) 後方垂直統合とは，小売業の力の増大による統合化を示し，製造業を主体とした統合化と対句的な意味をもつ。

(22) 丸山雅祥他編「日本の流通システム：理論と実証」『経済分析』経済企画庁経済研究所，1991年5月第123号，52頁参照。

(23) 原田英生・向山雅夫・渡辺達朗『ベーシック 流通と商業—現実から学ぶ理論と仕組み』有斐閣アルマ，2002年，126〜127頁。

(24) ここの論述については，丸山雅祥他編，前掲論文，43〜55，77〜78頁及び戡守峰『日本の商慣行に関する実証分析〜商慣行改善へのアプローチ〜』木馬書館，2001年，47〜55頁を参照した。

(25) 鈴木武「日本の流通システムの特質と問題点」『福岡大学商学論叢』福岡大学商学部，第31巻第2号，1988年9月，17頁。

(26) 以下，①，②，③，④は各々，①Japan External Trade Organization (JETRO), "Distribution Planning in Japan：Successful Entry into the Japanese Market Through an Effective Distribution Strategy", Now in Japan, No.38, 1988, p.9., ②貿易会議製品輸入対策会議『我国の流通機構及び商慣行等の企業行動に関する分析と提

言：日本市場への理解と参入を促進するために』総理府，1988年，89～90頁，③公正取引委員会編『外資系企業からみた日本市場の実態について』1990年6月，28頁，④New York Times, 4.April, 1988.を参照した。
(27) 矢部丈太郎「流通問題と競争政策」矢部丈太郎・山田昭雄・上杉秋則監修『流通問題と独占禁止法』国際商業出版，1990年，46頁。
(28) 丸山雅祥他編，前掲論文，77～78頁。

第Ⅲ部

情報ネットワーク化社会と流通イノベーション

―流通取引の情報化戦略，パッケージIT化戦略，PB戦略―

1990年代後半から，流通システムを評価する視点は少しずつ変化し始めた。なぜならば，経済性，効率性，生産性を重視する従来の尺度に加えて，「生活の質」への貢献，「環境問題」への配慮，「社会的責務」への自覚といった高次元の新しい流通システムの在り方が問われるようになったからである。この３つの新たな評価視点は，マクロ環境の変化に依拠していることに間違いないが，それが今日の流通構造の変革を誘発しようとする流通発展の新しいパラダイムとなってきているのも確かである。また，消費者・生活者ニーズへの大手チェーン小売業の対応，そして時代的政策転換による小売業の店舗規模拡大と積極的商品開発への動き，そしてそれらを伴っての流通システムの情報化が急速に進んできている。さらに，2000年代以降は，消費者・生活者間における情報量の増大がこれら３つの新たな評価視点の重要性をより確固たるものへと推し進めた。

　従来であれば，商品に関する企業と消費者・生活者における情報量は『情報の偏在性』といった言葉が指し示すように，その情報量の多くは企業側に片寄ってきた。換言すれば，ヘビーユーザーに限定されてきたインターネットは，今日では，広く一般消費者・生活者間においても普及，浸透し，簡単に情報が検索できるようになっている。そして，能動的消費者・生活者の誕生を可能ならしめ，「物申す消費者」が形成されつつある。こうした風潮が，より一層この新たな視点にたっての健全性のある経営とそれを客観的に評価できる経営管理システムの構築を急速に進めているのである。特に，社会的インフラストラクチャーとなりつつある情報ネットワーク化を通じての情報公開のためのコミュニケーションは，ユビキタス情報社会を見据えた今日の流通業にとって，消費者・生活者の信頼・支持を得るうえでも重要な戦略の１つとなりつつある。こうした戦略は流通にとって間違いなく新たなイノベーションをもたらすこととなろう。例えば，ICタグや２次元バーコード等の情報技術革新は伝統的な流通システムを根底から変革する可能性を秘めている。というのも，中間流通業者，すなわち，第５章にみる卸売業の存在を益々，危うくするだけの機能をそれらの技術は内包しているからである。ましてや，最近年の食品産業を巡る不祥事事件と相まってそれらを求める動きはより一層活発化している。

そこで，第Ⅱ部においては，情報ネットワーク化が進展している今日において流通業が直面している信頼回復に向けての情報公開の在り方，現状についての検証を中心に行っていく。また，その際，ITを利活用したコミュニケーションが流通に対するイノベーションとなるありさまを明確にするために従来の人を介した伝統的コミュニケーションとの比較検討もしていく。そして，最後に，流通業の事例を取上げ，今後の課題と展望についての考察をすることとしたい。

第5章　経済・流通のグローバル化，情報化と流通イノベーション

　第4章までは，我国の流通構造の特質とそれを構成してきた流通イノベーション，すなわち，社会・経済環境，企業取引，消費者行動，流通システム内でのパワー関係等伝統的流通基盤を支えている部分を中心に整理してきた。第5章以降では，流通における情報化という新たなイノベーションによって伝統的な流通構造に大きな変革が生じていく要因分析と，さらなる情報技術の革新が今後の流通システムにどのような影響を与え，それが将来的に各々の国々の経済取引をどのように変容させていくのか，といったところにも焦点を絞って論じていく。

　元来，我国の流通は日本の経済組織のなかで，欧米諸国より非効率性の元凶と見做されてきた。しかしながら，近年のような大手チェーン小売業をはじめとする情報技術革新を駆使した流通業の台頭とそれを中核に，構造変化を推し進めてきたコンビニエンス・ストア・チェーン等の売上高・利益率の増大による影響で，流通業の情報化，グローバル化への流れが急速に強まってきている。また，それが伝統的な流通システムの基盤として深く関わってきた日本的商慣行の崩壊，流通システム内での各構成員の役割・機能変化を急激に促進させ，流通構造の変革を余儀なくさせつつある。

　情報化はこれまで国内での取引にその主眼をおいてきた日本の流通業を，国境を問わないグローバルな取引へと牽引しつつあり，それはまた，我国においては未曾有の組織社会を創造させる可能性を秘めている。加えて，消費者ニーズを俊敏かつより的確に把握する能力をも兼ね備えている。

　さらに，新たな情報技術革新の導入の模索が検討されつつある昨今では，その普及に向けての現実味がおびてきた。その要因として，産地偽装表示問題，リコール隠しや最近年の国際問題にまで発展したBSE，鳥インフルエンザ等，いずれも消費者・生活者を脅かす問題が浮上してきたことが挙げられる。これらの問題に関わる企業は，信頼の喪失に直面すると共に，従来から

温存してきた自社ブランドの崩壊へと向ってしまう恐れもある。たとえ，その当事者ではなくとも，それに関連する業界，産業は，こうした問題の渦のなかに巻き込まれないという保障もない。従って，そうした問題を回避し，消費者・生活者からの厚い信頼を得ていくためにも，企業は常にコンプライアンス経営と説明責任を果たしていくことが，重要な視点となってくる。

本章では，こうした経済・流通のグローバル化，情報化に焦点を当て，流通のイノベーションについて考察していくと共に，消費者・生活者のニーズの方向性を明確にしていく。そして最終的には，流通構造変化の方向性と併せ，それが世界経済全体にどのような影響を与えいくことになるのかについて示唆していきたい。

第1節　流通業の国際的変容と国際化

1．米国流通業の国際的進展と国際的製販同盟

情報化の進展と産業の構造変化が先行した米国では，1990年代より急速な情報ネットワークを発展させてきた。そして，それは，まず，米国の生産部門の広範な組織改革を促し，生産性の持続的上昇を伴って，変革の波は，産業全般に広がり，国際的にも波及していくこととなった。流通業も例外ではなく，1990年代後半以降，米国の取引構造の変化を先例として，国際的な流通革新が広まっていった。それは，取引費用の削減，時間の効率化と需要変化への即応という点におけるイノベーションの進展であったが，それらが，企業戦略的には，「製販同盟」や「市場の囲い込み」を主眼とする提携，合併を含む組織変化を促し，流通の国際的再編とグローバル化を進めつつある。

その構造変化だが，一般に，商品が企画・製造され，流通を経て最終消費者の手元に届くまでのプロセスにおいて，様々な機関・機能を必要とする。そのなかでも，最も重要な機能の1つに在庫調整機能がある。日本の場合，確立された問屋制度の下で，卸売業が物流過程における生産（供給）と最終需要の不確実性からくるミスマッチ・リスクを負担，ないし調整する機能を果たしてきた。

しかしながら，情報技術の発展とネットワーク化は，在庫管理の効率性を

高め，ミスマッチ・リスクを減じることを通して，物流システムの効率化を進め易くした。例えば，小売段階において，ITを駆使したABC分析という需要動向の管理システムとPOSシステムの合体によって，商品の販売動向を即座に把握し，仕入れ，陳列の体系的管理が一般化してきている。その需要即応システムをより有効に機能させるためにも，生産者との直接的な情報の共有が必要となるが，それはネットワーク化の発展により，容易に可能となった。製販同盟の構築が重要な戦略課題として台頭してきた所以である。

特に，近年においては，チェーン・オペレーションの発達により，そうした動きは顕著になり，卸売段階と小売段階での統合を進める原動力となりつつある。その結果として，小売店頭での販売情報やそれに伴う在庫状況等が即時に中間段階を経て，生産部門にスピーディーにフィードバックされるようになり，中間在庫に要するコスト面での効率化を進めている。

また，コスト面に限らず，こうした製販同盟は協業関係をもつことで，消費低迷による需要不足の深刻化と消費者ニーズの一層の多様化に対応した新たな商品開発と需要の掘り起こしを進め易くもする。こうした製販同盟を基軸とする革新へのパイオニアとなったのが，瞬く間に米国小売業の雄に伸し上がったウォルマートである。シアーズやKマートという既存大手に遅れ，行商から短期間に急成長を遂げたウォルマートは，情報化の導入等新しいノウハウを先行大手に学びつつ，大手消費財メーカーP&Gとのダイレクト取引を模索し，自社の組織改革と併せ，ITを活用した製販同盟のビジネス・モデルを開拓した。それはEDI（Electronic Data Interchange：電子データ交換）取引やEOS（Electronic Ordering System：オンライン受発注システム）取引等による受発注システムを核とするものであるが，それはウォルマート内部における体系的な商品の集中管理を必要とする。それを自社内の配送システムと併せネットワーク化することによって可能とした。ウォルマートはこうした電子商取引を基盤として，米国内に留まることなく，国境を超えて世界各地にあるチェーン店においても同様な製販同盟を進めて，商品調達の幅を広げ，市場の囲い込みを図っている。

こうした国際的製販同盟の広がりのなかで，我国においても小売業とメーカー間のダイレクトな取引が一部にでてきた。その代表的なものにイオンと

花王との提携があるが，大店立地法の恩恵を受け，店舗敷地面積が拡張し商品取引幅が拡大したため，こうした直接取引が容易となったといえよう。日本的商慣行という障壁が根強く残存しているため，未だに多くは卸売業を経由した流通取引形態にある。そうしたなかでも，コンビニエンス・ストアのような多品種少量型の流通窓口としての卸売機能への変化は進みつつある。[1]
情報化の波が一層加速化しているなかで，従来のような日本的商慣行と取引構造は変化していかざるを得ないとしても，小売業者が，国際的流通志向をとるか，国内的流通志向をとるかによって，その選択する取引形態も相違してこよう。

　商品調達及び店頭における商品陳列量の大きさ，店舗面積の規模，取扱商品の製品特性等が当然異なり，大型の広範な製販同盟を選択するか，個別製販同盟を選択するか，あるいは，多品種少量供給を可能とする卸売業とのタイアップを強化するか，選択肢も異なってくるからである。情報化あるいはグローバル化戦略に柔軟に対応できないメーカーあるいは流通業は，国内市場をターゲットとした継続的取引関係を維持し，その目的に応じた製販同盟や卸売業とのきめ細かなタイアップを模索していくことになろう。

　短期的にはこうした継続的取引関係を維持する目的の製販同盟やタイアップが我国では標準化され，情報化や経済・政策のグローバル化が進展するにつれて中・長期的には，国境を問わない製販同盟がリードする形で，取引構造，流通構造の変容が進展していくことが予想される。特に，国境を問わない国際製販同盟は，大手メーカーや大手チェーン小売業を中心に結ばれていくことになろう。

2．流通業の情報化と国際的製販同盟，流通イノベーション

　上述したように，米国では，ウォルマートを中心に製販同盟が締結されるようになり，1990年代後半以降，国際的な流通イノベーションとして世界的に広がりをみせるようになった。特に，情報化で先行する米国では，チェーン・ネットワークによる業務と情報の標準化がなされているメーカー，小売業者間では，個別的に，特定の大手メーカーとの締結が進んでいる。

　しかしながら，日本の場合，こうした製販同盟は急速に進んだとみるより

も，安定的取引関係を経てから段階的に普及していくものとみたほうがよいだろう。なぜならば，こうした取引関係が構築される前段階として，例えば，PB商品の開発等のように，しばしば小売業独自の生産に深く関与し，そうした段階を経て，締結しているものも少なくないからである。しかし，PB商品開発要請の際には，バイイング・パワーを梃子にした小売業者側の一方的な要求が強く，そうした意味では協業というより，常に拮抗した状態での取引にあるといえる。またその状態では，常にメーカー，小売業者間での流通チャネル・リーダーの主導権を巡り競争関係にあることから，消費者情報を直接，メーカーとの間で共有するまでの関係にはない。そのことは，むしろ，自社のPOSレジから把握されるデータを基に，小売業者が自社企業内で商品企画・開発を進め，ただ単にメーカーに外部発注したにすぎないとみるべきであろう。

　従って，このような段階にある取引を本書では，製販同盟とは定義付けない。本書では，製販同盟の定義として，メーカー，小売業における「競争」関係から脱却した「協業」関係にあり，なおかつ，業務・情報の標準化がなされている段階のものをその条件としたい。以下，少しその定義に沿ってフレームワークを設定し，その後で，我国の流通業の製販同盟について概観してみたい。

　この定義に基づいて製販同盟を位置付けると，表5－1に記したように，第2ステージに該当することになる。この状況においては，製販同盟は業務・情報の標準化が既に遂行されていて，それを中核に，特定の企業との間で，『製』―『販』関係を築いている段階にある（表5－1，第2ステージを参照）。

　一方，第1ステージは，既述したように，『製』―『販』関係の前段階の取引，すなわち，小売業主導のPB開発による閉鎖的な状況の段階にある。PB開発は，一般に，流通業の企画したものをその仕様どおりに製造することになっており，消費者情報を確保した小売業はそのデータを基に，製品化する。このデータは必要に応じてメーカーにも開示されることもあるが，ほとんどの場合，小売業の本部が管理することが多い。従って，情報は共有されることなく，自社企業内で管理されていることから，自社企業内での取引がその中核となる（表5－1，第1ステージを参照）。

表5－1　情報技術革新と流通取引の時系列的変化

段　階	取引形態	取引範囲	取引状態	代表的な情報通信ツール
第1ステージ	業態開発	自社企業内	閉鎖的	FAX，POS等
第2ステージ	製販同盟	特定企業間	限定的	POS＋EDI/ECR，SCM，CPFR等
第3ステージ	オンライン取引	不特定企業間	開放的	Internet（Web-EDI含む）等

出所：筆者作成。

　第3ステージは、それまでの企業取引とは異なりインターネット取引を中核としたオンラインでの不特定企業間での取引をする段階である。第2ステージを経たこの段階では、それまでの特定企業間の取引から不特定企業間への取引へと、その取引幅が拡大した状況にある。つまり、それまでは第1ステージの取引の延長した取引関係、あるいは、一定期間培われてきた信頼性によって形成された取引関係にあったが、第3ステージでは、契約に基づいた開放的な取引となる。従って、この段階では、新規の取引相手とパートナー関係になることも増えてくる。ボーダレスな性質をもつインターネットでのオンライン取引では、契約を基盤とした取引規定が強く働くため、元来よりそれを遂行してきた欧米的な取引が世界規模で浸透し、取引の同質化が進んでいくものと考えられる（表5－1、第3ステージ参照）。

　一方、我国においては、流通の再編と大型店舗の増加、そして、流通の情報化が進展して、大手寡占メーカーと大手チェーン小売業との間に国際的な製販同盟の締結がみられるようになってきている。特に、最近年の情報通信技術の進展によって、消費者情報の把握・管理の精度が格段に向上してきたのと共に、店舗面積の拡大やコンビニエンス・ストアをはじめとする安定的な店舗数を保持する小売業が、信頼のおける特定メーカーとの間に本格的な製販同盟を締結している。例えば、味の素や日清、花王等の大手メーカーと、イオン、セブン－イレブン等の安定的な販売力をもった小売業者間で締結されている例がある。

図5-1　製販同盟，提携の内容

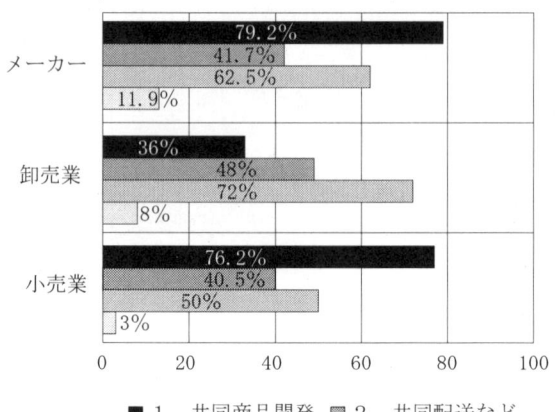

	1. 共同商品開発	2. 共同配送など	3. 情報共同化	4. その他
メーカー	79.2%	41.7%	62.5%	11.9%
卸売業	36%	48%	72%	8%
小売業	76.2%	40.5%	50%	3%

出所：『流通における新しい関係と流通構造の変化に関する調査』（平成6年経済企画庁委託調査）1995年3月。

　また，その製販同盟の具体的な目的内容についてみてみると，メーカー，小売業共に，共同商品の開発を主眼としているのに対して，卸売業は情報の共有化を主眼としている（図5-1）。このことは商品を開発・販売することを本業とするメーカーとそれを販売することを本業とする小売業が各々，共同の商品開発をすることを通じて，協業関係を築き，川下である小売業が管理する売上情報，顧客情報を直接に川上に位置するメーカーにフィードバックし，それにより，これまでボトルネックとなってきた情報流通の部分を大幅に改善ならしめた。その一方で，卸売業のように直接に商品を開発したり，最終消費者に販売することのない中間流通業者は，後段でもまた詳しく述べるが，製販同盟締結が遂行されないような寡占化されていない商品分野，あるいは，それだけの経営資源，規模を保持していない中小のメーカーや小売業の中間で，その機能強化を図っていく必要がある。

　いずれにしても，製販同盟を締結することで，発注から納品，請求，支払いまで全ての業務や情報が標準化され，店頭のPOSデータや過去の販売デ

ータをお互いが共有することで,販売量を予測し,これをベースに発注量が自動的に決定される効率的なシステムへと進化を遂げるようになってきている。今後も,インターネットと情報通信技術との絡みによる進展が予測されており,そうした意味では,消費者をも含めた,さらなる情報ネットワークが構築され,より開放的でボーダレスな不特定企業間取引が遂行されていくことになろう。例えば,現在,世界規模で普及が進みつつある,GCIやGNX,そしてWWRE等のバーチャルな取引(3)が広がりをみせることで,これまで国家間で長年,独自に培われてきた企業取引形態を大きく変容させ,経済構造,さらには,世界経済構造をも大きく変容させていくことになっていくことであろう。

第2節　流通業の国際的変化と卸売業の対応

1．流通業の外部環境変化

　一般に「流通革命」や「製販同盟」「価格破壊」という言葉が象徴するように,我国の流通を取り巻く内外の環境は年々,大きく変化してきている。しかし,最近までの我国の流通業は,小売業において一定の構造変化がみられたものの,問屋制度を中核とする制度的な構図と規制体系を大きく変容させるような変化は経験してこなかった。マクロ経済的にも,流通業の非効率性,低生産性が経済の構造問題の1つとして継続してきた。

　この流通業の改革の必要性は以前から指摘されてきたところであり,例えば,林周二(『流通革命』中央公論社,1962年)は,第1次流通革命といわれた1960年代に,その変革の方向性を次のように指摘していた。「大量生産,大量販売の時代にあって,大メーカーと大規模小売業が出現すれば,消費財の相当部分はメーカーから小売業の倉庫等へ直接納入が行われる。(仲介)サービス機能を主とする問屋は大幅に排除していくべきだ」と。[4]

　その時期はチェーン小売業としてのスーパーマーケットが出現した時期に当り,これが消費革命という社会現象の先駆けにもなるなかで,林は,チェーン小売業が成長と共に仕入れ量を増大させ,その仕入れ量が卸売業の取扱量を上回るようなことになれば,実質上,メーカーと小売業が直接取引をで

図5-2　卸売業の推移

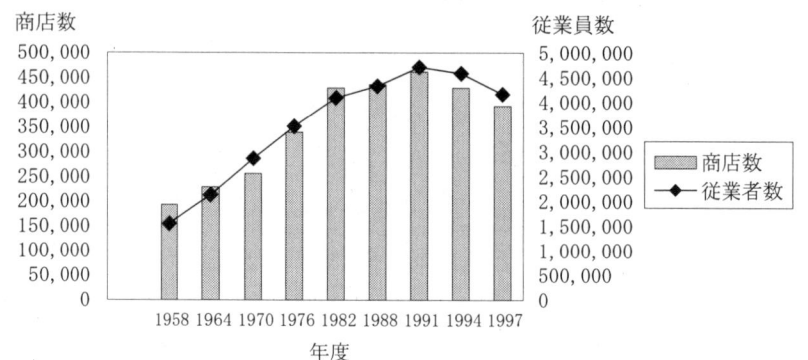

年度	
1958 1964 1970 1976 1982 1988 1991 1994 1997	

注：商店数は，事業所数を示すものであり，企業数を示すものではない。
出所：商業統計表各年版より作成。

きるようになり，卸売業は不要になって流通構造は大きく変容していくとみていたわけである。この指摘は，当然の論理的帰結であり，また既述した直近の製販同盟を先取りする指摘でもあったが，現実にはそうした変化は進展しなかった。なぜならば，我国は当時，経済発展期にあり，また，コンビニエンス・ストアがベンダー・システムを採用したことで，窓口問屋として，むしろ積極的に活用してきたからである。実際，商業統計をみても，卸売業は最近まで減少どころか，増加傾向を辿り続けてきたからである（図5-2）。

しかしながら，このような卸売業の成長にも，1980年代半ば以降は陰りが見え始めてきた。というのは，日本の経済構造，体質に関わる日米間の協議，いわゆる『日米構造協議』を経て，我国の流通への外圧が高まり，それを受けて，1980年代後半から段階的に小売業に対する規制が緩和されてきたからである。店舗規模，営業時間，輸入に対する自由化等がそれである。加えて，規制緩和を契機に，政府による流通の近代化，効率化に向けた行政指導が進められると共に，情報技術の急速な進展を受けて，小売分野の流通の効率化への取組みが本格化してきた。そのなかで，1990年代に入って，卸売業の商店数及び従業者数は減少するようになった。[5]特に，流通の多段階制の象徴といわれてきた2次卸，3次卸は流通の情報化の進展と効率的な流通の追求から業務提携やM&A等が活発に行われた結果，1次卸に集約化されていった

第5章　経済・流通のグローバル化，情報化と流通イノベーション

表5-2　業種別卸売業のW/W比率の推移（法人）

	昭和51年	54年	57年	60年	63年	平成3年	6年	9年	14年
卸売業	1.71	1.74	1.72	1.6	1.62	1.65	1.62	1.54	1.56
生産財卸売業	1.92	1.9	1.82	1.68	1.7	1.77	1.7	1.63	1.62
消費財卸売業	1.8	1.83	1.8	1.8	1.75	1.71	1.64	1.55	1.65
各種商品卸売業	1.54	1.69	1.87	1.43	1.58	1.88	1.94	1.46	1.43
繊維品卸売業	3.03	3.01	3.02	2.31	2.05	2.46	2.44	2.24	1.98
機械器具卸売業	1.51	1.45	1.38	1.37	1.38	1.35	1.34	1.36	1.42
農畜産物・水産物卸売業	2.16	2.23	2.16	2.2	2.13	1.99	1.88	2.04	1.95
食料・飲料卸売業	1.91	1.9	1.85	1.81	1.81	1.79	1.71	1.68	1.71
医薬品・化粧品等卸売業	1.67	1.72	1.72	1.72	1.7	1.69	1.59	1.54	1.48

資料：経済産業省「商業統計調査」流通経路別統計編（卸売業）データより作成。

図5-3　W/W比率の推移（卸売業）

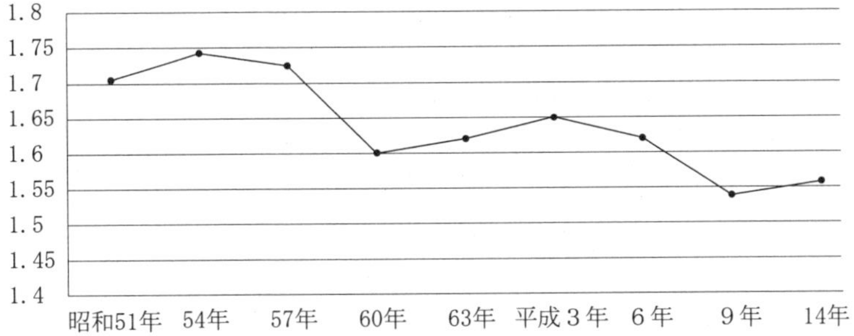

(資料) 上表のデータより作成。

（表5-2，図5-3）。

　そして，情報化，特に，そのネットワーク化の発展は，国際的な流通イノベーションを促し，取引形態の変容が進み，製販同盟という卸売業を経由しないような流通システムの導入が日本の小売業でも模索されるようになってきた。BtoB（企業間取引）やBtoC（企業―消費者間取引）という言葉に代表されるように，IT化は，直接的な電子商取引を可能にし，コストとスピード両面において広く効率化を促し，卸売業の重要な機能の1つである情報流

通機能をメーカーや小売業が直接的に共有することを可能にさせてきたからである。

　こうした広範な環境変化を受けて，卸売業の一部にもようやく新たな対応が生まれ始めた。流通業間における取引の変容はただ単に効率性や卸売業の中抜きという流通システム内部の問題に留まるだけでなく，その方向性の延長には，日本の伝統的な産業組織，すなわち，我国の各々の企業が長い年月を経て固持し続けてきた長期契約とインナーサークルに特色付けられる企業，産業組織の変容，競争力構造の変容を含めて，我国の流通構造を抜本的に変化させ，経済体質の変革にまで発展していく可能性をも内包している。卸売業の今後の変化は，こうした意味でも極めて重要な示唆を含んでいる。

2．国際的流通イノベーションと卸売業のマーケティングの再構築

　国際的な流通変革をリードすることになったウォルマートのビジネス・モデルとしての製販同盟だが，我国の流通業においては，そうした変化はまだ揺籃期にある。しかし，流通構造の変化は着実に進みつつある。オープン価格の一般化に示されるように，メーカー主導型の流通から，小売業主導型へと流通構造は変化している。また，直接取引化に向けた製販同盟は揺籃期ではあっても，情報化，グローバル化の進行によって，その動きは加速してくる方向にある。

　こうした状況下で，その存続危機にさらされるようになったのは既述したように，卸売業である。基本的に，『製』—『販』の直接取引が，効率性からも競争上からも有利であるのは明らかだからである。だが，コンビニエンス・ストア・チェーンの隆盛にみるように，消費市場は標準的商品の安価な大量販売だけでは網羅し尽くせない。多品種少量販売，専門特性を生かした販売等，消費者ニーズの多様化に対応しうる流通組織も必要とされる。卸売業は，そうしたなかにあって，大量物流の面では，物流センター的機能を果たすことで，大手メーカーや大手小売業者にとっても，また物流全体にとっても，製販同盟よりかえって効率性を高める余地を残している。また，多品種少量販売では，それに対応した窓口問屋的な機能も果たしえよう。卸売業は，複線的な取引構造の変化が予想されるなかにあって，その蓄積してきたネット

ワークやノウハウを如何に活用して，組織変化を図り得るか，それが今，その存亡をかけて求められてきたといえよう。卸売業は，我国流通システムの中核を成してきた。それが，新たな機能の開拓，拡充を如何に進めうるか，その帰趨は，今後の流通システムの構造変化を大きく左右していくものとなろう。

そこで，その組織変化の方向性と可能性を，以下，図5－4のように6つの戦略的対応に絞ってみていくこととしたい。フルライン化，広域化[6]，リテール・サポート能力の強化，小売分野への進出，製造分野への進出，ロジスティクス能力の高度化の6つがそれである。

図5－4　卸売業の今後の方向性

国際的流通イノベーション ⇒ 卸売業の今後の方向性

- 大型店対応の「業種」から「業態」へと事業展開⇒フルライン化
- チェーン小売業に対応できるような全国展開⇒広域化
- リテール・サポート能力の強化⇒売場づくりや販売促進企画の提案
- 小売分野への進出⇒ホールセールクラブ，キャッシュ＆キャリー等
- 製造分野への進出⇒オリジナル商品（PB商品等）の製造
- ロジスティクス能力の高度化⇒サプライチェーン，デマンドチェーンの効率化

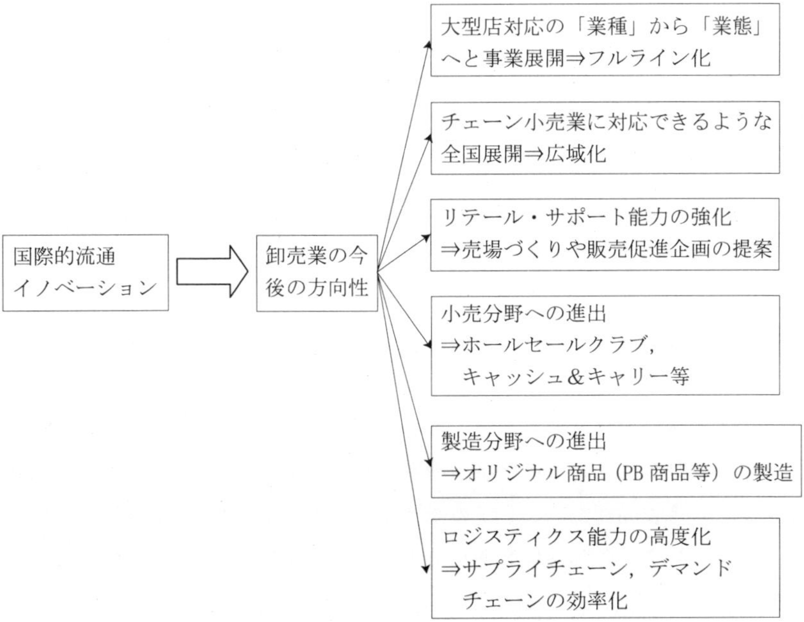

出所：原田英生・向山雅夫・渡辺達朗『ベーシック流通と商業―現実から学ぶ理論と仕組み』有斐閣アルマ，2002年，186頁を参考に，筆者作成。

（1）大型店対応の「業種」から「業態」へと事業展開＝フルライン化

　小売業の種類を考える場合，鮮魚小売店や酒類小売店，洋品小売店といった具合にそれぞれの小売業が取り扱っている商品種類によって類別することが多い。「日本標準産業分類」による小売業や卸売業の分類の仕方は，ほぼ同じような方法が取られており，一般に「業種」別分類と呼ばれている。小売業では，このように"何を販売するか"という側面の他に，"如何に販売するか"すなわち，"どのような販売の仕方をするか"という側面もあり，この側面からの分類を，一般に「業態」別分類という。今日において，小売業という観点で判断する場合，業種ではなく業態で分類するのが一般的である。業態には様々なものがあり，スーパーマーケットの誕生以来，小売業はグループとしての業態開発として多くの業態を開発している。

　一方，卸売業においては，未だ零細小売店が多い時代（第二次世界大戦直後から高度経済成長期）からの業種別の中小卸売業が多い。しかし，今日，零細小売店の廃業・撤退状況から判断すると，その商店数の減少と共に大店立地法の影響による大型店の新規出店が加速しているなかで，卸売業は今後，「業種」ではなく，「業態」としての事業戦略を展開していかなくてはならない。かつて卸売業は「業種」別での商品取扱いをしてきたので，小売業はみな何社か複数の専業卸売業と取引をしてこなければならなかった。それは時間とコストの無駄を生じさせ，リアルタイムでローコスト・オペレーションを実現しようとしている小売業にとっては効率性の悪いものであった。

　そこで，卸売業はそのような小売業のニーズに合った業態対応型の卸売業へと変革することが重要である。事実，大手卸売業の菱食は，従来，加工食品を中心取扱商品としていたが，酒類卸売業や菓子卸売業との間に業務提携を結び，総合食品卸売業として事業展開をしている。さらに，日用雑貨卸売業と物流センターの協業化を進める等，より一層のフルライン化を充実させている（図5－5）。

（2）チェーン小売業に対応できるような全国展開＝広域化

　基本的に，大手小売業の多くは全国チェーン展開をしている。それに対して，卸売業は全国展開をしているところはなかった。そのため，小売業側で

第5章　経済・流通のグローバル化，情報化と流通イノベーション

図5－5　卸売業のフルライン化

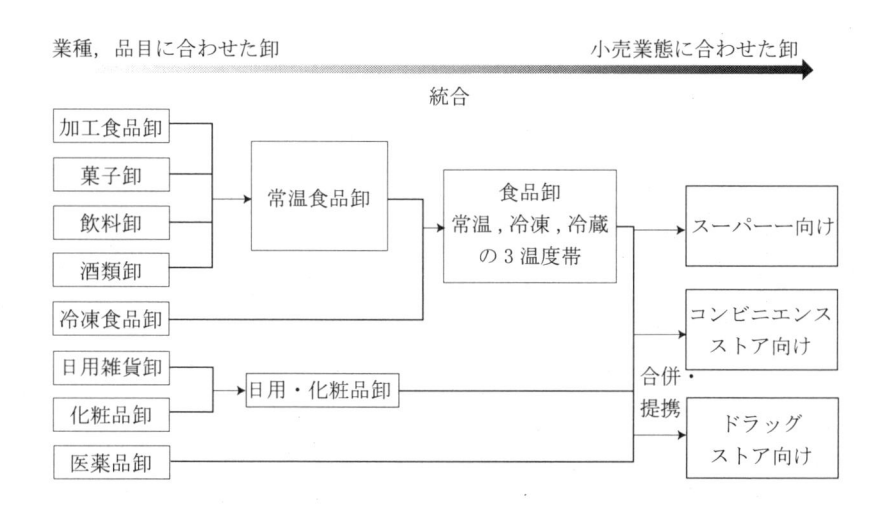

出所：斉藤実・矢野裕児・林克彦『現代ロジスティクス論』中央経済社，
　　　2009年，95頁より抜粋。

は，地域ごとに取引する卸売業を選別しなくてはならない。地域ごとに相手を探し，個別に契約を結ぶのでは，システムの均衡がとれないだけでなく小売業のチェーン・オペレーションを遂行するうえでも非常に効率性が悪い。

　従って，卸売業はこうしたニーズに応えられるように卸売業自身もチェーン展開あるいは業務提携をし，広域化に対応していく必要がある。

（3）リテール・サポート能力の強化＝売場づくりや販売促進企画の提案

　小売業とメーカーとの間に「製販同盟」が存在するのと同様に，小売業主導型流通のなかで，「購買代理者」としての位置付けを明確にするには，卸売業にもさらに積極的な企業家精神が求められる。それは，小売業との間に深い絆を創造するよう積極的に働きかけることである。従来のような国内市場に留まった運命共同体から海外輸入品等も視野に入れた国際的取引を可能にした運命共同体を築くべきであろう。

129

そこで，まず，卸売業がすべきことは，リテール・サポート・サービスの強化である。つまり，小売業を支援するため，商品の棚割り・陳列等の売場づくりや広告・販売促進企画の提案を行える能力を確立すべきであり，それを通じて小売業に対する営業力を高めていくべきであろう。

（4）小売分野への進出＝
###　　ホールセールクラブやキャッシュ＆キャリー（C&C）への転身

　米国のコストコを代表するホールセールクラブやドイツのメトロを代表するキャッシュ＆キャリー（以下，C&C）のような本来，卸売業が本業としてこなかった分野に卸売業が進出するケースがある。むろん，こうした形態は欧米諸国のグローバル小売業を中心に展開されているのであるが，我国の卸売業も今後，外資系流通業参入の影響を受け，業界内の提携やＭ＆Ａ等の繰り返しによりフルライン化や広域化が実現されれば，自己の利益を自ら獲得するために展開する可能性は強い。

　かつて，こうした分野には，ダイエーが始めたKou'sがあったが，Kou'sは個人会員を中心とした顧客構造であったために，スケールメリットを享受することができなかった。それに対して，コストコやメトロといった本格的なホールセールクラブやC&Cではビジネス会員を中心とした顧客構造で，業者向けの大型ロットでの販売はボリューム・ディスカウントを可能にしたため，会員年間1人当たりの購入金額はKou'sと比較すると高く，こうした卸売業が我国でチェーン展開を進め，業態として一定の収益性を確保するようになれば，今後の我国の卸売業もこうした業態に参入する可能性は極めて高いと考えられる。特に，メーカーと小売業が卸売業を介さない欧米諸国と同様な直結型流通を確立した場合，自ら積極的に店舗経営をするようになるであろう。

（5）製造分野への進出＝オリジナル商品（Private Brand等）の製造

　製造小売業という業態を開発し，収益を高めているメーカーや小売業は近年，多くの分野でみられる。特に，アパレル業界においてはSPA（Specialty store retailer of Private label Apparel）という形態で標準化されチェーン

第5章　経済・流通のグローバル化，情報化と流通イノベーション

展開を行っている企業も顕在化してきた。ユニクロ，GAP，そして，ZARA等がこうした業態開発を進めているが，ここで特筆すべきことは，こうした戦略が，自社のPB商品を自社の思うような価格設定や市場に対する俊敏な受発注を構築するために必要不可欠であり，また，サプライチェーン・システムを構築するうえでも重要な戦略の1つとなってきているということである。さらに，英国では，マークス&スペンサーのような「工場なきメーカー」という積極的なプライベート・ブランド開発戦略を実行している企業もある。

　こうした小売業の製造分野への進出は小売業のバイイング・パワーを一層高め，自社の競争優位性を高める戦略となる。卸売業もまた，長年関係を構築してきた小売業やPOSを通じて発注されてくる情報を活用してプライベート・ブランドに自ら積極的に取組み，他社との差別化を強め，競争優位性を高めていくべきであろう。

（6）ロジスティクス能力の高度化＝
サプライチェーン，デマンドチェーンの効率化

　今日，大手メーカーと大手小売業における上位集中化の動きが活発化しつつある。その一方で，e-マーケットプレイス等による電子商取引の拡大が進展してきている。こうした動向が，当然，両者間における直接取引をより促進させる。また，消費構造の変化に伴っての両者間における急速なIT化による供給強化や需要への瞬時の対応，加えて，それらの恩恵による中間在庫管理のし易さ等が相まって，今後もその傾向が強まってくることが予見される。

　こうした状況下，卸売業は物流におけるITインフラ整備の充実を如何に図るかが重要な争点となる。効率的機能を兼ね備えることが今日の大手メーカーや大手小売業にとって欠かせない戦略となってきているからである。従って，大手メーカー，大手小売業が志向するフルライン化，広域化に対応できるような業態対応型の物流センターを確立し，なおかつ高度なロジスティクス機能を兼備えた卸売業に転換していくことが今後の戦略の方向性として考えられる。なお，その際には，当然，規模拡大のための業務提携や吸収・合併による再編がなされる必要もでてこよう。

図5-6 国分のロジスティクス・システム

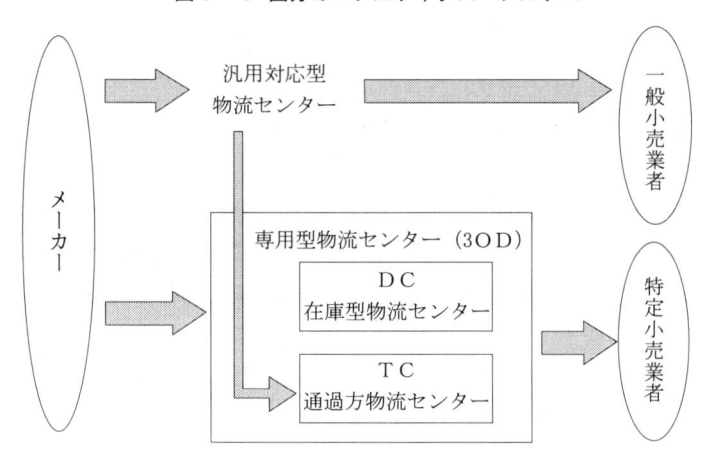

原出典：国分資料より作成
出所：斉藤実・矢野裕児・林克彦『現代ロジスティクス論』中央経済社，
　　　2009年，91頁より抜粋。

第 5 章　経済・流通のグローバル化，情報化と流通イノベーション

図 5-7　卸売業の吸収，合併の推移

出所：斉藤実・矢野裕児・林克彦『現代ロジスティクス論』中央経済社，2009年，94頁より抜粋。

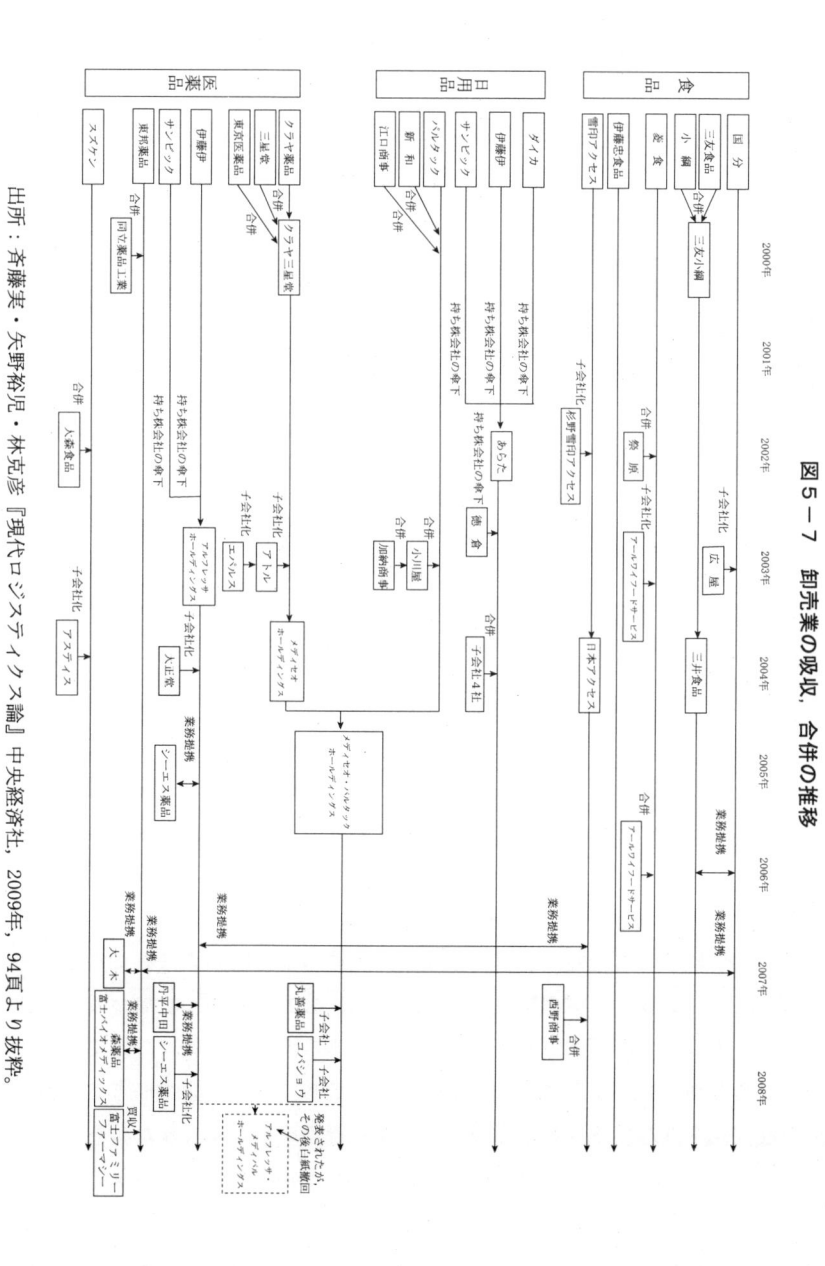

133

第3節 補論 日本の流通構造と流通調整政策

　我国における商取引は，欧米諸国の契約関係とは性格を異にした人間関係重視による組織社会を基盤に，継続的取引を行うことを通じてコスト削減や効率性を保ってきた。また，それを上手く機能させるために，大手メーカーを中心に日本的商慣行を形成させてきたといえる。そして，その結果，店舗の過多性，店舗規模の零細性，経営の生業性，流通の多段階制等といった伝統的な日本の流通構造の特質が確立，維持されてきたことはいうまでもない。そのことについては，欧米諸国からの日本の流通構造批判における内外価格差問題（第4章）のところでも触れてきたように，少なくとも，日本的商慣行は我国の伝統的な流通構造の特質を形成してきた重要な要素の1つでもあった。

　しかしながら，既述したように最近年，日本的商慣行の機能は大きく変容してきている。その中心的機能である建値制の廃止，リベート制の簡素化，特約店制度の崩壊等，これらの機能は次第に，低下の一途を辿ってきている。これらの機能の低下は，いうまでもなく，小売段階でのイノベーションによる構造変化が深く関わっており，より具体的には，その店舗数の減少と大いに関係している。すなわち，日本的商慣行が上手く機能してきた時代的背景には，多数の零細・中小小売業の存在があり，それらをメーカーが自己のシステムに組織化することで専売制や価格統制を支配，維持してきた流通経済環境があった。

　先行する米国流通では，流通構造の上位集中化が進み，我国のような店舗の過多性や規模の零細性，経営の生業制，流通の多段階制等はあまり目立ってはいない。こうした構造的差異の根底には，公的な側面，すなわち，流通政策に，実は大いに関係がある。つまり，日本の流通政策は，一方では，中小小売業保護という視点に立って伝統的に持続してきた反面，他方では，流通の近代化を推進するという2つの相反する視点をももってきた。そして，流通調整を目的とし施行された政策は，大企業と中小企業の競争条件が平等になるように意図的に競争条件を補正することで中小小売業の存立基盤を確保しようとするものであった。そうした意味では，このような流通調整政策

は日本の流通の方向性を決定付け，それが，日本の流通システムの基盤を構成させ，マクロ的には，日本の流通構造の特質を確立させた要因の1つと見做されよう。

　従って，本補論では，日本における中小・零細小売業の保護機能として深く関わってきた流通調整政策に焦点を当て，以下，流通調整政策の時系列的変遷とその意義についての検討をしてみることとしたい。

(1) 百貨店法

　関東大震災を契機とする我国の百貨店の大衆化は，百貨店間の熾烈な競争を引き起こすと共に，多くの中小小売業にも深刻な影響を及ぼすようになった。特に，都市中心から地方都市をも内包する全国で百貨店の大衆化が広がるにつれて，その影響も広範に広がり本格的な「反百貨店運動」にまで発展するようになっていった。こうした事態を受けて誕生した政策が1937年に制定された百貨店法である（通称「第一次百貨店法」）。この第一次百貨店法に規定されているのは，百貨店としての営業，店舗の新設・増床，閉店時刻及び休日に関する商工大臣による許可制，そして，各種の販売やサービス活動に関する百貨店組合を通じての自主規制という内容であった。しかし，この戦前に制定された百貨店法はその後のGHQの戦後統治下において廃止されることとなり，ほとんど法としての適用はなされることはなかった[7]。

　しかしながら，GHQの統治解除に伴って，百貨店の急速な新設や増床により中小小売業への影響が深刻するようになると，再度，1956年に百貨店法（通称「第二次百貨店法」）が制定される運びとなった。第二次百貨店法の規定項目は，売場面積1,500㎡以上（政令指定都市では3,000㎡以上）の大規模小売店を百貨店として規制するとし，百貨店に該当するものは，個々の売場面積の大きさにかかわらず新設・増床，閉店時刻，休業日等について許可制が求められるようになった。なお，第一次百貨店法の許可制に関わっていた諸事項は「百貨店審議会」に，また，百貨店組合の自主規制に関わっていた諸事項は「独占禁止法」にそれぞれ委ねられることとなった。

（2）大規模小売店舗法

　百貨店法では基準以上の売場面積をもつ店舗を百貨店として位置付け，その事業活動を規制してきた。しかし，同じような売場面積をもちつつもスーパーマーケット等では，各階ごとに別会社にする等して，外見的には同じ1つ屋根の下にある企業であるにもかかわらず，総売場面積が百貨店法の適用を受ける大きさ以下になるという理由で規制対象外とされたため，たとえ，店舗規模としては百貨店に匹敵する大型小売店であっても，事実上は百貨店法の適用を免れるといういわゆる疑似百貨店が登場するようになっていった。この疑似百貨店の存在を巡っては，その後，中小小売業からの規制を求める要求の動きが活発化し，その一方で，百貨店法の規制の下で極めて不利な立場にある百貨店からもスーパーマーケット等の規制対象外の小売業と百貨店とを同じ土俵で競争させるべきという要求を受けるようになっていった。このような状況の下，1973年に通産省はそれまでの"許可制"から"事前審査付届出制"に改めた「大規模小売店における小売業の事業活動の調整に関する法律」（以下，大店法）を制定し，翌年1974年に施行した。この法律は，周辺の中小小売業の事業活動の確保と消費者利益の保護を目的に制定されたものであった。従って，この法律においては，疑似百貨店もその範疇として規制の対象としているため，店舗主義を掲げ，売場面積1,500㎡以上（政令指定都市3,000㎡以上）の店舗を営む小売業をその規制対象に明記している。

　加えて，1978年には大幅な改正が行われた。具体的には，次の2点である。まず1つは，売場面積500㎡以上のものもその規制の対象とすること。もう1つは，調整期間が延長され，最低でも事前商調協から起算して営業開始まで13～17ヵ月の調整期間が必要となったこと。この改正は事実上，規制強化政策となったが，その後も大型店の出店は衰えることがなかったため，規制強化路線は1992年の規制緩和に至るまで続くこととなった。

　しかしながら，その規制強化路線のなかにおいても大型店の出店状況はなお上昇している一方で，1980年代中頃を境に，中小小売業は，業績不振や後継ぎ問題を起因とする大幅な店舗数の減少に直面するようになり，競争制限的政策に対する見直しの意見がでるようになった。また，1989年から1990年にかけて行われた『日米構造協議』のなかで，大店法が非関税障壁として存

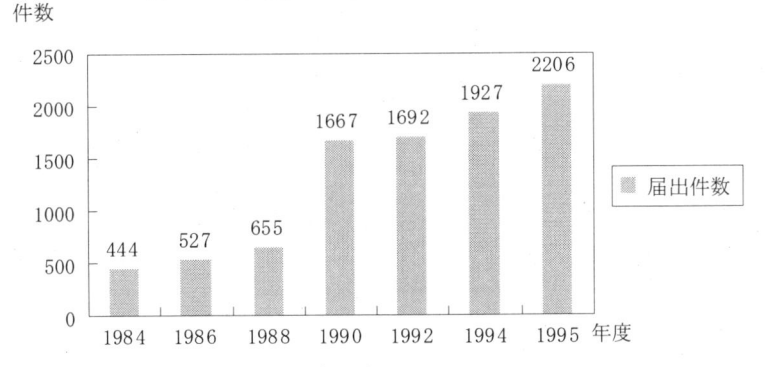

図5-8 大規模小売店舗の届出状況の推移

年度	届出件数
1984	444
1986	527
1988	655
1990	1667
1992	1692
1994	1927
1995	2206

出所：商業統計表各年版より，筆者作成。

在し，自由競争を阻害するものであると欧米諸国から批判され，その撤廃を求められるようになった。さらに，消費者利益の保護を第1条の冒頭に掲げているという点から判断した場合に，価格・サービスの面から中小小売業がその機能を果たして担っているかどうか疑問視されるようになった。折りしも，大手小売業グループ傘下であるコンビニエンス・ストアの普及と相まって，事実上，このような経済的規制が必ずしも消費者ニーズに合致していないのではないかといった疑問もでてきたわけである。

このような状況の下，1992年以降，大店法はそれまでの規制強化から規制緩和へと移行するようになっていった。1992年の改正においては，第1種大規模小売店舗と第2種小売店舗との境を1,500㎡から3,000㎡（政令指定都市3,000㎡から6,000㎡）に引き上げること，国と都道府県の大規模小売店舗審議会を出店調整機関として学識経験者等に意見を聞くこと，地方自治体による出店規制を抑制すること，と大幅に変更されることとなった。

図5－9　大規模小売店舗法による出店調整手続き

```
地元への事前説明
    ↓根まわし
建物所有者による出店願い
    ↓売場面積等を提出
小売業者（テナント）による出店願い
    ↓各テナントが営業計画を提出
大規模小売店舗審議会による
地元意見聴取〜意見集約〜審議
    ↓実質的には地元商工会議所が仕切っている
結審：出店準備開始
```

図5－10　大規模小売店舗法と規制緩和の経緯

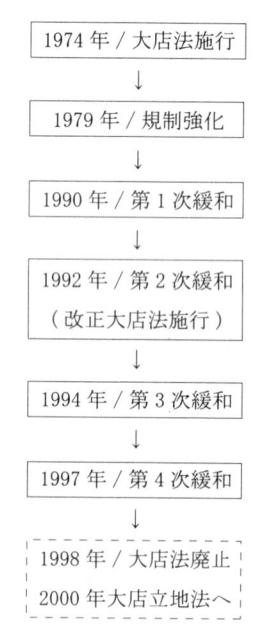

```
1974年／大店法施行
    ↓
1979年／規制強化
    ↓
1990年／第1次緩和
    ↓
1992年／第2次緩和
　　　（改正大店法施行）
    ↓
1994年／第3次緩和
    ↓
1997年／第4次緩和
    ↓
1998年／大店法廃止
2000年大店立地法へ
```

出所：図5-9, 5-10共に小林隆一『流通の基本〈第3版〉』日本経済新聞社，151頁。

（3）大規模小売店舗立地法

　大規模小売店舗法の廃止に伴って，それに代わる小売業の規制として施行されたのが，2000年6月に施行された大規模小売店舗立地法である。それまでの百貨店法，大規模小売店舗法が大型小売店から中小小売店の事業機会を確保することを目的に施行されてきたのとは対照的に，この大規模小売店舗立地法は，生活環境の保持を目的とした社会規制である。また，それを象徴すべく店舗面積は500㎡から1,000㎡にまで引き上げられ，加えて，経済的規制は一切廃止されており，その代わりに社会的規制を強化すべく項目として，駐車場の台数，騒音対策，廃棄物等といったそれまでとは全く性格を異にしたものが挙げられている。さらに，運用主体も国から都道府県や政令指定都市へ移行している。双方の違いは表5－3に示したとおりである。

表5－3　大規模小売店舗法と大規模小売店舗立地法の違い

	大規模小売店舗法	大規模小売店舗立地法
規制の性格	経済的規制	社会的規制
対象店舗面積	第1種：3,000㎡ 第2種：500㎡超	1,000㎡超
届出先	第1種：通産大臣 第2種：都道府県知事	都道府県 政令指定都市
調整ポイント	①店舗面積，②開店日， ③閉店時間，④休業日	①街づくり ②環境視点
調整機関	大規模小売店舗審議会	都道府県，政令指定都市
調整期間	（最長1年）	最長1年
調整方法	勧告，命令	審査基準提示

出所：斎藤忠志「規制緩和と小売段階の変化」『流通事情』流通経済研究所，1999年5月号所収，No.359, 15頁。

注
（1）例えば，コンビニエンス・ストア本部企業のセブン－イレブン・ジャパンが，加盟店全店分の日用雑貨を一手に仕入れる専用卸売業を設立したことは，実質的には，直接取引体制を構築したのと同然と考えられる（根本重之著『新取引制度の構築』白桃書房，2004年，158頁）。
（2）元々，契約は欧州系移民が米国にもち込んだ概念であり，それはキリスト教の精神と深く関係している。キリスト教では，神と神を信仰する者との間には1対1の「契約」という観念が重要な要素となっている。
（3）GCIやGNX，そしてWWRE等のバーチャルな取引は，大手小売業がサプライチェーンをより効果的にするための手段として開発された。これによって，従来に取引を行ったことのないサプライヤーとも新規取引を始める企業も増えてきているという。メリットとしては，調達先の拡大の他に，仕入原価，調達費用の削減や過剰在庫の処分といったものが挙げられる。それは，小売業だけでなくサプライヤー側にとってのメリットも大きい。これまでWeb-EDI等を活用して大手企業等を中心に，調達業務の効率化が遂行されてきたが，専用線やVANによるEDIは，専用の端末やソフトウェアを必要とし，さらに高額な専用回線で実現されていたため，中小企業の導入は極めて困難であった。インターネットによるこうした調達により，格段にコストの低減が実現され，中小企業も含め幅広い利用が期待されている。

図5－11 e-マーケットプレイスによる取引の可能性

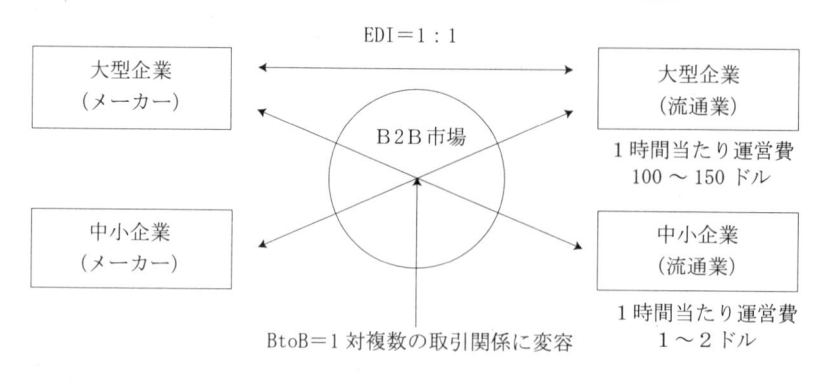

```
             EDI＝1：1
┌─────────┐           ┌─────────┐
│ 大型企業 │ ←───────→ │ 大型企業 │
│（メーカー）│           │（流通業）│
└─────────┘           └─────────┘
         ╲  ┌───────┐  ╱  1時間当たり運営費
          ╲ │B2B市場│ ╱      100～150ドル
          ╱ └───────┘ ╲
┌─────────┐           ┌─────────┐
│ 中小企業 │           │ 中小企業 │
│（メーカー）│           │（流通業）│
└─────────┘           └─────────┘
                          1時間当たり運営費
                              1～2ドル
      BtoB＝1対複数の取引関係に変容
```

出所：流通経済研究所国際研究部『アメリカ流通概要資料集2003』流通経済研究所，2003年，105頁を元に一部加筆修正。

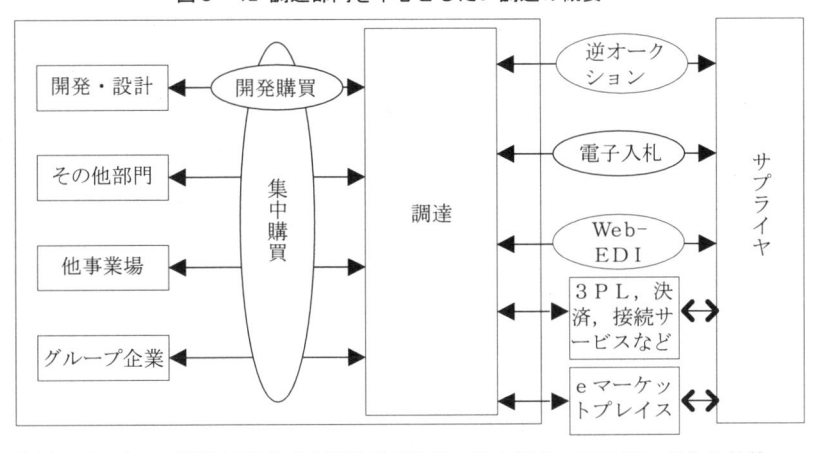

第5章 経済・流通のグローバル化，情報化と流通イノベーション

図5-12 調達部門を中心としたe調達の概要

資料：電子商取引推進協議会「企業間電子取引の動向調査」2004年3月より抜粋。

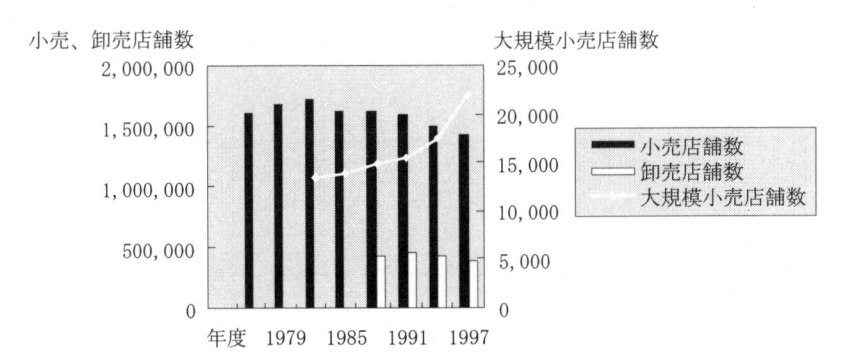

図5-13 小売店舗数，卸売店舗数，大規模小売店舗数の推移

出所：商業統計表各年版と
　　　http://www.meti.go.jp/statistics/syougyou/1997sok/index.html より筆者作成。

（4）林周二『流通革命』中央公論社，1962年を参照。
（5）卸売業の数が減少の一途を辿り始めた1990年代は，小売業の数も全体として減少の一途を辿り始めた。しかしながら，その一方で，それとは反対に，大規模小売店舗数は上昇傾向になっている。これは，大店法の段階的な規制緩和で大型店の出店自由度が高まったことや零細小売店の経営を巡る諸問題等が相まった結果と考えられる（図5-13を参照）。

141

（6）フルライン化及び広域化については，臼井秀彰・木下安司編著『ニューホールセラーの挑戦』ビジネス社，1995年，20～23頁及び林一雄「流通革新と卸売業の戦略」梅沢昌太郎編著『マーケティング流通戦略』白桃書房，2001年，163～164頁に詳しい。
（7）木綿良行・三村優美子編『日本的流通の再生』中央経済社，2003年，23～24頁。
（8）木綿良行・三村優美子編，同上書，24頁。
（9）李栄璨『日・韓小売構造に関する比較研究』日本大学大学院商学研究科博士論文，1999年，126～128頁を参照した。

第6章　情報技術革新と流通構造変化
― 2次元バーコードと流通イノベーション ―

　2001年のBSE発覚以降，鳥インフルエンザの世界的蔓延，そして相次ぐ産地偽装，賞味・消費期限偽装等といった表示を巡る問題が起こり，「不信の連鎖」と揶揄されるように食に対する消費者の信頼は大きく揺らいできた。特に，ユビキタス情報ネットワーク化が進展している今日の社会におけるその影響は大きく，ある意味従来以上に，一度失われた信頼を回復させていくのは極めて困難な状況となってきている。

　こうした状況のなか，これらの問題に対応すべく大手チェーン小売業主導の下，社会的インフラストラクチャーとなりつつあるインターネットを通じての情報公開が進められている。例えば，インターネットと2次元バーコード（以下，QRコード）を連結させたITは生産・流通履歴を閲覧できるトレーサビリティ手法として定着しつつある。また，こうした情報公開のためのコミュニケーションは今後，消費者・生活者に安心感を提供する新たなコミュニケーションツールの1つとして国内外，食品・非食品問わず広範に広がっていくことが予見される。

　しかしながら，当然，こうしたコミュニケーションの登用は従来のコミュニケーションの在り方に大きな変化をもたらすことになる。特に，伝統的な従業員（人間）を介しての接客時のコミュニケーションの在り方に大きな変革をもたらす可能性を秘めている。だが、今日の社会においてはコンプライアンス経営やアカウンタビリティといった言葉が叫ばれているように，情報公開の在り方がマーケティング戦略において重要度が増す傾向にある。つまり，従業員を介してのコミュニケーションだけでは必ずしも消費者・生活者のニーズを充足させることはできないものになってきている。

　そこで，本章ではまず，インターネットの普及とその浸透に伴って変質する情報の意義とそれによる企業と消費者・生活者間の関係の変化，加えて従業員サービスの限界と補完的機能としてのIT戦略の有効性について検討す

る。そしてそれを踏まえたうえで，情報公開のためのコミュニケーションとしての流通業におけるトレーサビリティについて検証する。

さらに，そこから浮かび上がってくる新たな課題についての考察を行っていくこととしたい。なお，本章におけるITツールとしては，主にQRコードの有効性についてみていくが，後段でも述べているように，あくまでもQRコードの導入は流通におけるイノベーションの一過程として位置付けている。

第1節　組織（企業）と消費者・生活者の関係の変化

近年，パソコンや携帯電話等に代表される情報通信機器の普及とインターネットによるネットワーク化が進み，消費者・生活者が保有する情報量は格段に増加した。また，これまで「情報の偏在性」という言葉が示すように，企業と消費者・生活者側の情報量は線引きされてきた。しかし，インターネットの一般消費者・生活者間の普及は，こうした情報の偏在性を解消させつつある。つまり，今日では，消費者・生活者は自ら情報を求め，その情報を基に購買行動を起こす，あるいは，その情報を契機に同じ情報を共有するコミュニティを形成するまでになってきている。

特に，後者については，「情報」取扱いについての企業の一般的認識を大幅に変革させるものとなってくる。例えば，ウェブ上のコミュニティには単に情報を共有するという機能の他に，それらのコミュニティを通じてのウェブ上での書き込みといった機能がある。書き込み機能は，ネットワーク上における消費者・生活者同士の相互作用である「顧客間インタラクション」[1]を形成し，それらが，コミュニケーション革命となって消費者・生活者が主導となって意見・考えが進められるようになってきている。こうしたなかで，消費者・生活者の「プロシューマー」という位置付けが確立されつつあり，彼等を中心とした消費者・生活者主権が高まってきている。

こうした状況下，企業は消費者・生活者に対するアカウンタビリティ（説明責任）が広く社会から求められるようになってきている。しかし，企業，特に，経営者側だけのアカウンタビリティで終わってしまうようなものでは，いけない。

例えば，食品を購入する際に，消費者は店頭で従業員と接することになる。

そうした場合に，従業員も同じような考えをもって消費者に接していかなくてはならない。店頭で実際に消費者に的確な対応がなされることで，消費者も安心して商品を購入できるし，そのことがストア・ロイヤリティにもつながるからである。だが，こうした状況をつくりだすために最も重要となってくるのは，従業員に意欲的に接客に参加してもらうということである。このことを従業員に遂行してもらうためには，当然，企業も従業員の満足度を高めておかなくてはならない。従業員の企業に対する満足度が高い状態になければ，当然，顧客に対するサービスの質も低下するからである。

そこで，重要となってくるのが，インターナル・マーケティングという発想である。

図6－1にように，右側に，従来，企業が重要視してきたエクスターナル・マーケティング，そして，左側にインターナル・マーケティングを位置付け，これらの2つのマーケティングを基盤に，従業員と消費者間でインタラクティブ・マーケティングを遂行するという考え方である。グロンルースが提起した考え方であるが，彼によると，エクスターナル・マーケティングとは，「顧客に提供するサービス（製品）を中核に，価格，流通，プロモーション

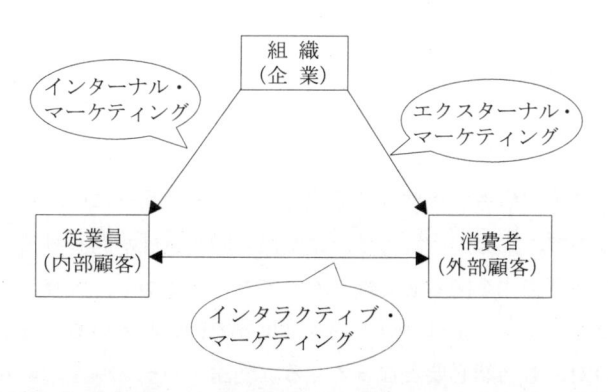

図6－1 サービス業における3つのマーケティング・タイプ

```
            組織
           （企業）
    インターナル・    エクスターナル・
    マーケティング    マーケティング
         ↙              ↘
    従業員  ←――――――→  消費者
   （内部顧客）              （外部顧客）
         インタラクティブ・
         マーケティング
```

出所：Kotler,P.,A Framework for Marketing Management,Prentice-Hall,2001.（恩蔵直人監修・月谷真紀訳『コトラーのマーケティング・マネジメント，基本編』ピアソン・エデュケーション，2002年251頁）を基に一部加筆修正し，作成。

を行う業務」を意味し、インターナル・マーケティングとは、「顧客に満足してもらえるサービスはそれを直に提供する従業員にあり、そこから発せられるので、質の高いサービスを提供できるようにするためには、まず、従業員の教育を強化し、モチベーションを高めておくことが重要である」とし、また、インタラクティブ・マーケティングとは「顧客対従業員の関係を意味し、すなわち、顧客と従業員の間での対話を通じてその関係を深め、それによって相互依存を高めていくことである」としている。[2]

　従って、この発想から企業には、2つの顧客が存在することになる。1つは外部顧客である一般消費者であり、もう1つは内部顧客である従業員である。これら2つの顧客に対して企業は満足度を高めていくことが重要となってくる。特に、今日のような情報ネットワーク化が進展し情報量が一般消費者・生活者間において高まっている状況下で、従業員の情報量を凌駕するような消費者・生活者に的確に対応できるような従業員の育成が企業には急務となってくる。

第2節　個を重視する双方向のコミュニケーションとパッケージIT化の重要性

1. 情報通信技術の進展と表示

　既述したように、今日、情報通信技術の進展、すなわち、パソコン、携帯電話の普及とそれらのネットワークをつなぐインターネットの普及によって、企業―消費者・生活者間の情報の透明化がスピーディーに広がりつつある。そうしたなかで、実際の店舗では、従業員の説明責任が問われてくることから従業員の教育強化を図る必要性を述べてきた。しかし、実際、既述したウェブ上でのコミュニティはバーチャルな世界で行われている。従って、バーチャルでの対応も当然必要となってくる。勿論、バーチャルでの対応はリアルでの補完的な機能としての色彩が現段階では高い。また、サービス特性の1つでもある非標準化がサービス産業において課題視されてきた。すなわち、従業員一人一人が提供するサービスの質の標準化は困難であり、当然、バラ

ツキが生じてしまう。説明責任能力が問われる今日において，売場でも従業員によるその標準化がなされることが理想的であるが，現実としてそれは不可能に近い。

だが，今日のようなユビキタス情報社会へと向かいつつある社会においては，代わりにITで情報提供の標準化をすることで対応可能となりうる。加えて，それはサービス産業にとって新しい付加価値サービスとして有効な手段ともなってくる。商品情報を，インターネットを介して提供することで消費者・生活者にとって安心感を与えてくれるからである。

さらに，消費者・生活者も店頭における商品説明では理解しきれないという声もあり，それを補う方法としてそうした情報提供方法を求めているという事実もある（図6－2）。

図6－2は社団法人食品需給研究センターが行った『食品の情報開示へのニーズに関する消費者調査』（2006年11月）であるが，それによると，消費者が情報提供として求めているのは，「店頭で店員に尋ねる（49.7％）」の次に，「自分のPCで検索する（47.3％）」，店頭に設置した専用端末で検索する（45.5％）」とITを利活用した方法での情報提供を望んでいることがわかる。

上記のように，消費者は情報提供の有効手段としてITを駆使した方法を

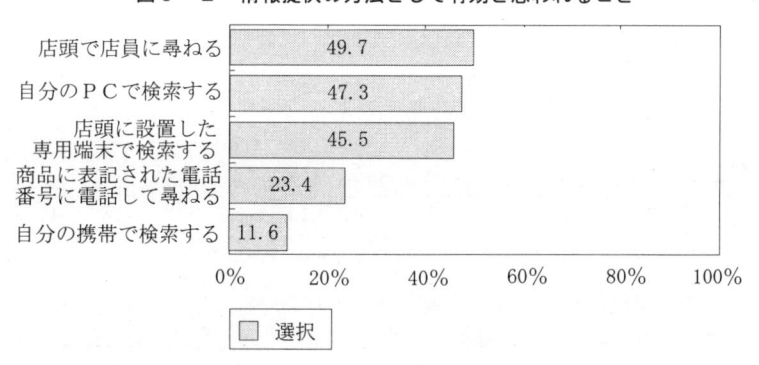

図6－2　情報提供の方法として有効と思われること

項目	％
店頭で店員に尋ねる	49.7
自分のＰＣで検索する	47.3
店頭に設置した専用端末で検索する	45.5
商品に表記された電話番号に電話して尋ねる	23.4
自分の携帯で検索する	11.6

出所：社団法人食品需給研究センター「食品の情報開示へのニーズに関する消費者調査」（2006年 11月）より抜粋。

望んでいることがわかる。というのも，ITは今や消費者にとっては社会的インフラ的な要素がより一層，強まりつつあるからである。図6－3のように，インターネット利用人口，加えて対人口普及率に換算して考えてみても，年々，その伸び率は高まっている。これは2000年以降，それまで従量制が主流であった接続方法から定額制といった接続方法へと転換されたこと，すなわち，事実上のＮＴＴ法の改正がなされ，これまではヘビーユーザーを中心に利活用されてきたインターネットが，一般消費者にまで広く浸透するようになったことが要因として挙げられる。このような傾向は今後もブロードバンドの新規加入や2011年7月24日以降の地上デジタル放送完全移行に伴ってさらに持続的に上昇するものと予見される。加えて，それを皮切りに，それまで音声利用が主流だった携帯電話はサービスの充実を図るためインターネットへの接続が可能となり，片時も携帯電話を離さない消費者・生活者を中心に，外出・移動中でもインターネットにアクセスする人が増加している。図6－4が示すように，そうした携帯電話によるインターネットへの接続は，2001年末と2004年末のそれを比較しても，明確なように急速に増加したことがわかる。因みに，携帯電話におけるインターネット接続サービスが一斉に開始されたのもこの時期である。

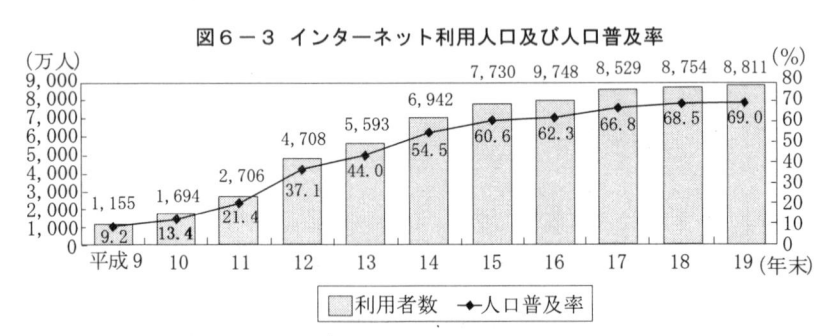

図6－3　インターネット利用人口及び人口普及率

年末	利用者数(万人)	人口普及率(%)
平成9	1,155	9.2
10	1,694	13.4
11	2,706	21.4
12	4,708	37.1
13	5,593	44.0
14	6,942	54.5
15	7,730	60.6
16	9,748	62.3
17	8,529	66.8
18	8,754	68.5
19	8,811	69.0

出所：総務省編『情報通信白書』2008 年より抜粋。

第6章 情報技術革新と流通構造変化

図6-4 主要なインターネット接続手段とその利用者数，比率

2001年末合計5,593万人

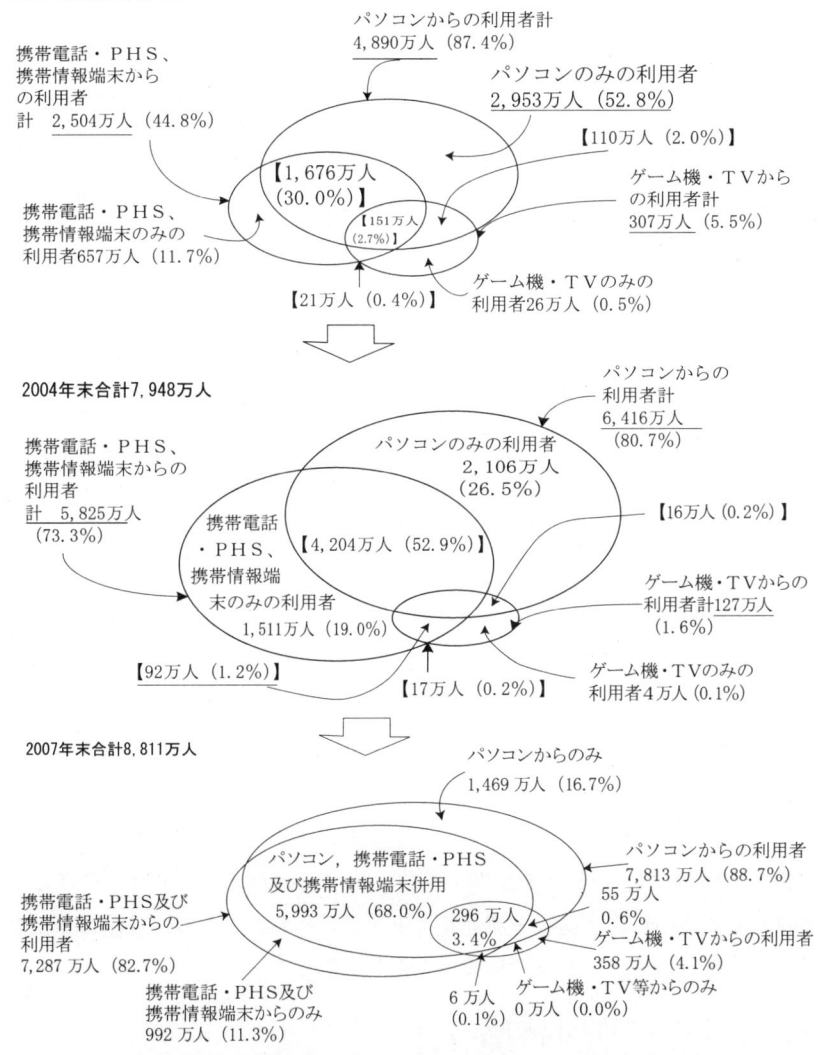

携帯電話・PHS、携帯情報端末からの利用者計 2,504万人（44.8%）

パソコンからの利用者計 4,890万人（87.4%）

パソコンのみの利用者 2,953万人（52.8%）

【110万人（2.0%）】

【1,676万人（30.0%）】

ゲーム機・TVからの利用者計 307万人（5.5%）

携帯電話・PHS、携帯情報端末のみの利用者657万人（11.7%）

【151万人（2.7%）】

【21万人（0.4%）】

ゲーム機・TVのみの利用者26万人（0.5%）

2004年末合計7,948万人

パソコンからの利用者計 6,416万人（80.7%）

携帯電話・PHS、携帯情報端末からの利用者計 5,825万人（73.3%）

パソコンのみの利用者 2,106万人（26.5%）

携帯電話・PHS、携帯情報端末のみの利用者 1,511万人（19.0%）

【4,204万人（52.9%）】

【16万人（0.2%）】

ゲーム機・TVからの利用者127万人（1.6%）

【92万人（1.2%）】

【17万人（0.2%）】

ゲーム機・TVのみの利用者4万人（0.1%）

2007年末合計8,811万人

パソコンからのみ 1,469万人（16.7%）

携帯電話・PHS及び携帯情報端末からの利用者 7,287万人（82.7%）

パソコン，携帯電話・PHS及び携帯情報端末併用 5,993万人（68.0%）

パソコンからの利用者 7,813万人（88.7%）

55万人 0.6%

296万人 3.4%

ゲーム機・TVからの利用者 358万人（4.1%）

携帯電話・PHS及び携帯情報端末からのみ 992万人（11.3%）

6万人（0.1%）

ゲーム機・TV等からのみ 0万人（0.0%）

出所：総務省編『情報通信白書』2005年及び2008年より作成。

149

2．パッケージIT化の意義

　既述してきたように，消費者は情報提供の有効手段としてITを駆使した方法を望んでいること，加えて，インターネットの普及と消費者・生活者間におけるその接続環境が充実してきていること，そして，これらのことが相まってITを利活用したパッケージが販売促進も含めより効果的な価値を創造させる。インターネットというネットワークを通じて，生産者情報や流通情報を提供することができるからである。そうした情報をオープンにインターネット上に掲載することで情報の透明性を図り，「安心・安全」を消費者・生活者に示すことができるのである。

　より具体的には，ICタグや2次元バーコード（以下，QRコード）といったITを活用して，消費者・生活者にオープンな情報公開をすることである。そして，これらをパッケージに貼付することで，店頭での表示や既存表示だけでは補いきれない詳細な情報を提示することができる。例えば，流通業者や生産者のホームページにその情報を掲載することで，消費者はどのような人が生産しているのか，どのような栽培方法をとっているのか，あるいは，どのような人が流通にかかわってきたのか等といったことを知ることができる。そしてそのことを消費者は知ることによって，「安心」して商品を購入することができるのである。2007―2008年度は表示偽装を巡り，様々な問題が起きてきた。そうした状況のなかで，消費者・生活者の不信・不安を払拭し，安心して商品を購入してもらうためには，「安全性」を科学的に証明できるシステムづくりが必要となってくる。加えて，このことは，パッケージに情報を紐付けし，「無実の証明」を打ち出すことによってリスク管理にもつながる。さらに，生産者・流通業にとってこうした試みは，商品の新たな付加価値を創造し，ブランド形成にも有効に働くこととなる。

3．パッケージとIT戦略手段，方法

　既述してきたように，パッケージに情報を紐付けする戦略手段には，既存のバーコードの他に，ICタグ，QRコードといったものが挙げられる。バーコードはPOSとの連動によって，流通革命とまでいわれるように単品管理

第6章　情報技術革新と流通構造変化

を可能としてきた。そうした意味では，当時，バーコードは革新的ツールとして在庫管理の徹底に寄与してきたことになる。

しかしながら，情報の透明化が求められてきている今日のような高度情報化社会のなかでは，こうした機能だけではもはや対応しきれなくなってきている。特に，食品産業においては安全性を求める動きが活発化しており，それを如何に，科学的に証明するかが課題視されている。つまり，どうしてもバーコードでは，情報量という観点で制約がかかってしまい，消費者・生活者に提供する情報量に限界が生じてしまう。また，消費者自身も安全確認のためにロット単位で異なる様々な履歴情報を知りたいという傾向にある。そうした意味では，ICタグやQRコードといった一定の情報量をもたせられる表示技術が求められてくる。

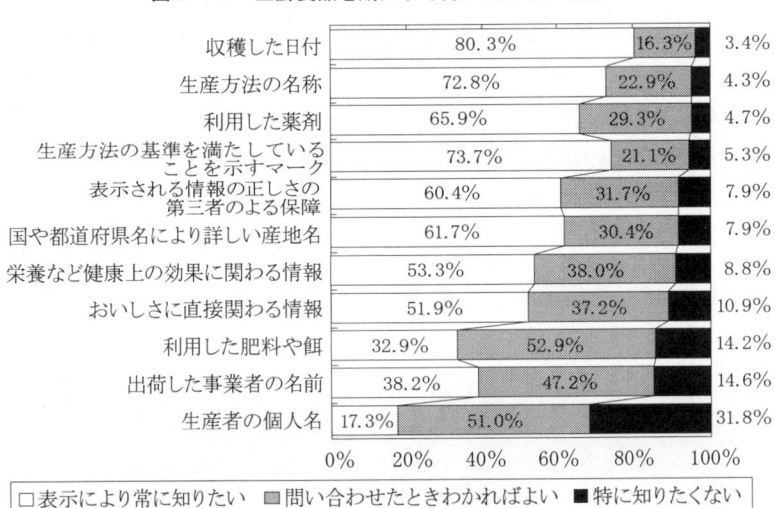

図6-5　生鮮食品を購入する際に知りたい情報

項目	表示により常に知りたい	問い合わせたときわかればよい	特に知りたくない
収穫した日付	80.3%	16.3%	3.4%
生産方法の名称	72.8%	22.9%	4.3%
利用した薬剤	65.9%	29.3%	4.7%
生産方法の基準を満たしていることを示すマーク	73.7%	21.1%	5.3%
表示される情報の正しさの第三者による保障	60.4%	31.7%	7.9%
国や都道府県名により詳しい産地名	61.7%	30.4%	7.9%
栄養など健康上の効果に関わる情報	53.3%	38.0%	8.8%
おいしさに直接関わる情報	51.9%	37.2%	10.9%
利用した肥料や餌	32.9%	52.9%	14.2%
出荷した事業者の名前	38.2%	47.2%	14.6%
生産者の個人名	17.3%	51.0%	31.8%

出所：社団法人食品需給研究センター「食品の情報開示のニーズに関する消費者調査」（2006年11月）　より抜粋。

例えば，ICタグであれば，流通過程を的確に把握する上で重要な技術を内包しているし，一方，QRコードでは使いやすさにその定評がある。だが，現時点では，ICタグによる店頭での活用は現実問題として乏しい。補論で改めて詳説するが，コストの問題もあり農産物等の単価の低い商品にはコスト対効果といったことを考えると不適切となる。仮に，コストを無視してICタグの運用を進めれば，コスト負担を消費者に課すことにもなってしまう。ただでさえ原油高に伴い，原料及びパッケージを含めた価格上昇が懸念されるなかで，これ以上のコスト転化は厳しい。加えて，実際の大手小売業の取組をみても，店頭ベースで取扱われているパッケージには，現時点では，QRコードが主流となっている。これは，QRコードの読み取りが可能となる携帯電話の普及，さらに，消費者・生活者間におけるQRコードの認知度が，非常に高くなっていることが相まって，QRコードの方が実に消費者にとって扱いやすいということが最大の要因となっている。例えば，株式会社サーベイリサーチセンターが2,000人を対象に行ったアンケート調査によると，その回答者の9割以上がQRコードの存在を認知しており，かなり浸透していることが窺える（図6－6）。また，約9割がQRコード対応の機種を保有していて，その対応機種の拡大と共に保有率も高まっている（図6－7）。加えて，そのなかの8割強の人が，実際にQRコードを利用して情報を閲覧している（図6－8）といった調査結果もでている。

図6－6　QRコードの認知度

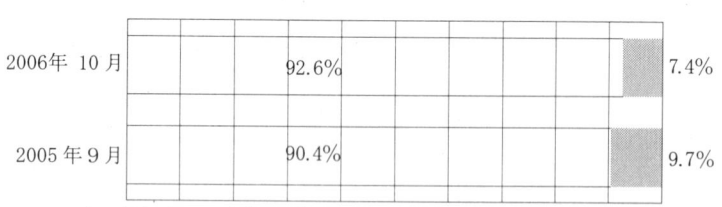

	知っている	知らなかった
2006年10月	92.6%	7.4%
2005年9月	90.4%	9.7%

QRコードの認知率は，全体で「知っている」が92.6%となった。前回2005年調査でも90.4%と高い認知度を示していたが，今回さらに2.2ポイント上昇。掲載メディアも増え，かなり浸透してきた様子がうかがえる。

©impress R&D/ Mcbile Content Forum 2006-2007

出所：「ケータイ白書2007」より抜粋。

第6章　情報技術革新と流通構造変化

図6-7　QRコード対応機種の保有率

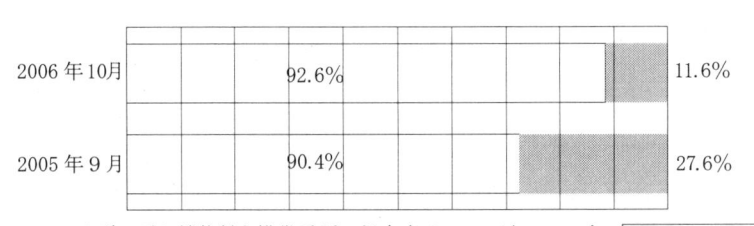

| 2006年10月 | 92.6% | 11.6% |
| 2005年9月 | 90.4% | 27.6% |

□ 持っている
■ 持っていない

QRコード読み取り機能付き携帯電話の保有率は，88.4%。2005年調査の72.4%から16.0ポイント上昇し，9割近くの保有率となった。QRコード対応機種の拡大とともに，保有率がさらに高まっている。

©impress R&D/ Mcbile Content Forum 2006-2007

出所：上図に同じ。

図6-8　QRコード対応機種保有者の利用率

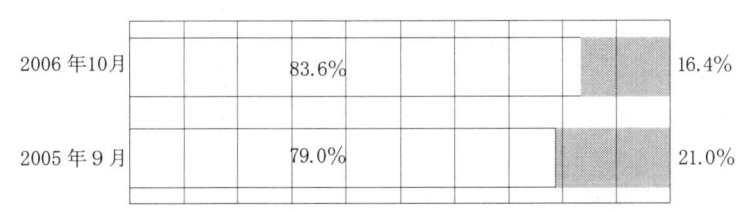

| 2006年10月 | 83.6% | 16.4% |
| 2005年9月 | 79.0% | 21.0% |

□ 利用したことがある
■ 利用したことはない

QRコード読み取り機能付き携帯保有者における利用状況は，今回の調査では「利用したことがある」が83.6%となった。前回2005年調査の79.0%から4.6ポイントの緩やかな伸びを示しており，かなり普及してきたことがうかがえる。

©impress R&D/ Mcbile Content Forum 2006-2007

出所：上図に同じ。

　以上のように，QRコードの認知度，対応機種の拡大とその普及，そして利用率の各々をとってみても，急を要する今日では即効性のあるQRコードの方が効果的であるといえる。
　しかし，既述したように，ICタグでなければ，トレーサビリティという観点では幾分，課題が残る。QRコードだけでは，トレーサビリティは完全とはいい切ることができないからである。ましてや昨今の表示偽装問題と相まって表示自体を信用していない消費者・生活者が多くなってきており，偽装自体を明確に監視するシステムの必要性が求められてきているからである。

153

図6−9　食品表示への姿勢変化

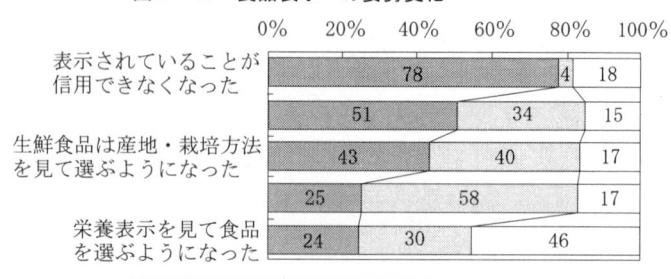

	そう思う	前からそうしている	そう思わない
表示されていることが信用できなくなった	78	4	18
	51	34	15
生鮮食品は産地・栽培方法を見て選ぶようになった	43	40	17
	25	58	17
栄養表示を見て食品を選ぶようになった	24	30	46

出所：内閣府国民生活局「食品表示に関する消費者の意識調査」2002年7月より抜粋。

　内閣府国民生活局が実施した「食品表示に関する消費者の意識調査」によると，表示が信頼できなくなったと回答した人が8割を上回ったとの結果がでている（図6−9）。これは2002年以降，多発した偽装事件が消費者・生活者の信頼感に大きな影を落としていることに違いないが，こうした問題を解決していかなければ，食産業界の発展は見込めないであろう。

4．「安全・安心」システムとしてのトレーサビリティ確立

　消費者・生活者にとって表示についての関心は高いが，その信憑性については必ずしも高い状態にはない。特に，近年では，消費者・生活者間においてその意識が高まってきている。従って，企業にとってはそのことをどのように解決していくかが重要な課題となってくる。すなわち，「安全性」を消費者・生活者に対して科学的に掲示し，「安心感」を提供できるかが，企業にとって持続的発展を占う鍵となってくる。そこで，急務となってくるのが，農産物のトレーサビリティ[3]という発想である。例えば，もし食品に規定外の混入物があった場合に，その原因究明を素早く行い2次災害を極力防ぐという考え方である。流通過程における情報を的確に把握するためにはQRコードだけでは信憑性，技術といった面でどうしても限界がある。従って，それを解決するためには，QRコードとICタグの両技術の併合が当面，必要となってくるのではないだろうか。

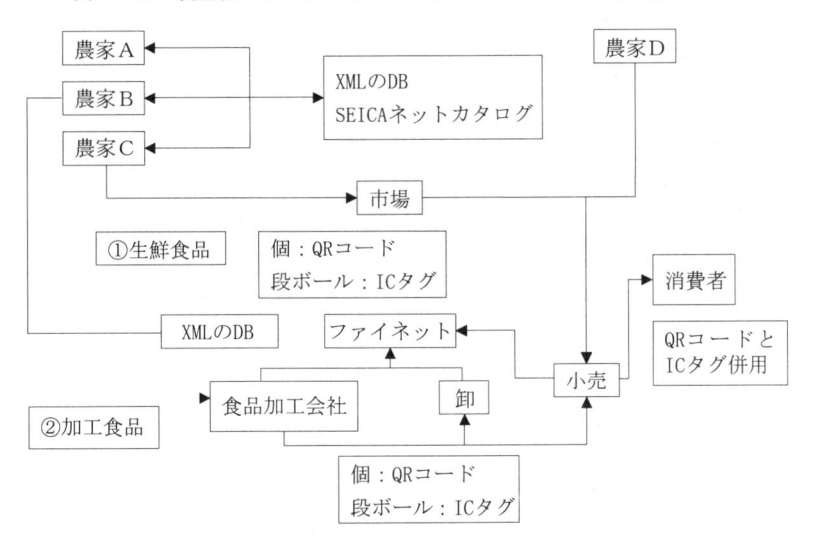

第6章　情報技術革新と流通構造変化

図6−10　農産物トレーサビリティ・システム・モデルの予想概念図

```
農家A ←──┐
農家B ←──┼──→ XMLのDB          農家D
農家C ←──┘    SEICAネットカタログ   │
  │                                  │
  └──────────→ 市場 ←───────────────┤
                                     │
①生鮮食品     個：QRコード          │
              段ボール：ICタグ        │
                                     │        消費者
   XMLのDB → ファイネット ←─────────┤        ↑
                  ↑                  │    QRコードと
              食品加工会社 → 卸 ─→ 小売  ICタグ併用
②加工食品
              個：QRコード
              段ボール：ICタグ
```

出所：流通システム開発センター各種資料を基に作成。

　そこで，図6−10で示すような農産物のトレーサビリティ・システム構築が必要となってくる。そしてここで重要になってくるのは，生産者から消費者に至るまでの情報を標準化することであり，個別管理ではQRコードを使い，段ボール単位での管理ではICタグを使うといった併用が望ましい。そうすることで，コスト面での解消とトレーサビリティが可能となるのである。[4]
　一方，上記のようなICタグとQRコードを併用したこの農産物トレーサビリティ・システムの公正化を図るためには，第三者認証機関の導入も当然，必要不可欠となってくる。改竄のない透明性のある情報提供には，こうした客観的立場で物がいえる第三者認証機関の導入は極めて重要な視点となってくる。[5]それは消費者にとって安全の目安になるし，組織（企業）側からしてもリスク管理がしやすくなるといったメリットがある。ただ，未だ農産物を含め食品トレーサビリティの考え方が必ずしも標準化されているわけでもない。従って，当面，万全を期するためには，複数の監査を受けることでより充実したものにしておく必要があるだろう（図6−11参照）。

155

図6-11　トレーサビリティを構築したメーカーの監査概念

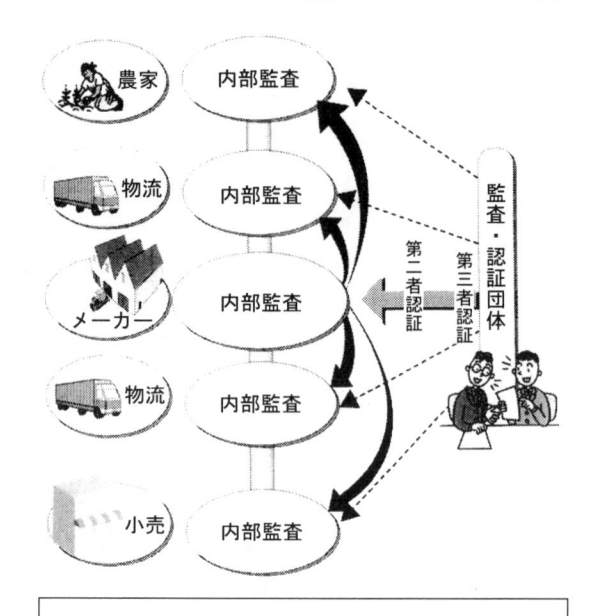

※第二者認証は実際はトレーサビリティ構築企業が1つ前の流通段階にさかのぼって監査するケースがほとんどである
※第三者認証は実際はトレーサビリティ構築企業のみに入るケースが多い

5．個のニーズに対応する双方向コミュニケーションとパッケージ表示[6]

　ユビキタス情報化社会といった言葉が叫ばれているように最近では，携帯電話によるインターネットへの接続が一般化し，それに伴って消費者・生活者は「いつでも，どこでも，時間・空間を問わずネットワーク上の情報を活用することができる」状態になりつつある。つまり，携帯電話の普及によって双方向のコミュニケーションが格段に進展するようになった。携帯電話の技術それ自体は，コンピュータのイノベーションの延長上にあるにすぎないが，消費者・生活者からの視点でみれば，携帯電話は脱コンピュータであるといえる。ネットワークを通じての双方向の関係が即時に行えるようになってきているからである。しかもそれは個を中心にした双方向のマーケティン

グの必要性を促す。すなわち，個とのコミュニケーションの在り方を根本的に変容させ，マーケティング自体の変容を促すことになる。

特に，本節のテーマでもあるパッケージとのかかわりのなかで，携帯電話がパッケージを通じて生産者とコミュニケーションをダイレクトに行われるようになる。つまり，パッケージに表示されているQRコードやICタグを読み取ることによって，生産者と直に情報交換をすることができるようになる。

元来，パッケージという概念は，静的なものであってリアルな情報交換は不可能とされてきた。しかし，今日では，携帯電話のカメラ機能を使って情報を読み取る時点で，生産者との間でリアルタイムにコミュニケーションを行うことができる。また，これまでは消費者との接点を殆んどもつことがなかった（販売の多くを流通業者に委託していた）ため，自らのメッセージは販売業者に委託してきた。従って，生産者のメッセージは販売される時点で必ずしも正確には伝わってきたとは言い切れない。だが，そうしたメッセージもこれらのITを通じて可能となる。

さらに，こうしたITの恩恵が最大限に得られるのは，トレーサビリティにおいてである。携帯電話によって生産者と消費者・生活者とが直に情報交換ができる。そこでは，原材料や生産システム，栽培方法等の説明が事業者と消費者・生活者に受け入れられる。また同時に，コンプライアンスという事業者の姿勢がそれらを通じて消費者・生活者に認識されることになるのである。

以上のように携帯電話やQRコード，そしてICタグといったITの進展のより，本来，生産者と消費者・生活者との間では，殆んどコミュニケーションがなされることなく商品を購入していた状況から一変，それらを通じて直にコミュニケーションが取れるようになった。このことは，既述したように，コミュニケーションという観点から企業と消費者・生活者との関係の変化を促し，これまで受身的であった消費者・生活者をさらにより能動的なものへと変貌させる可能性がある。また，近年の食を巡る表示偽装問題等と相まって，トレーサビリティを求める動きが一層強くなり，その導入も実際進展している。そうしたなかで，店頭・流通段階でのITを用いたコミュニケーションが行われている。そのコミュニケーションの場において生産者・事業者

（流通業者含む）と消費者・生活者をインタラクティブに結ぶシステムが構築され，そのなかで，アカウンタビリティが行われ，同時に，コンプライアンスが認識されている。こうした段階を経て，信頼が生まれ，それが安心感につながっているのである。

第3節　大手流通業にみるパッケージのIT化戦略
　　　―イオンとイトーヨーカ堂の取組事例を中心に―

　前節では，携帯電話の普及とパッケージ表示のIT化に伴い，生産者，事業者，そして消費者・生活者の間でダイレクトなコミュニケーションが即時にできるようになり，また，トレーサビリティにおいては，アカウンタビリティとコンプライアンスが同時に遂行されるようになったことを述べてきた。本節では，その取組状況について具体的な事例を取上げ概観することとしたい。事例に取上げるのは，小売業大手であるイオンとイトーヨーカ堂で，両社とも生産者，事業者，そして消費者・生活者とのコミュニケーションを重んじそれらを通じて信頼のある「安全・安心」の食の提供を目指している。

1．イオン『トップバリュグリーンアイ』と
　　　イトーヨーカ堂『顔の見える野菜』[7]

　イオンの『トップバリュグリーンアイ』とイトーヨーカ堂の『顔の見える野菜』はそれぞれ両社が誇るPB商品として今日，消費者・生活者の支持を得，全国的に売上を伸ばしてきている。また，近年の食品偽装問題や農薬残留問題といった食を巡る問題についても真剣に受け止め，小売業主導の下，食材仕入から食材管理，食材販売に至るまで入念なチェックを行いその対応を行っている。従来のように価格に捉われることなく，「安全・安心」のブランドづくりを試みている。以下，簡単ではあるが，両ブランドの「安全・安心」への取組姿勢についてみてみよう。

　『トップバリュグリーンアイ』は，食材の持つ本来の「美味しさ」「栄養」等を安心して味わってもらうために，自然の力を生かして育てた，農・水・畜産物のブランドである。消費者に「より安心して」商品を購入してもらえ

るよう，ホームページや携帯電話のQRコード読取機能を使って，安全・安心に関する情報，さらに美味しい食材の食べ方や生産の情報開示を積極的に行っている。

　一方，『顔の見える食品シリーズ』は，より高いレベルでの「安心・安全」「おいしい」を目指したブランドである。この目的を遂行するため，同じ"志のある生産者"を見つけ出すことから始まる。例えば，実際に農家の方々の所へ赴き畑を視察し収穫したばかりの野菜を食べ語り合う等して契約前に入念に農家の方々と育てられている農産物についてのチェックをする。こうした段階を積み重ねがこのブランドのバックボーンにはある。そして，こうして知り得た生産者の「顔」，すなわち「どんな人が，どのようにしてつくった食品か」を，消費者・生活者にホームページを通じて公開している。これらの情報を公開することで，消費者・生活者が心から安心して食べられる食品を提供できるからである。

２．両商品への消費者・生活者からのアクセス手段，方法

　生産者側からの情報開示を行うためパソコンのホームページや携帯電話で販売商品の生産履歴情報を公開している。では，その生産履歴情報を消費者・生活者はどのようにして知るのだろうか，本節ではそのアクセス手段，方法についてみていくこととしい。

図６－12　情報アクセス手段，方法［QRコードを利用したアクセス］

出所：http://www.topvalu.net/brand/greenQr/greenQr.html
（2007/12/11 現在）より抜粋。

まず，図6-12のように，パッケージにQRコードが貼付されている。このQRコードに携帯電話のバーコードリーダーを向けて読み取る。すると即時に，生産者のサイトにアクセスされるようになっている。また，その際に，バーコードを読むだけでURLを記述する必要はない。このシステムを導入した当初は商品パッケージに記載されているID番号をWebサイト上の検索コーナーに入力させ，購入商品の産地情報を開示する方法をとっていたが，「IDコードの入力が面倒」「自宅にパソコンがなく確認ができない」といった消費者の意見が多く寄せられたため，QRコードでその場でも簡単に情報確認できる現在の方法に変更され，消費者の負担はさらに軽減されている。

3．情報開示による安全性確保の動機付け

情報内容の開示と安全性確保の動機付けに関しては，上記アクセス手段，方法の延長線上にある。QRコードを携帯電話で読み取ると，携帯電話の画面に食材についての詳細情報（使用農薬や肥料等の詳細，生産者と商品の詳細，素材を使ったレシピ等）が掲示される（図6-13）。これらITを積極的に導入し，生産者側からの情報公開を行うこと，加えて，消費者と生産者との間で意見交換ができること，これらのやりとりを通じてインタラクティブな信頼関係を構築している（図6-14）。

また，これら一連の流れのなかにはアカウンタビリティとコンプライアンスが遂行されている。ITを積極的導入することで商品の流れを科学的に説明し，第三者認証機関を導入することで法律を遵守していることを証明していることにもなる。

4．各ブランドの位置付け

2005年以降，食品への薬品残留を規制する「ポジティブリスト制度」が施行されたことを受けて，「トップバリュ」や「顔の見える野菜」ではその品質管理は従前以上に厳しく行っている。そして，自らのブランドを生産方法・品質基準と情報開示レベルを基準に以下のように位置付けている。両ブランドは特栽培と呼ばれ，有機野菜と地場野菜の中間に位置付けられている。有機野菜ほどの情報開示レベル，生産方法・品質基準は価格と量産化という

第6章　情報技術革新と流通構造変化

図6-13　商品情報アクセスとその内容

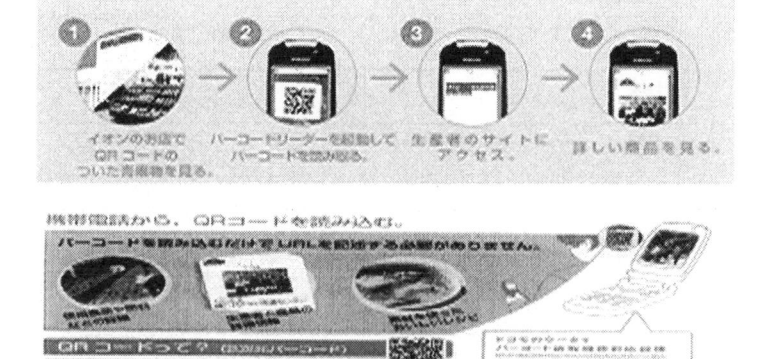

出所：http://www.topvalu.net/brand/greenQr/greenQr.html
　　　（2007/12/11現在）より抜粋。

図6-14　生産者-消費者・生活者間コミュニケーション

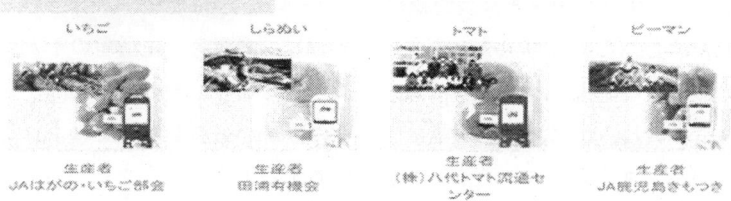

出所：イオンホームページ[HP]http://www.topvalu.net/brand/greenQr/
　　　greenQr.html（2007/12/11現在）より抜粋。

161

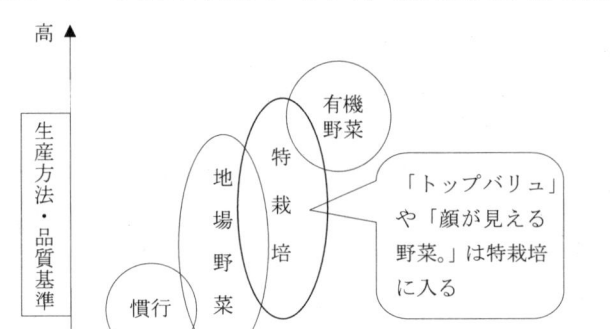

図6-15 「トップバリュグリーンアイ」「顔が見える野菜」の位置付け

```
高
↑
生産方法・品質基準

         有機
         野菜
       特
   地   栽
   場   培     「トップバリュ」
   野         や「顔が見える
   菜         野菜。」は特栽培
 慣行         に入る

低 ─── 情報開示レベル ─── 高→
```

出所：イトーヨーカ堂ホームページ [HP] http://www.itoyokado.co.jp/company/profile/csr/user/usr07.html（2007/10/06 現在）を基に一部加筆修正し，作成。

観点からすると，大手小売業で開発するには限界がある。しかし，既述してきたように，ITの積極的な導入，管理と相まって，両社主導の下，規定基準をクリアした高品質な商品が可能となった。

第4節　ユビキタス情報社会を見据えたパッケージの在り方と今後の課題

　上記でみてきたように，2000年以降のインターネット普及と相まって食を巡る不祥事事件が相次ぎ社会問題化してきている。BSEに始まり，最近では，偽装表示を巡る問題が相次いで発覚しており，消費者・生活者の不安は「不信の連鎖」と揶揄されるように大きく拡大している。その一方で，インターネットの普及，特に，携帯電話によるその接続が進展したことによりそれが社会的インフラストラクチャーとして機能するようになってきている。そうしたなかで，消費者・生活者の情報量は高まり，その主権も高まりつつある。
　そしてその勢いはバーチャルに留まらず，リアル，すなわち，店頭基点で

のマーケティングの在り方，特に，情報・知識を持った消費者・生活者に対する従業員の接し方にも大きく影響してきている。従来以上にその質が問われてくるようになってきているといっても過言ではない。そうした意味では，食品産業にとって，これらの問題を解決することは益々，急務となってくる。

そこで，本章においてはまず，インターナル・マーケティングの必要性を掲げ，従業員の対消費者へのサービスの質を高めるためには，従業員を内部顧客と位置付けその満足度を常に高い状態で維持していくことの重要性を説いた。またその一方で，店頭だけの対応では補われない情報について，パッケージ表示の重要性も挙げている。パッケージの本来の意義は，商品の持ち運びや商品保護といった保管的要素が強かったが，今日では，その意義はそれだけに留まらず第5のPと言われるくらい重要な機能の1つとなっている。

それから本章では，コミュニケーションの変容を促すITとの絡みから，パッケージIT化としての視点から概観している。具体的には，携帯電話によるインターネット接続が充実しつつある今日において，それを利活用した透明性のある情報開示を積極的に行っていくことである。QRコードを携帯電話で読み取らせ，即時に，生産者－消費者・生活者が直に結びつくことによって，商品情報を把握することや意見交換をすることができるようになった。そして，そこからインタラクティブに結ぶシステムが構築され，そのなかでアカウンタビリティとコンプライアンスが同時認識されるようになった。

そのことを概観するため，本章最終節では，大手流通業のパッケージのIT戦略についての検証を，事例を通じて行った。イオン及びイトーヨーカ堂は独自のプライベート・ブランドを自社主導の下，食の「安全・安心」をスローガンに取組みを行っている。消費者・生活者に安心して商品を購入してもらうため，商品情報をホームページに掲載し，携帯電話でアクセスできるようにシステム化している。また，商品情報については説明責任を確実に果たすため栽培方法から生産者情報，レシピに至るまでこと細かく掲載している。加えて，客観的安全性を認識してもらうため，第三者認証機関を導入している。さらに，商品の欠点，改良を促すため，消費者・生活者からの生の声も的確に生産者にフィードバックしている。

以上のように，本章の流れを確認してきた。最後にこれらを通じての食品

産業への今後のIT戦略の課題についてもう少し論じてみたい。

　既述してきたようにパッケージIT戦略は今日，QRコードをパッケージに貼付し，それを消費者・生活者が携帯電話を使って読み込ませて，商品情報を閲覧するという手順を踏んでいる。しかし，将来的には，流通過程を把握するにはこれだけでは問題が残る。第3節第4項でも触れたが，現段階ではコスト負担の問題からQRコードでの対応がなされているが，既述のように顧客間コミュニケーションの活発化が今後益々，増大していくことが予見される。そうした状況に柔軟に応えられるためにも，より精巧なICタグを活用した流通過程を消費者・生活者にも閲覧できるシステムが必要となってくる。それはトレーサビリティ・システムの構築ということになるが，加工食品も含めシステムの標準化を進めていかなくてはならない。それには先に挙げたプライベート・ブランドの領域に留まることなくナショナル・ブランドの商品にも協力要請をしていく必要がある。ICタグは後章でも詳しく論じるが，その特長である莫大な情報量機能，改竄防止機能，そして，非接触機能をも兼ね備えている。その導入は，店頭や流通過程で商品に問題が生じたときに素早い追跡・遡求が可能となるばかりでなく，流通の効率化にもつながる。

　一方，ユビキタスという観点からもう1つ付け加えるならば，食品において消費者・生活者が重要視する項目の1つとなる「鮮度」へのより高度なサービス対応が今後，求められてくるだろう。すなわち，品質管理ということになるが，特に，流通過程における温度設定の自動化によりその商品の鮮度を保つための管理が可能になる。それは，次章でも述べるが，ユビキタスIDセンターの推奨するICタグのような発想であるが，ICタグに温度設定機能をもたせることで，温度管理を正確に行うことができるようになるのである。もし，規定温度でないことがわかれば，警告するか，自動温度調整する等の機能をもっているICタグが導入されることで当然，生活の質も変化してくる。今日の社会にあって付加価値を生む商品としては鮮度を重視したこうした戦略が，食品産業にとっては重要な視点となってくるだろう（図6－16，図6－17）。

第 6 章　情報技術革新と流通構造変化

図6-16　取組概要（1）

出所：農林水産省ホームページ[HP]http://www.maff.go.jp/syoku_anzen/20060511/siryou4.pdf より抜粋（2007/12/28 現在）。

図6-17　取組概要（2）

出所：農林水産省ホームページ[HP]http://www.maff.go.jp/syoku_anzen/20060511/siryou4.pdf より抜粋（2007/12/28 現在）。

第5節 補論 パッケージ情報化戦略が
　　　　　　プライベート・ブランドに与える影響

　周知のように，情報化はこれまで国内での取引にその主眼をおいてきた日本の流通業を，国境を問わないグローバルな取引へと牽引しつつあり，それはまた，我国における未曾有の組織社会を創造してきた。加えて情報化によって，消費者ニーズを俊敏且つより的確に把握することが可能となった。さらにその一方で，新たな情報技術革新導入の模索が検討されつつある昨今では，その普及に向けての取組みも急ピッチで進められている。その発端となったのが，BSEに始まり鳥インフルエンザやリコール隠し，産地・賞味・消費期限表示偽装等の社会問題が顕在化したことである。いずれも消費者の生活を脅かすような問題でありこれらに関与した企業は，信頼の喪失や自社ブランド崩壊へと余儀なくされてきた。また，その影響は一企業に留まらず関連する産業・業界をも巻き込む形で広く波及した。こうした状況下，業界を上げての取組みが最近，進められるようになったのである。アカウンタビリティやコンプライアンスといった言葉が盛んに叫ばれるようになったのも，こうした意識への現れであることはいうまでもない。

　例えば，流通業界においてそれは大手チェーン小売業を中心に進められている。トレーサビリティ・システムの導入がそれである。このシステムの特徴は，ユビキタス情報社会を前提として商品と情報を紐付けし，それを消費者に公開するという発想に基づいていることだ。より具体的には，商品が身にまとうパッケージにQRコードを貼付し，そこを携帯電話のカメラ機能を使って読み込ませることであり，それを通じて商品の詳細情報を消費者に提供していくというものである。加えて，このシステムは，商品に信憑性を持たせるといった情報化戦略でもある。

　しかし，このシステムを全商品に早期導入することは容易なことではないことも事実である。従って，流通業界では，自社でコントロールしやすいプライベート・ブランド（以下，PB）を中心にその導入範囲を進展・拡大させてきた。この点については，第6章において事例を用いて考察した。本補論においては，さらに，それらの情報化戦略が今日的なPB戦略に実は深く関

係していることを論証していく。つまり，PBの特色である価格面での優位性に加え，「安全・安心」といった社会からのニーズに柔軟且つ俊敏に応じた大手チェーン小売業の一連の動向が店舗に対する信頼に繋がり，加えて確固たる独自性にも繋がったことがメーカーにとっても魅力的なチャネルとなりった。そしてそのことが，OEM（Original Equipment Manufacturing）供給を可能ならしめ，結果として，自社PBの品質向上を構築させているのではないかということを念頭において本補論では論を進めていく。また，これらチェーン小売業の一連の動向が従来とは質の異なる高次レベルのPB開発の着手を可能にしたのではないかといったことについても確認しながらも論を進める。

1．大手チェーン小売業の情報化戦略とプライベート・ブランド[8]

（1）プライベート・ブランドと伝統的流通システムの崩壊

　ブランドと言えば，一昔前ではNB（ナショナル・ブランド）を連想するのが一般的であったが，流通業，特に，大手小売業が流通システムから脱皮・独立し始めた時期を契機に流通業のブランドとして，PBが世間一般に認知されるようになった。PB商品開発の背景には，小売業のチェーン店舗化，グループとしての業態開発，そして情報技術の積極的導入等が挙げられる。そしてそれらを駆使した販売力とそれによる取引相手に対する購買力が，メーカーに対する発言力を持たせるようにもなった。

　そのなかでも，特に小売段階における情報技術の積極的導入はPB開発を進める上で大きく寄与したことは周知の通りであろう。というのもそれまでのどんぶり勘定的な売上・在庫管理だったものからより精緻化された管理が可能となったからである。つまり，単品管理の効率性を可能とさせたPOSレジからのデータを基に，小売業は俊敏且つ的確な消費者ニーズを把握し，商品化できるようになった。

　元来，小売業はリスクの高い流通過程の末端に位置づけられてきた。そのために独自に商品開発をすることは皆無に等しかった。在庫リスクの問題に常にさらされてきたからである。だが，POSレジの導入はより効率的経営を可能ならしめ，多店舗化を推し進め大量販売を実現させているチェーン小

図6-18　PLCの概略図

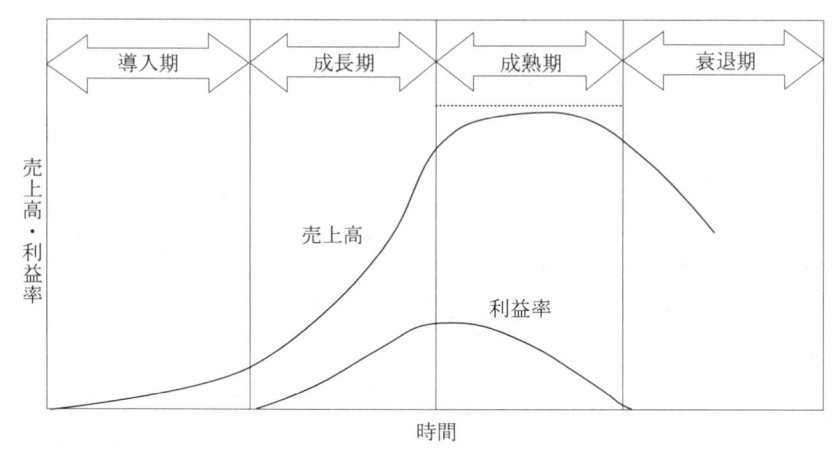

…………の成熟期の商品群がPB商品として開発され易い

出所：筆者作成。

売業にとってPB開発は現実的となった。

　またPB開発を進展させてもう1つの要因として我国の製品品質が一定水準に既に到達していることも挙げられる。これはいわゆるPLC（Product Life Cycle：製品ライフ・サイクル）における成熟期に該当する商品群が店頭において占める比率が高まっていることを意味する（図6-18）。既に実績のある商品群が多く存在する，すなわち，定番商品と呼ばれる商品群が多く存在することは，当然，流通業が企画・開発に着手する際に伴う研究費や技術力をそれほど求められないことを意味する。従って，流通業が直接手掛けてもリスクはそれほど伴わなくなる。なお，この段階に到達している商品群は売上高も利益率も共に比較的安定している。

　しかし，ここで特筆しておかなければならないことは，PB商品の店頭導入が進むことによってそれまで確立されてきたメーカーの意思のあるマーケティング・システム(9)が崩れてしまうということである。メーカーは自社の商品を自己の決めた価格で販売するために販売促進を行い，同時に流通も選別してきた。しかし，隷属関係にあった流通のコントロールができなくなった。ましてや，メーカーの専売特許であった製品開発を小売業も手がけることに

なったことは，当然，限られた市場において脅威なことである。加えて，少子高齢化や円高の影響も伴って，競争激化が進む近年では，正にメーカーにとっては深刻な問題といえる。特に，PB商品が小売店頭に陳列されることによるシェルフ・スペースの縮小はNBメーカーにとって大きな打撃となっている。価格交渉権を小売業者側が優位に持つようになりメーカー側はその要請に合わせて販売せざるを得なくなるからである。実際に限られたシェルフ・スペースを巡るNBメーカー同士の競争が激化しており，その回避策としてPB商品の外部委託を引き受けるメーカーも増加傾向にある。かつては外部委託を引き受けるメーカーは中小メーカーとされていたが，最近では，パッケージを小売仕様に変更して商品提供を行う大手メーカーもあるといわれている。後段でも述べるが，それには少なくとも，流通の再編が進む近い将来を見据えての「製−販」同盟が関係していることはいうまでもない。

（2）差別化戦略としてのパッケージ[11]

　マッカーシーは著作「ベーシック・マーケティング[12]」のなかで，マネジリアルな視点で管理可能変数と管理不能変数を分類し，管理可能変数としての4P理論の重要性を訴えてきた。この4P理論は，マーケティング戦略を遂行する上で，今や基本的なコンセプトとして定着している。しかし，近年のような情報化社会においては，より精巧は情報開示が広く社会から求められ，4Pを超越した新たなPとしてパッケージの独立の必要性が高まってきている。ファッション志向，利便性志向，そして健康志向や安全・安心への高まり等が社会的ニーズとなりパッケージの独立を押し進めている。従って，企業にとってパッケージ戦略は時代の要請に伴って欠かせない戦略の1つとなりつつある。元々，パッケージは4Pの範疇にある製品戦略，流通，プロモーションのなかにそれぞれに属してきた。しかし，進展する情報化社会のなかで，また，コミュニケーションの占める重要性が増すにつれ，企業―消費者間のコミュニケーションの仲介となりうるパッケージの存在価値は非常に重要な差別化戦略の1つともなってきている[14]。例えば，消費者が購買行動を起こす際，事前に計画性をもって商品を購入するのはほんの僅かで，多くは店頭にきて購買行動をする傾向にあるといわれている。それ故，メーカーは

自社の手元を離れた商品の限られたスペースにメッセージを込めそれを通じて如何に消費者の購買意欲を喚起するかが重要課題となってくる。また，小売店舗内においても，これまでPOP広告をはじめとしたインストア・マーケティングでの対応が販売促進上検討されてきたが，昨今では「安全・安心」をより具現化するためより詳細な情報提供をすることを目的に，パッケージに情報を組み込んでの対応が進んできている。

2．双方向のコミュニケーションとトレーサビリティ

（1）トレーサビリティ・システム導入と進展するプライベート・ブランド

　上記でみてきたように，近年の大手チェーン小売業のPBは，その販売力とメーカーに対する購買力を背景に売上を着実に伸ばしてきている。PBは1990年代のバブル崩壊以降からその安さから消費者から支持を受けてきたわけであるが，今日では，一昔前とは異なり「安かろう，悪かろう」といったことではなく，値段の割にして品質もかなり向上してきている。それは先述したように大手チェーン小売業が，そのPB比率を継続的に拡大させていったことが最たる要因として挙げられる。特に，最大手のイオングループとセブン＆アイホールディングスはそれぞれ自己のPB保有率を拡大させるためにチェーン店舗の拡大，大型化あるいは吸収・合併等を繰り広げてきた。抜本的な伸びを記録した2008年度は原油高の影響によって食品全体における価格高騰が起こった。大手メーカーのNB商品も相次いで価格の見直しを進め，市場価格は上昇した。それにもかかわらず，大手チェーン小売業のイオングループやセブン＆アイホールディングスの2社は自社PBの値上げをせず，価格を据え置く戦略に出た。[15]川下に位置する小売業にとって商品の値上げはダイレクトに消費に影響するからということもあるが，それ以上に価格を据え置くことで，表層的には，消費者の家計を助けストア・ロイヤリティを高める狙いがある。しかしその一方では，価格を据え置くことでよりNB商品の価格差を消費者に認識させ品質的に差のないPB商品の優位性を打ち出していく狙いが実は隠されている。カートに入ったNB商品と自社PB商品との支払総額を比較した様子はマスコミでも取り上げ，記憶にも新しいところであり，また，それをよく物語っているといえよう。

また，ただ単に低価格にばかり固執しているというわけでもない。つまり，価格だけでなく，消費者の求める付加価値を商品に取込んだことが実は品質の向上とそれを抜本的に支えている大手メーカーへのOEM供給の要請を可能としたカラクリがある。それは冒頭でも述べてきたように流通業界を脅かしてきた消費者間における食品への不安感である。その不安感を払拭できるようなシステムが社会から求められそのニーズに対応することが流通業界では課題視されてきた。そうした状況のなか，大手チェーン小売業はいち早く対応する形で自己のPB商品が「安全・安心」の商品であることを証明するシステム開発に乗り出したのである。それはトレーサビリティ・システムの導入ということになるが，情報通信技術を活用して消費者に透明性のある商品情報を科学的に証明することで示そうという試みである。そしてそのことは流通における付加価値となってより消費者の信頼獲得に寄与し，それが結果としてPB商品の売上に反映されている。それまではNBブランド故に「安全・安心」とされてきたが，そのことが揺らぎつつある今日では，それを消費者に如何に可視化していくかが重要課題となる(16)。例えば，イオンやイトーヨーカ堂では，社会的インフラストラクチャー化しているインターネットとPCあるいは携帯電話等の情報端末を活用しての情報提供を行っている（本章を再参照されたい）。特に，最近では，PCよりも携帯電話でのインターネットの接続率の高さに着眼し，そのカメラ機能を活用したQRコードでの情報提供が一般化している。携帯電話でQRコードを読取らせることで，生産段階の詳細情報を常にインターネット上で提供していくといった方法である（図6－13再参照）。そして消費者はそれらの情報を確認することで安心して食品を購入することができる。また，詳細情報で満足できない場合にはメールにて問い合わせもでき，返答することもできるいわばこれまでにない双方向のコミュニケーションも可能となってくる。また，クレームも含めそれらの情報を基に新たなPB商品の改良・改善にも繋がっている。もちろん，そうした声は生産者側にもフィードバックされる。そうした意味では，商品開発にもトレーサビリティ・システムは関与・寄与しているということになり，換言すれば，消費者自身も商品づくりに一役かっているという見方もできよう。

（2）大手チェーン小売業と大手メーカーの関係の変化

　PB商品に対する大手NBメーカーへのOEM供給の要請はこれまで一般にあまり表面化してこなかった。少なくとも，一般消費者間において話題にすらならなかっただろう。しかし，最近，イオン，セブン＆アイの両グループの店頭にいけば明確なように，両社のPB商品の比率は拡大傾向にあり，消費者の関心も年々，高まってきている。イオンの擁する「トップバリュ」についてはグループ以外の地方スーパーにさえ見かけることも今や珍しいことではない。

　一方，これらのPBが躍進した要因については先述したように，品質に対して低価格であることが第一に挙げられる。この低価格の実現には，プロモーションコストの大幅な削減(17)とチェーン店舗数の増大そして売場面積の拡大等が要因として挙げられる。まず，プロモーションコストについては，一般にNBの原価構成は全コストのうち約3～4割がプロモーションコストといわれている。PB商品はそれを抑制しそのコスト削減分を店頭価格に転嫁している。次に，チェーン店舗数を増やすことや売場面積を拡げることで，完全買取りが可能となりそれによってメーカーから安い仕入価格で商品調達をすることができる。つまり，NBメーカーにとって原則的に返品がないPB商品の生産は確実に売上がとれるいわば生産計画が立て易いといったメリット

表6－1　イオン「トップバリュ」の主な店頭導入先

JUSCO	SATY	VIVRE	AEON SUPERCENTER	Posful
Carrefour	ダイエー	THE BIG	Max Valu	ヤオハン
ジョイフル東海	Mrs.SMART	ウェルマート	くらし館	AGAS
JOY	カスミ	いなげや	ベルク	My Basket
ツルハドラッグ	ドラッグてらしま	ウエルシア	サクラドラッグ	ウエルパーク
クスリのアオキ	タキヤ	やまや	MEGAMART	サンデー
ジョイ	ホームワイド	MINISTOP	Bon Belta	キミサワ

出所：イオンホームページ [HP] http://www.topvalu.net/shop/index.html（2009/05/11現在）
　　　より抜粋し，一部加筆修正。

第6章　情報技術革新と流通構造変化

表6－2　PBの発展段階に関する仮説

第1段階	NBの低品質・低価格の代替品としてのPBの導入
第2段階	NBの模倣によるPBの品質の向上
第3段階	プレミアムPBの本格的導入と成長
第4段階	低価格PBの再導入とPBの明確な階層化

出所：根本重之『プライベート・ブランド —NBとPBの競争戦略—』中央経済社，1995年，45頁より抜粋。

があり，換言すれば，NBメーカーにとって在庫を抱えてしまうといった懸念がなく，加えて工場の稼働率の上昇とそれに伴って一定の収入源を確保できるのである。[18]さらに，NBメーカーにとっては，共同企画・開発に参加することで消費者ニーズ等の情報を自社商品にもフィードバックできるといったメリットも出てくる。[19]

しかし，ただ低価格というのではなく，品質にも徹底的にこだわっているところが従来とは異なる。例えば，セブン＆アイホールディングスの擁する「セブンプレミアム」には，現在，食品・非食品問わず約500品目の商品がラインアップされているという。[20]流通システムにおいて末端に位置する小売業であるが故に，消費者目線に立っての商品開発が可能となった。そして消費者目線に立っているからこそ消費者の求める仕様に品質を合わせようと大手メーカーとの共同開発に発展したものとみるべきであろう。なお，根本はこうしたPBの段階的発展について表6－2のような仮説整理している。彼の仮説に当てはめてみると，トップバリュやセブンプレミアムといったPBは第3段階に達していると判断できる。[21]また，PBを中枢に据えパッケージ，品質の改良を進めNBを凌ぐパワーをもつようになるといった仮説は正に今日の状況にも重なる。さらに，注目したい点として，第4段階に入ると，低価格PBの再導入に伴っての明確な階層化が遂行されるとしている。[22]これはトップバリュとベストプライスの関係やセブンプレミアムとザ・プライスといった関係において各々のブランドの棲み分けの明確化といった狙いがあるが，それ以上に競争といった観点と品質の向上によってトレーディングアップされたことによる空白とされるマーケットを埋め合わせるといった狙いも

ある。NBと同品質の商品であれば，価格も当然，次第に硬直化する[23]。しかし，それでは本来のチェーン小売業がこれまで築き上げてきた生活支援の価格体系に隙間をつくってしまうことにもなりかねない。また，PBが支援されるようになった根本的な背景や今日なお続く景気低迷を熟慮すれば，こうしたサブ・ブランドの導入は，しっかりとした差別化が図られれば，マーケティング戦略上，有効なものになる。

　ところで，こうした傾向は，今後も進展していくことが予見されており，そうした意味では，元来，メーカーの流通システムにおいて隷属的な立場にあった小売業の担う役割は益々重要になり，また，それによるメーカーと小売業との力関係の構図が大きく変化していくことになる。特に，そのキーとなるのが，既述したPBの商品情報を常に消費者に閲覧できるようにシステム化したトレーサビリティの存在である。「安全・安心」のこのシステムの確立こそが，現在に至るトップバリュやセブンプレミアムの拡大の基盤を創り上げ，それを基軸に大手メーカーを取り込んだ製販同盟への足掛けにしつつあることはいうまでもないが，今後は，より「安全・安心」な商品開発に向けての取組みが消費者にとっての付加価値と相まって求められてくることになるだろう。そのためには，今日の取引関係をさらに凌駕するような関係が取引事業関係者にも示していく必要性が出てくるとものと考えられる。

（3）プレミアムPBの誕生と流通構造変革の胎動

　上記でみてきたように，現在，我国におけるPB商品の店頭保有率は向上してきている。特に，大手チェーン小売業2社の擁するPB商品がもたらす影響は大きく，それを尻目に他の各チェーン小売業もPB導入に向けての動きが活発化してきている。元来，PBは「安かろう，悪かろう」といった言葉が揶揄するように，その導入当初はいわくつきの商品として浸透し，消費者間においてもあまり評価されるものではなかった。

　しかしながら，1990年代初頭のバブル崩壊と長引く景気低迷のなかで，次第に品質の向上がなされるようになり，消費者の支持も段階的に高くなっていった。そして最近年では，高品質で低価格なPBとして消費者に支持される存在になってきている。その決定的な要因として，2008年度の原油高によ

る原材料の高騰を受けてのNB商品の相次ぐ価格の見直しと近年，社会表面化された表示偽装等の問題等が挙げられる。そうした状況下，大手チェーン小売業のイオンとセブン＆アイホールディングスの両グループは，低価格化と「安全・安心」へ向けてのトレーサビリティの取組みを自社PB中心に図っていった。特に，パッケージ情報化戦略は，PB商品の持つ低価格である故に「安全・安心」ではないといった消費者の不安を根底から払拭させ，むしろ，PB商品の方が流通の透明性が確保されていて安心な商品であるという認識が消費者間において一般化されるようになってきている。そうした意味では，パッケージ情報化戦略はPB普及・浸透の原動力となったと評価できるであろう。また，これらのPBは従来のそれとは異なる高次のPB，すなわち「プレミアムPB」と位置付けられる。関根によると，PBには価格と品質を基準とした4つの分類があるとしている[24]。それによると，図6－19のように，①棲み分けPB，②価値PB，③負け犬PB，④対等PBに分類される。そしてこれらのうち②④がプレミアムPBとされ，今日の両グループが志向するブランドは②であり，今後の消費者の愛顧を獲得できれば，価格を引き上げていく可能性も十分に考えられる[25]。

　しかしながら，こうしたパッケージ情報化戦略の成功は次なる大きな流通構造における変化を促す可能性がある。なぜならば，パッケージ情報化戦略

図6-19　PB商品のマトリクス

	品質低	品質高
価格低	①棲み分けPB	②価値PB
価格高	③負け犬PB	④対等PB

注）　品質，価格の高低はNB商品との比較
出所：関根孝著『小売競争の視点』同文舘，2000年，104頁より抜粋。

表6-3　従来のPB商品と近年のPB商品と新たなPB商品の差異

	従来のPB商品	近年のPB商品	新たなPB商品
チェーン規模	小～中	大	急拡大（グループ規模）
全国レベルの認知度	低い	高い	かなり高い（グループ規模）
生産ミニマム・ロット	小	大	拡大中
ターゲット市場	低集中度市場	寡占市場を含む	寡占市場
代表的カテゴリー	伝統的食品	寡占ブランド品	寡占ブランド品，新商品
日本での代表例	豆腐，納豆，うどん	アイス，洗剤，フィルム	食品～非食品全般へ拡大模索中
輸入品による価格引下げ圧力	小～中	大	極大

出所：根本重之『プライベート・ブランド』中央経済社，1995年，13頁より抜粋し，加筆修正。

は時間の推移と共に他社企業も導入してくる可能性が高まってくるからである。つまり，「安心・安全」への取組みが企業の独自性を高め，差別化戦略としての有効性が証左されたことにより当然他社もその導入を進めるはずである。だが，そうなると先行する2社は更なる競争優位に立つパッケージ情報化戦略を構築していかなくてはならない。そしてそれには取引メーカーとの間により精巧な関係を構築していかなくてはならない。Win-Winの関係を前提とした製販同盟がそれであるが，そのためには情報の共有化やその基準化を急ピッチで進めていく必要がある。例えば，セブン＆ホールディングスは，消費者の信頼を損なうことがないよう今後も商品の安全確保の強化を図ることを企業理念として打ち出している。また、それを遂行するには各メーカーや納入業者，すなわち，原材料の調達から生産，物流，小売店頭に至るまでの関わる全ての取引業者に対して協力を求めていかなくてはならない。そこで，同グループでは，商品・サービスに関わる情報については，迅速且つ正確に開示していくことを取引業者に要請していくとしている。[26]

　従って，今後は，流通過程において一貫して情報の透明性を図るために場合によっては，ICタグの登用も十分に検討する必要が出てくる。QRコードだけでは商品詳細情報を全て公開することは困難であるからだ。また，これまでの単品管理よりも個品管理をしてより精度の高いマネジメントをする必

要性も出てくる。現段階ではコスト負担や技術的な問題から導入は先送りされているが，より消費者の不安を払拭するためにも，また，追従してくる他社との競争優位に立つためにもより科学的に「安全・安心」である流通履歴を可視化できるICタグの導入は必須であろう。そしてその導入はPB商品の更なる品質保証を補完することにも繋がり益々，消費者にとって高次のレベルの付加価値ともなるだろう。現在，大手チェーン小売業を中心としたPBはNBを凌駕する品質レベル，情報開示レベルを達成している。短期的には，PBの売上はチェーン店舗規模面積の拡大とグループとしての販売網の拡大，さらにブランドの一人歩きといった要因によって伸びる傾向にあると考えられる。しかし，特質すべき点は，中長期的には，これらのブランドはかつてNBが遂行してきたように，ブランド拡張戦略[27]やサブ・ブランド戦略[28]等を志向させる公算が高い。事実，既述したようにセブン－アイホールディングスが開発したザ・プライスやイオングループが開発したベストプライス等は前者のブランドとしてさらなる低価格商品として注目されつつあるし，後者に関しては、食品分野から段階的に非食品分野の商品群へとPB商品のライン充実を図っている。また，こうした戦略展開には，少なからず2009年6月に施行された薬事法の改正が関わっていることはいうまでもない。

　従って，こうした流れのなかで，今後も，少子高齢化要因による市場縮小と相まって，市場囲い込み戦略が過熱化してくることが予見される。すなわち，PB共同開発とトレーサビリティの導入を通じて，これらの情報の共有化とその標準化が進むことは，流通構造の変革をより一層促すことになる。特に，大手チェーン小売業と大手メーカーとのタイアップは，それに対抗するために中小メーカー間の買収・合併，淘汰を促し，規模の拡大を進めていくことになるだろう。そうした意味では，流通におけるITの影響力は，今後の技術面のイノベーションを伴って益々，拡大するものと予見される。

注
（1）森田によると，顧客インタラクションとは，ネットワーク上における消費者同士の相互作用のことを意味する。詳しくは，森田正隆「消費者主導のコミュニケーション革命（2）ネットワーク上の顧客間インタラク

ション」『ojo 2001年10月号』読売新聞社，2001年10月を参照されたい。
（2） Gronroos,C. "A Service Quality Model and Its Marketing Implications," *Euro-pean Journal of Marketing*, Vol.18,No.4,1984,pp.36-44.
（3） トレーサビリティの導入が注目される背景には以下の2つの理由が挙げられる。
　① 食品流通の広域化，グローバル化に伴い，元来，日本の流通システムは複雑で，産地から中間流通業者を経てから店頭に陳列される。今日，その流通システムの下，全国，そして，世界規模で広がりをみせているので，ますます複雑化している。
　② 生産者段階で箱詰めして出荷しても，販売する段階で様々な箱のものを混入してパック詰めしてしまうため，どの流通経路を辿ってきたのかが把握できなくなってしまうことも挙げられる。しかも，こうしたことはあらゆる段階であらゆる業者間で繰り返し行われるため，益々，流通ルートを複雑化させてしまう。
　最近，問題視されるようになった産地偽装や表示偽装事件等はこうした複雑化した流通の盲点をついたものであり，一旦，紛れ込んでしまえば，チェックが困難となってしまうことがその背景にあるとされている。
（4） 食品加工会社はSEICAネットカタログから原材料の生産履歴等のデータを活用し，自社で加工したことによる他の情報もフィネットに登録する。これらのことが実行されることによって，初めてトレーサビリティ・システムが可能となる。ただ，消費者にとっては様々な表示が混在することになる可能性があり，それを如何に標準化していくかが，極めて重要となってくる。
（5） 梅沢は，トレーサビリティを監視する機関だけでなく，さらにそれを監視する二重の機関が必要であると提唱している。詳しくは，梅沢昌太郎編『トレーサビリティ 食の安心と安全の社会システム』白桃書房，2004年，149～152頁を参照されたい。
（6） 本項の論述については主に梅沢昌太郎編，同上書，149～152頁による。
（7） イオン『トップバリュグリーンアイ』とイトーヨーカ堂『顔の見える野菜』の事例については，各々のホームページを参照した（イオンホームページ [HP] http://www.aeon.info/，イトーヨーカ堂ホームページ [HP] http://look.itoyokado.co.jp/，共に2007/12/28現在）。

(8) 梅沢昌太郎編著『流通サービス産業の経営論』白桃書房，1991年，4頁。
(10) 関根によると，『PB商品には単にサイズやパッケージを変えたものから，仕様書による注文に応じたものまで，小売業のPB商品開発関与に関して様々なものが含まれる』としながらも，その争点は小売業の主導権の有無にあるとしている。つまり，小売業が主導権をもって行ったものであればPB商品としている。また，生産受託しているメーカーが特定企業向けに生産したブランドも全てPB商品と位置付けている。詳しくは，関根孝著『小売競争の視点』同文舘出版，2000年，100頁を参照されたい。
(11) パッケージの持つ基本機能には以下の5点が挙げられる。
①単位化機能…そのままではバラバラになったり，とりとめがなくて扱いにくいモノを必要な容量，数量，あるいはまとまりにして，扱えるようにする。
②保持化機能…中身のモノ・コトは，損なわずに保持する。
③可搬化機能…持ち運べるようにする。
④用途化機能…中身のモノ・コトをパッケージングによって利用しやすくする。
⑤意味化機能…パッケージをメッセージにする。
特に，今日においてはこれらのなかでも⑤の意味化機能における「メッセージ」という視点が重要になってきている。「無言のセールスマン」といわれるようにパッケージには情報を消費者に提供するといった高次のサービスがそのなかに内包しているからである。以上，井戸大輔「マーケティング・ミックスと4P's」梅沢昌太郎/雨宮史卓編書『マーケティング論概説』記録舎，2005年，17頁より引用。
(12) E.Jerome McCarthy, *Basic Marketing : A Management Approach*, Richard D. Irwin, Inc., 1984.
(13) 梅沢昌太郎『ビジネス・モデルの再生 ディスマーケティングを問う』白桃書房，2006年，89頁。
(14) 梅沢昌太郎，同上書，89〜92頁において，梅沢は新たなPとしてのパッケージの独立性を提唱している。また，最近年の安全を確認するコミュニケーション手段としてのパッケージの役割の重要性やそれによる差別化戦略としての有効性等についても論じている。

(15) 小売業の2強と評されるイオングループとセブン＆アイホールディングスはそれぞれ2009年2月期からの3ヵ年計画を発表しており，それによると，イオン（2009年2月期から3ヵ年）はトップバリュの売上高を2,200億から11年2月期には7,500億円に，一方，セブン＆アイホールディングスはセブンプレミアムを現在の年商500億から2010年2月期までに3,200億円に拡大するとしている。さらに詳しい内容については，懸田豊・住谷宏著『現代の小売流通』中央経済社，2009年，220〜222頁を参照されたい。

(16) イオングループやセブン＆アイホールディングスの店頭におけるトレーサビリティの導入の目的には，既述してきたように品質管理と品質保証を確保することが挙げられる。つまり，原料・素材・工程におけるトレーサビリティと製品の品質は表裏一体の関係にあり，それらを有機的に結合させ管理し，なおかつ保障することで，今日，課題視されている信頼性の回復を両グループは自己のPBを基軸に図ろうという狙いがある。

(17) 野口智雄「魔法の商品，プライベート・ブランド」読売オンライン[HP] http://www.yomiuri.co.jp/adv/wol/opinion/economy_081208.htm（2009/05/10現在）

(18) 野口智雄，同上掲載ホームページ，読売オンライン[HP] http://www.yomiuri.co.jp/adv/wol/opinion/economy_081208html（2009/05/10現在）。

(19) 石原敬子「値下げの時代の救世主 プライベート・ブランド」All About [HP] http://allabout.co.jp/career/economyabc/closeup/CU20080627A/（2009/05/10現在）

(20) ヤフージャパン×セブン-イレブン「セブンプレミアムの実力に迫る！」月刊４Ｂ１月号[HP]http://4b.yahoo.co.jp/contents/0901/sej_1/page1/index.html（2009/05/10現在）

(21) 我国におけるPB発展段階についての最近の論文には，重冨貴子「特集：プライベートブランドの再考 PBの新しい発展段階における消費者の意識と行動」流通経済研究所『情報流通 No.480』，2009年9月28日号がある。同論文において，重冨は現在のセブンプレミアムやトップバリュを第3段階としており，さらに，低価格PBのザ・プライスの市場導入をうけて第4段階に入ったとしている。詳しくは，同論文8頁及び13頁を

第6章　情報技術革新と流通構造変化

表6－4　PBの発展段階に関する仮説と，日本におけるPBの展開状況

PBの発展段階に関する仮説		日本における展開時期	代表的なPB銘柄	背景/キーワード
黎明期	PBの市場導入	1960年～	トロージャン（大丸）*紳士服	高度経済成長/物不足
第1段階	NBの低品質・低価格の代替品としてのPBの導入	1980年～	セービング（ダイエー）	第二次石油危機/物価高・資源節約
第2段階	NBの模倣によるPBの品質の向上	1994年～1996年頃	セービング（ダイエー）[果汁飲料，ビール，コーラ等]	円高/「価格革命」
第3段階	プレミアムPBの本格的導入と成長	2007年～2008年	セブンプレミアム（セブン&アイ）トップバリュ（イオン）	原材料価格の高騰
第4段階	低価格PBの再導入とPBの明確な階層化	2009年～	THE PRICE（イトーヨーカ堂）	金融危機（リーマン・ショック）後

出所：重冨貴子「特集：プライベートブランドの再考 PBの新しい発展段階における消費者の意識と行動」流通経済研究所『情報流通 No.480』，2009年9月28日号，7頁より作成。

参照されたい。なお，同論文による概念整理したものが表6－4である。
(22) 詳しくは，根本重之『プライベート・ブランド―NBとPBの競争戦略―』中央経済社，1995年，41～50頁を参照されたい。
(23) 中村は，メーカーの視点からPB生産の負の循環について以下の概念図を整理している（図6－20）。それによると，生産余剰によりPB生産を請け負う過程において小売業のパワーが増大し，それを梃子に小売業はメーカーに対して質及びサポートのさらなる要求をするようになる。そして，実質上，PBとNBとの差が縮小されるようになり消費者のNB購買に対する意欲が相対的に低下し，結果として，NBの売上げが減少となるとしている。詳しくは中村博「特集：プライベートブランドの再考 PBシェア増加に対するNBの対応戦略」流通経済研究所『情報流通 No.480』，2009年9月28日号，30頁を参照されたい。
(24) 関根孝著『小売競争の視点』同文舘出版，2000年，104～105頁。
(25) 因みに，関根は①→②→④の進行プロセスの方が現実的としている（関根孝著，同上書，105頁）。
(26) 詳しくは，セブン＆アイHLDGS. [HP] http://www.7andi.com/csr/

181

図6-20　PB生産の負の循環概念図

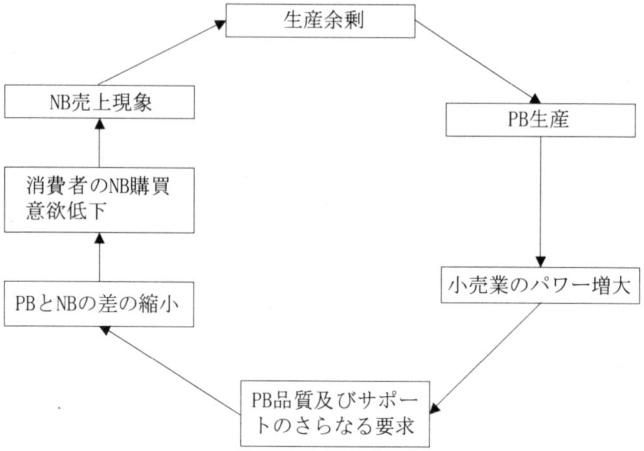

```
            生産余剰
          ↗         ↘
    NB売上現象      PB生産
       ↑              ↓
   消費者のNB購買    小売業のパワー増大
    意欲低下            ↓
       ↑          PB品質及びサポー
   PBとNBの差の縮小 ← トのさらなる要求
```

原出典：Kumar, Nirmalya and Jan-Benedict E.M.Steenkamp, Private label Strategy, Harvard Business School Press, 2007, p.140.
出所：中村博「特集：プライベートブランドの再考 PBシェア増加に対するNBの対応戦略」流通経済研究所『情報流通 No.480』, 2009年9月　28日号, 30頁より作成。

fair-trade.htmlを参照されたい。
(27) 雨宮によると，製品ライフ・サイクルの概念と共にブランド・ライフサイクル概念を新たに創出する必要があるとしている。また，それを踏まえたうえで，当該ブランドが浸透したら、その受容層を見極めて新たな受容層の発掘や拡大及びブランド拡張の判断を各段階で行うことがブランドのロングセラー化には不可欠としている。詳しくは，雨宮史卓『ブランド・コミュニケーションと広告』八千代出版, 2009年, 88〜95頁を参照されたい。
(28) デビット・A・アーカーは，サブ・ブランド名は親ブランドと新ブランドを差別化する役割を果たし，親ブランド名は新ブランド名の後押しをする形で消費者を購買行動へと導くとしている。すなわち，サブ・ブランド戦略とは，親ブランドの力を生かして消費者の信頼を得，それを如何に維持していくかが成否の鍵となってくる。ブランド間における共食

いやマイナスへの影響を如何に最小限に留めていくかが重要な視点となってくる。例えば，イオングループではトップバリュとベストプライスの関係，セブン＆アイホールディングスではセブンプレミアムとザ・プライスとの関係を如何に維持していくかが問われてくることになる。なお，ユニクロを展開するファーストリテイリングでは，ジーユーといった兄弟ブランドにおける価格体系の明確な位置づけを行うことで，そのコンセプトの違いを消費者に提示している。

第7章　情報技術革新と国際的流通構造の変化の胎動
―ICタグと流通イノベーション―

第1節　情報の産業化と産業の情報化の同質化[1]

　情報化を経済的に捉えると2つの側面がある。1つは，「情報の産業化」であり，もう1つは，「産業の情報化」である。前者は物理的現象としての捉え方の延長線上にあり，理解し易い。情報の産業化は，生成発展について述べるとすれば，それは古くは文字や印刷の発明による新聞，出版等の産業がその生成に当たり，そこから電磁波の発明によるラジオ，通信事業，TVメディア産業へと発展していった。そして，最近年においてはさらに発展し，コンピュータとデジタル技術の進展，融合によりマルチメディア産業が形成されている。なお，ニナックスやマイクロソフト等のソフト産業もこうした情報の産業化に含まれよう。また，そのインフラストラクチャーとして先駆けハードの側面，すなわち，情報機器の生産，生産者である情報財産業もこの情報の産業化の範疇と見做される。

　現在の情報の本質を経済，あるいは，社会的重要性という観点から考慮すると，この情報の産業化よりも，むしろ，「産業の情報化」に着目する必要がある。既述してきたように，情報技術が経済，社会に与えた影響は極めて大きく，それは特に，日本の産業，社会を含めたあらゆる組織を根底から揺るがし，構造変化を引き起こす可能性を秘めている。例えば，現段階の産業界での情報化の動きをみても，企業の生産活動に関わる情報の連携，処理が効率化しつつある。また，大平・栗山[2]によると，生産現場でのファクトリー・オートメーション（FA）の導入によって，従来の少品種大量生産から需要の個別化に対応する多品種少量生産の実現，あるいはCAD/CAMにみられるような，設計と生産の融合等が挙げられている。つまり，従来よりも生産，流通段階での効率化や業界・業種を問わない連携が情報化によって容易にな

ったのである。それは，従来の組織にとらわれることのないグローバルな経済取引を可能とし，深く産業に溶け込みボーダレスな競争環境，すなわち，産業の競争構造を普遍的に変貌させてくるだろう。流通分野においても例外ではなく，それは既述したように，流通分野が生産分野に若干，遅れる形で導入されるようになり，それによって，格段に効率性が高まり，それが一国の経済的構造変化の要因の1つとなってきている。

このように情報ネットワークを可能とさせた情報通信技術の発達は，情報機器の生産や情報機器産業の発展，拡大よりも，知識，情報の伝達，共有，連結としての社会的インフラストラクチャーとその経済活動への取り込み具合によって大きな経済的意義と重要性を擁するものとなってきている。

第2節　流通業の情報化とグローバルネットワーク化

1.「量」から「質」の革新へ

消費低迷や流通における経済環境の変化，大店立地法の施行にみられる実質上の規制緩和，IT化の浸透と急速な経済のグローバル化が，まず価格形成という重要な側面で，それまでのメーカー主導型流通システムから小売業主導型流通システムへと構造変化を大きく進めてきた。そのなかで，大きな変革を迫られることになったのが，既述したように卸売業であった。

1960年代にスーパーマーケットがチェーン・ストアを組織的に運営するようになって以来，我国の流通研究者の間では，問屋無用論が議論の的となってきた。それにもかかわらず，統計上においても，減少どころか増加の一途を辿っていった。しかし，日米構造協議を契機に，大店法等の規制緩和が進み，また同時に，零細小売店の継承問題が顕在化となり廃業が進んだ。さらに，1990年代に入ると，バブル経済崩壊による消費の冷え込みと相まって，流通業の再編も進むようになった。その結果，流通業の進む方向性は効率的な流通の実現へと進展し，そのなかで，情報化の重要性が再認識されるようになった。EDIやECRといった電子商取引を意味する言葉が盛んに叫ばれるようになったのも，その重要性故のことである。

しかしながら，最近年の情報技術革新はユビキタス情報社会の到来を現実化させつつあり，企業－消費者間の情報の共有化とネットワーク化が一段と容易になり，生産者と消費者の直接的結びつきを促進することで，流通を一層効率的にさせてくる。特に，世界的な情報ネットワーク化の進展は，その変化をグローバルなトレンドとして，流通構造の効率化を促進する。日本の高コスト体質の元凶の1つといわれてきた卸売業に，その変革圧力が一層重く押しかかってこよう。我国の流通業を取り巻く環境は今後の情報化の進展によって，さらにダイナミックな変化を遂げていく公算が高く，それは，例えば2次元バーコードやICタグといった新たな情報技術の導入によるサードパーティロジスティクス（3PL）をはじめとする異業種の参入も増大してこよう。大手寡占メーカーの商品を取扱う卸売業のなかには業務提携やM＆Aによって事業の拡大や大型化を試みる企業も出始めている。そうした意味では，今後，流通情報の担い手としての卸売業の存在価値がより重要視されてくる可能性も高い。そして同時に，流通情報の担い手としての中間業者は，情報流通のハードの側面となる取引件数の拡大を図ると共にメーカー及び小売業との取引を有機的に連結させることができるような取引面における標準化した情報システムの構築が急務となってくるだろう。

2．流通業の国際的変化とネットワーク化

　近年，情報通信技術の目覚しい発展により，情報の交換がこれまでにない規模，密度，範囲で行われるインターネット等の高度情報通信ネットワークが急速に拡大している。1980年代は企業内ネットワークが進み，そのなかで企業組織の補完的側面として情報技術は機能してきた。しかしながら，1985年の電気通信の自由化が施行され，以降，段階的な実験・実施がなされて企業間ネットワークが漸次，拡大していくようになっていった。

　例えば，流通段階においても，コンビニエンス・ストアの雄，セブン－イレブン・ジャパンを中心にチェーン各店舗と本部との取引を，さらには，メーカーとの取引を連携することで，規模，密度，範囲で高度情報通信ネットワークが行われるようになった。そして，1990年代のバブル経済崩壊に端を発する消費低迷の影響を受けて，流通業は再編を余儀なくされるようになり，

第7章　情報技術革新と国際的流通構造の変化の胎動

そのなかで，流通業はまず，それまで流通のコスト高の元凶といわれてきた中間流通業者における取引の効率化を目指し，流通の情報化を急速に進めていった。

　これらのことが要因となって，最近年，企業間における電子商取引市場は大きく伸び続けている。図7－1は，2000年から2003年の企業間における日米の電子商取引の推移を示したものである。電子商取引で先行する米国は横ばいで推移しているのに対して，日本は年々，右肩上がりとなっている。これは，米国では，既に広く電子商取引が浸透し，その電子商取引の範囲が企業間から企業—消費者間へと移行していることを意図している（図7－2）。すなわち，その背景には，先行する米国では，1990年代初めには一般消費者の間にパソコンが広く普及され，インターネット配信によるバーチャルショッピングが1990年代後半より段階的に利活用されてきたことが挙げられる。それに対して，日本では，1990年代後半になってようやく消費者にパソコンが広く認知され始め，インターネット配信によるバーチャルショッピングによる利活用が進みだしたのは，まだ最近年になってからのことである(3)。従っ

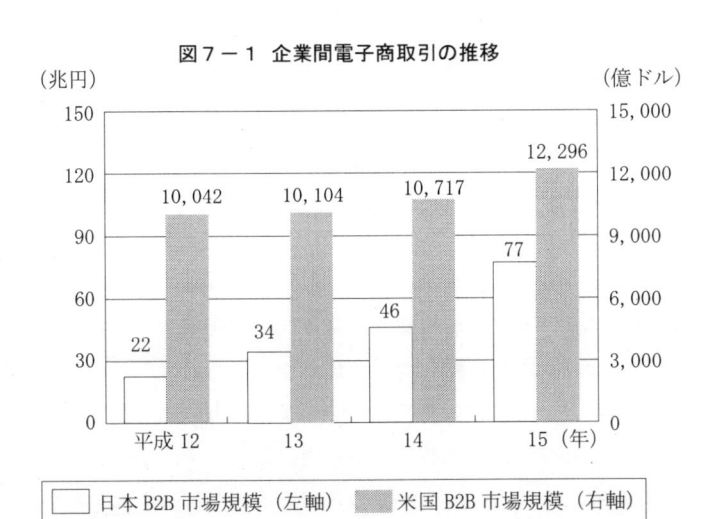

図7－1　企業間電子商取引の推移

平成	日本B2B市場規模（兆円）	米国B2B市場規模（億ドル）
12	22	10,042
13	34	10,104
14	46	10,717
15	77	12,296

日本のB2Beコマース市場規模は全産業を対象としているが，米国は製造業及び卸売業だけを対象としている。

出所：総務省編『情報通信白書』2005年，71頁より抜粋。

図7－2 企業－消費者間電子商取引の推移

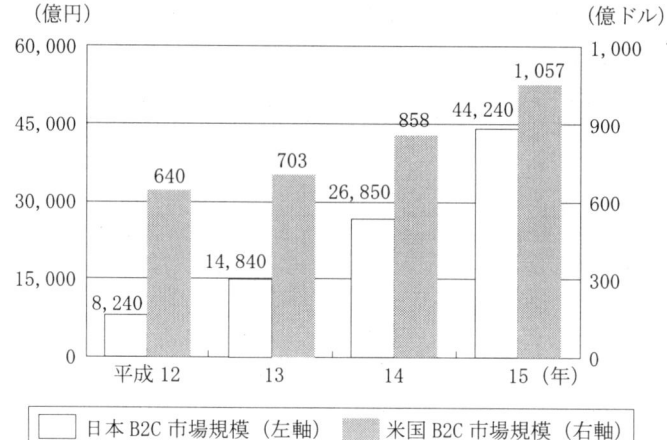

(億円) ／ (億ドル)

平成	日本 B2C 市場規模（左軸）	米国 B2C 市場規模（右軸）
12	8,240	640
13	14,840	703
14	26,850	858
15	44,240	1,057

日本のB2Ceコマース市場規模には不動産関連取引分が含まれているが，米国には含まれていない

出所：総務省編『情報通信白書』2005年，71頁より抜粋。

て，こうしたパソコン，インターネットの普及におけるタイムラグが1つの要因となり，日本は米国に遅れる形となったと考えられる。企業間電子商取引も同様に，既述したように日本に先駆け，米国企業が生産性向上と効率性を早期の段階で導入してきたことが挙げられる。また，企業間取引と企業－消費者間取引については，基本的には，企業間取引が先行して普及した後に，企業－消費者間取引へと移行していくのが，一般的となっている。

しかしながら，こうした電子商取引においての課題も幾つかある。特に，情報通信技術における利活用の変容がなされつつある今日では，企業間において情報共有を巡る新たな動きが顕在化しつつある。それは，流通過程で共有される情報モデル，参加企業のプロファイル，取り扱い製品の商品情報，あるいは，個品レベルでの属性情報から履歴情報までの情報共有が当然，必要となってくる。また，これらの情報共有を実現していくためには，業界基準システムや取引慣行等阻害要因を排除していることが前提となる。そして，企業間情報交換に加えて，参加企業に共通して参照できる情報ネットワークの体系的構築も必要となるといった新たな課題の解決が急務となる。

第3節　ユビキタス情報社会と新たな情報イノベーション

　2000年代に入り，ユビキタス情報社会という言葉が叫ばれるようになった。一般に，その言葉の意味するものは，世の中の至るところでコンピュータが存在することを前提に，人間が場所や空間を問わずネットワーク上の情報を活用することができる世界のことをいう。今日，このユビキタス情報社会の一端を担うデバイスとして，注目されているのがRFID（Radio Frequency IDentification）技術を使用したICタグである[4][5]。というのは，ナノテクノロジーの恩恵を受けたICタグはそれをモノに装着することで，様々な情報利用が可能となるからである。それはモノを消費者に提供する企業側だけのメリットだけでなく，それをネットワーク化することによって，消費者側にも利益をもたらす。加えて，この情報技術革新はこれまでの流通業におけるイノベーションを凌ぐ影響を与える可能性が高い。なぜならば，従来のバーコードと比較して，その特長を吟味すれば明らかなようにこれまでの限定的な取引の利用に留まることなく，その枠を超えてグローバルな取引がその延長線上にあるからである。それは短期的には社会のニーズを汲み取った個別企業から発し，中・長期的にはそれが段階的に流通における取引システムを大きく変革させていく可能性が強い。例えば，既述したように，我国において社会問題化しているBSEや鳥インフルエンザの問題等から消費者は安心・安全を求めるようになり，それに企業は対応すべく安心・安全を確保できるようなシステムづくりを消費者に提示していかなくてはならないし，ましてや，コンプライアンス経営が主流となりつつある今日において，それは企業にとって重要な社会的責任でもある。

　また，そのシステムとはトレーサビリティを指し示すわけであるのだが，このシステムの最大の特長はICタグやQRコードといったツールを商品に貼付させることで，物の生産履歴や流通履歴を追求・遡求することが可能となり，既述したような問題が生じた際に，その原因を素早く解明し，なおかつ，出荷されていない商品等の素早い回収が可能となり被害の拡大や2次被害を未然に防ぐことができる。すなわち，トレーサビリティの運用は，企業の危機管理としても必要不可欠な要素となりうるのである。そして，このトレー

表7-1 トレーサビリティに用いられる情報伝達媒体の比較検討

	紙の書類	バーコード	2次元バーコード	ICタグ
情報入力・読取り時のミス	人的能力に左右される	生じにくい	生じにくい	生じにくい
情報記録容量	一定の制限あり	一定の制限あり（数十文字程度）	一定の制限あり（2～3千文字程度）	一定の制限あり（2次元バーコードより大きい）
情報の保管・管理（量・期間等）	痛みが生じやすい	制約は少ない	制約は少ない	制約は少ない
情報の処理・検索	遅い	早い	早い	早い
システムメンテナンス	あまり必要ない	必要	必要	必要
セキュリティ	保管・管理方法に依存	高い	高い	高い
操作のための研究等	あまり必要ない	必要	必要	必要
データの再書込み	可能	不可能	不可能	可能
透過読取り	不可能	不可能	不可能	可能

出所：食品のトレーサビリティ導入ガイドライン策定委員会『食品トレーサビリティ導入の手引き（食品トレーサビリティガイドライン及びトレーサビリティ・システム実証事例）』2003年3月。

サビリティは，中・長期的には流通における効率化を促進する起爆剤ともなる。先の製販同盟を推し進めるうえで重要な補完的役割をもたらすICタグやQRコードはより有効なツールであり，特に，ICタグは，後段でも詳しく論じつつ，物流管理能力という観点においてはQRコードよりも格段に優れている。以下，本章では，流通イノベーションの一端として将来的導入が期待されるICタグについての考察を中心に行い，事例を通じてのその可能性を検討する。なお，トレーサビリティに用いられる情報伝達媒体ツールについて表7-1を参照されたい。

第4節　ICタグの特長[6]

　ICタグは，一般に「次世代のバーコード」といわれ，しばしば従来型のバーコードと管理・機能面での比較がなされる。そこで，本節では，ICタグと従来型バーコードとを比較することで，その特長を簡潔に述べてみたい。ICタグと従来型のバーコードと具体的に比較した際に，図7－3のような特長が挙げられる。また，具体的なICタグの特長を8つに分類したものが，表7－2である。

　まず，ICタグは従来のバーコードと異なり，商品ごとにその物品のID情報（履歴情報）や流通経路情報を入力することができる。そして，偽造防止機能（ROMの書き換え防止機能を付加する）を前提に，製造過程での物品のIDを示す個別データを微小のROMにその物品が消費されるまでに関わった者が順次書き込む義務を要するため，流通過程で何らかの不祥事が生じた場合にその原因究明がよりスピーディーで明確となる。加えて，こうした物品管理はバーコード以上にきめ細かい次元で管理され，バーコードが単品管理に対してICタグは個品管理にまでその範囲を拡大でき，なおかつ，自動読み取り機能（非接触型機能）が搭載されているため人を介さない一括での物

図7－3　バーコードとICタグの比較

バーコード（従来型）	ICタグ
・国境を越えて単品管理が可能	・国境問わず個品管理が可能
・製品に対しスキャンすることでデータを読み取る（接触型）	・製品に対しスキャンすることなしに一括してデータを読み取る、またGPS搭載により物の所在が明確化。さらに、データ入力の手間がかからない（非接触型）
・製品に対する情報をバーコード技術によって記録させることで製品情報をもたらせることができる（ただし、一定の印刷スペースを必要とするため、あまり大きな桁数を扱うことができない）⇒情報管理に制約あり	・製品に対する情報をRFID技術によって記録させることで、製品情報をもたせることができる（ROM同様のメモリ式で、容量も大きく、対象商品の大小や形状に拘わらず、データ記入ができる）⇒情報管理に制約なし
・バーコードは印刷によりコピーが可能となるため低コストで製造できる（しかし、そのため、偽造が可能となり信頼面に疑問が残る）	・バーコードとは異なり、印刷できないため、普及が促進されるまでは、コストがかかるが工業製品では問題にはならない（偽造面における問題はバーコードと比較すると少ない）

191

表7－2　ICタグの8つの特長

微小性	どこでも貼れる大きさ
廉価性	量産化が進めば，将来的に10円を切る安さ
履歴性	物の履歴をトレースできる
遠隔性	離れた位置からデータの読み書きができる
同時性	同時に複数の物のデータを読み書きができる
自動性	データの読み書きに手間を要さない
自発性	自ら情報を発信できる
秘匿性	データのセキュリティが高い

出所：井熊均『ICタグ ビジネス―実践手法と新分野への適用―』東洋経済新報社，2004年，46頁より作成。

流管理を可能ならしめ，GPSを搭載したICタグとネットワーク上のデータベースとを結合させることで，大量の情報や動的に変化する情報をネットワーク側にもたせることができる。

第5節　ICタグの経済的効果とその普及要因

　ICタグの普及に関する諸外国の動向として，先導する米国では国防総省や大手流通業のウォルマート(7)等が既に実用化に向けての納入業者へのICタグ装着への方針を決定したことで，その普及が期待されている。また，そうした先導する米国に対抗する形で我が国の行政も各省庁をあげて，ICタグ推進に向けての動きを本格化させてきており，実証実験等の予算を各々計上する等，国のバックアップ姿勢も整いつつある。

　そうしたなかで，2003年8月に総務省が発表した「電子タグの高度利活用に向けて―『ユビキタスネットワーク時代における電子タグの高度利活用に関する調査研究会』中間報告」によると，2010年度のICタグ普及に関する将来的経済効果は，予測される課題に対する解決の進捗度合いによって9兆円～31兆円との推測がなされている（図7－4参照）。

　この報告書では次の3つの予想される課題段階を想定し，各々の状況においての経済効果を試算している。まず，①技術課題の解決，ICタグの低コ

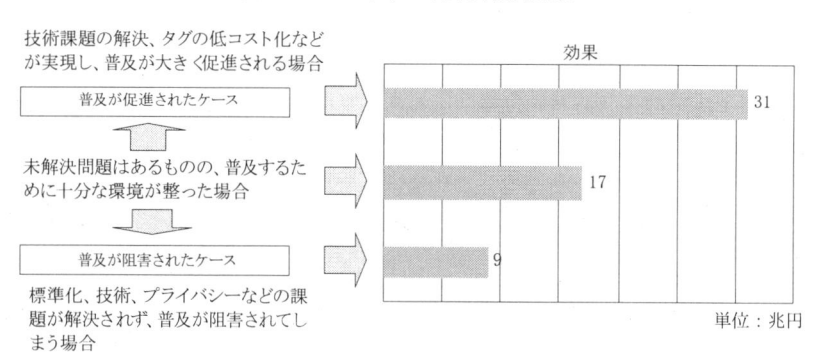

第7章　情報技術革新と国際的流通構造の変化の胎動

図7-4　ICタグの将来的経済効果

技術課題の解決、タグの低コスト化などが実現し、普及が大きく促進される場合
→ 普及が促進されたケース　31

未解決問題はあるものの、普及するために十分な環境が整った場合
→ 　　　　　　　　　　　　　17

標準化、技術、プライバシーなどの課題が解決されず、普及が阻害されてしまう場合
→ 普及が阻害されたケース　9

効果　単位：兆円

出所；総務省
出典；國領二郎+日経デジタルコアトレーサビリティー研究会『デジタルID革命』日本経済新聞社、2004年、p.18を一部加工修正した。

スト化等が実現し，普及が大きく促進された場合には31兆円，②未解決問題があるものの，普及するに十分な環境が整った場合には17兆円，そして③標準化の遅れや課題等で普及が阻害された場合には9兆円と，それぞれ予測値を示している。いずれにしても，ICタグがもたらす経済効果は大きく，加えて，こうした総務省の中間報告によりICタグの存在自体がIT業界以外の関係事業者にも広く認識されるようになりその関心は飛躍的に高まりをみせている。

また，国内外問わず，民間レベルでの普及活動も活発化してきている。その中心的役割を演じているのが，ICタグ標準化団体である。現在，2つの大きな標準化を巡っての団体が存在する。1つはオートIDセンターであり，もう1つはユビキタスIDセンターである（表7-3参照）。前者はICタグ運用のための整備と開発を行っている，バーコードに代わる次世代の物体自動認識システム及びそれを利用したSCM（Supply Chain Management）を実現するための機関で，その目的は物流合理化にある。そのため，無線であってもメモリーが搭載されているだけで，コンピュータ機能までは付いていないシンプルなICタグとなっている。それに対して，後者はモノの自動認識をするための基盤技術の確立と普及を通じてユビキタス情報社会実現を目指

193

表7－3　オートIDとユビキタスIDセンターの比較

	オートIDセンター （EPCグローバル）	ユビキタスIDセンター
設　立	1999年（2003年）	2003年
本拠地	MIT	YRPユビキタスネットワーキング研究所
研究所	MIT，慶應大学， ケンブリッジ大学等	YRPユビキタスネットワーキング研究所， T－Engineフォーラム， ユビキタスIDセンター
目　的	バーコードに代わるタグ， SCM（物流合理化）	どこでもコンピューティング 実現のための運用基盤の構築
搭載機能	メモリー	超小型コンピュータ
対　象	（主に）流通業者	エンドユーザー

出所：各種資料より筆者作成。

す機関で，その目的は全てのモノが生産され最終消費者に渡り，廃棄，リサイクルされるまでのバリューチェーンの構築にある。従って，後者はメモリーだけでなく超小型のコンピュータ機能を搭載している。具体的な例を挙げるならば，例えばワインの管理で1ダースのワインに，オートIDセンターの無線ICタグを搭載した場合，1ダースの情報を，人間を介すことなく瞬時に読み取ることができる。これは，いわばバーコードの未来型発展版といえよう。それに対してユビキタスIDセンターの無線ICタグはコンピュータ機能を搭載しているので，センサー等を付けて，例えば温度が30度以上になった場合，それを管理者のメールアドレスに伝達したり，温度調整を自動的に行ったりすることができる(8)。すなわち，これこそが温度設定機能であり，この機能を活用することで食品等の鮮度をより精巧に管理することができることになる（図7－5参照）。なお，オートIDセンターは2003年10月26日に正式に閉鎖され，ICタグ関連技術やコード体系の管理はEPCグローバルへと継承されている。

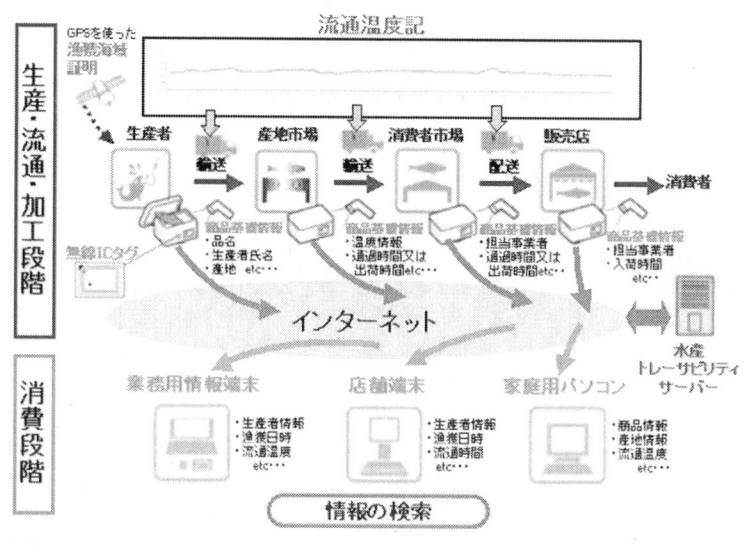

第7章　情報技術革新と国際的流通構造の変化の胎動

図7－5　ICタグによる流通温度管理概念図

出所：アーゼロンシステムコンサルタント[HP]http://www.azeron.co.jp/topix8-4.htmlより抜粋(2010/2/10現在)。

　いずれにしても，スローガンこそ違うが，両機関共通する点はトレーサビリティの仕組みづくりであり，それぞれの特徴を活かしオープンな環境のなかで利用促進を進めている。こうした両機関の動向により，今日ではISO標準化への動きが活発化しており，ウォルマートや米国国防総省の推し進めるEPCグローバルの標準規格が，今日では，最有力視されている[9]。こうした動きに対して，UHF帯への対応が進みだしている。我国でも，家電業界や百貨店，アパレル，出版等の業界がUHF帯ICタグを使った実験を実施している。また，経済産業省や総務省でもUHF帯ICタグの実現に向けての対応[10]に動き始めている（表7－4）。

　このように，労働生産性の向上と取引の透明性・効率化を図るためにICタグへの実験導入を試みる企業がしばしばみられるようになってきている。従って，次節では，具体的なICタグの実験導入事例を取り上げていくことにする。

195

表7－4　リーダー/ライターとの通信に使用する周波数によるICタグの主な違い

周波数	13.56MHz	2.45GHz	UHF帯 （950M～956MHz）
通信距離	短い （最大80cm程度）	比較的長い （最大2m程度）	長い （最大8m程度）
通信範囲	広い	広い	狭い
複数タグの 一括読み取り	比較的容易	困難	比較的容易
金属による 読み取りへの影響	大きい	大きい	大きい
水による 読み取りへの影響	比較的小さい	大きい	大きい
タグの大きさ	大きい	小さい	やや大きい

出所：RFIDテクノロジ編集部／編『無線ICタグ導入ガイド―先進ユーザーと実証実験に学ぶ！―』日経BP社，2004年，24頁。

第6節　ICタグ実験導入事例

　ICタグの特長を生かした導入は後述するトレーサビリティ・システムの構築やサプライチェーン・システムの構築，両システムの主要なツールとして今日，その実験導入が広範に行われるようになってきている（表7－5）。

　本節では，その実験導入をしている事例を幾つか取上げ，各業界の導入目的とその効果について幾つか紹介してみることとしたい。

1．流通業界における実験導入事例～マルエツ，ドイツメトロ～

（1）マルエツの実験導入事例[11]

　2003年10月，マルエツは潮見店（東京・江東区）で，無線ICタグを利用して消費者に商品情報を提供するサービスの実験を開始した。キッコーマン，サッポロビール，明治乳業，国分，菱食等メーカー・卸売業24社の参加協力の下，牛肉や有機野菜，加工食品等90品目に個別のID番号を書き込んだ無線ICタグを貼付した（表7－6）。

表7-5 ICタグの利用用途

業種・業態	用途
流通	アパレル，SCM，リネン管理，レンタル管理，部品管理，検品，一括自動精算，商品管理
物流	航空手荷物，コンテナ，パレット，入出庫管理，検品
製造	工具管理，自動仕分け，工程管理，入出庫管理，在庫管理
食品	食品管理，トラッキング，鮮度・賞味期限管理
出版・書籍	盗難防止，在庫管理，返品管理
飲食業	自動精算
交通	乗車券，航空券，車両追跡
公共・環境	図書館，老人ホーム，競技会，ごみ収集，リサイクル，生態系調査，テロリズム対策
イベント・娯楽	チケット，入退場チェック，景品

出所：秋山功他編『ICタグの仕組みとそのインパクト』ソフト・リサーチ・センター，2004年，79頁。

表7-6 マルエツにおけるICタグ実験参加企業

食品メーカー	味の素ゼネラルフーズ，エスビー食品，エバラ食品工業，オタフクソース，キッコーマン，サッポロビール，永谷園，日清フーズ，白鶴酒造，丸紅畜産，ミツカン，明治乳業，明治屋，ヤマキ，ヤマサ醬油，UCC上島珈琲
卸売業者	国分，三友小網，東京青果，西野商事，船昌，雪印アクセス，菱食
ベンダー	NTT，NTTデータ，王子製紙，大日本印刷，日本NCR，マイティカード，丸紅，マーケティング総合研究所

出所：RFIDテクノロジ編集部/編『無線ICタグのすべて―ゴマ粒チップでビジネスが変わる―』日経BP社，2004年，49頁。

店頭にはICタグを読み取るための情報端末を設置し，それに消費者が近付けると，商品情報が開示されるシステムとなっている。また，ショッピングカートにも情報端末と同等の機能をもつパソコンを搭載し，消費者がICタグを貼付した商品を近付けると，商品情報が自動的に受信して液晶画面に表示されるようになっている。従って，ICタグの貼付された商品を消費者がカートのなかに入れると，それをいつ入れたのかが把握されるので，顧客に提供したどの情報が購買に結びついたかを分析することもできるようになる。このような条件の下，ICタグを貼付した90品目の売上は，実験前と比較し2倍程度まで増加した。また，マルエツ経営戦略室広報によると，ICタグの効果は，商品情報や購買履歴の分析に寄与するばかりでなく，販売機会損失や返品の減少，さらに，一括読み取り機能を生かした入荷検品や棚卸し，在庫確認利用にも期待できるとしている。

（2）ドイツメトロの実験導入事例[12]
　欧州大手のメトロは，ドイツのデュッセルドルフ郊外のラインベルクにある「エクストラ・フューチャー・ストア」[13]店でICタグの導入を開始している。ICタグの利用目的は，商品毎に異なっており，例えばチーズは棚に仕込まれたリーダーからの問いかけに瞬時対応できるシステムによって棚の在庫を確認することができる。また，シャンプーも同様に，棚にリーダーを仕込むことで，消費者が商品を手に取り，棚から商品がなくなった場合，そのことを感知して知らせる機能が付いている。CDやDVDもリーダーにかざすと，視聴ができ，さらに，替え刃については在庫確認だけでなく，防犯用のカメラと連動した盗難システムの検証実験もなされている。

2．物流業界における実験導入事例〜住金物産〜[14]

　2003年12月，住金物産は縫製工場と千葉県にある物流センター間で，2,000着にICタグを貼付して検品等の実験を行った。同社は日本の衣料メーカーから受託した衣料品を中国にある約10ヵ所の自社工場と約300の協力工場で生産している。ICタグは，縫製工場において値札を付ける工程で装着される。各工場で生産した商品は，北京にある物流センターに集約され，日本の

店舗別に仕分けてICタグの貼付した段ボールに詰め込む。そして，入荷時や出荷時，店舗別の仕分けといった検品作業の際にICタグを読み取り，数量確認の自動化に取り組んでいる。同社は，読み取りに誤りが発生しないように，あるいは，発生しても即座に確認し修正できるように業務の見直しを進めている。

　ICタグを導入した結果，同社では，約30の業務プロセスを改善することができた。例えば，「種まき業務」という仕分け業務では，ICタグ導入前は２人を配していたが導入後は１人に削減できるようになった。この業務は，物流センターで店舗別に必要な枚数を段ボールに詰め込む工程で，それまでは紙に書かれた配送指示書と数量を確認する係りと，実際に仕分けをする係りの２人１組が作業にあたっていた。業務が終了すると表計算ソフトに数量を入力し，そのファイルを日本へ送信していた。その際，入力した情報と実際の数量が合致しないとミスが発生していたが，ICタグ導入によって数量合致ミスがなくなると共に，１人でも作業できるようになった。また，店舗においても，ICタグによって業務効率が向上した。受け入れ検品業務で，作業時間の短縮につながっている。それまでは平均的な店舗で１日30～40着の商品が入った段ボールが３箱届き，それに毎朝90分の時間を要していたが，導入後は数分で済むようになっている。

３．米国国防総省による実験導入事例[15]

　米軍は1991年の湾岸戦争での正確な輸送状況把握ミスにより，3,000億円規模の供給品が活用されることがなかったといわれている。そこで，1995年からICタグを利用したロジスティクス[16]の見直しが進められるようになった。また，同時多発テロ発生以降，そのスピードは急速に高まり，物品識別に基づく貨物トレーサビリティの向上と国家安全保障及び流通・物流システムの効率化の両面の機能強化を有するICタグの技術開発と導入実験が進んだ。その結果，2003年のイラク戦争では，未だ完全ではなかったものの，従来以上の成果を得られたという。

　このように，米国国防総省がICタグを導入する目的は，戦争をスピーディーに展開するための物資輸送強化とその物資輸送状況把握にある。米国は

イラク戦争を通じて、圧倒的な物資を戦地に輸送することはできたが、中身の把握に時間を要したために、すぐには戦争を始めることはできなかったといわれている。そうした背景を経て、米国国防総省は、2003年10月に「2005年1月までに、全ての物資にICタグを付けることを納入業者に求める」と発表した。水や砂等を除く大部分の物資を対象に、2万4,000の業者にICタグの義務を申し入れた。米国国防省は、軍事的なサプライチェーン・マネジメントを確立していくことで、経費の削減と共に、効率的な物資の貯蔵・輸送ができるとしている。

4．アパレル業界における実験導入事例〜プラダ〜[17]

2001年12月、ニューヨーク・マンハッタンに新装オープンしたプラダの店舗では、商品の販売促進にICタグを利活用している。この店舗は、他の高級な店舗とは異なり、広大なスペースに多数の液晶ディスプレイを設置する等未来的なデザインでの設計がなされている。

ICタグはバーコードと併用する形で導入されており、「PRADA」のロゴを生かしたデザインのICタグを使用し、それもファッションの一部的なものとしている。試着室にはクローゼットボックスが設置されており、そこにICタグの付いた商品を入れると、ファッションショーの映像やデザイナーのデッサン画が表示されるシステムとなっており、消費者は画面上のボタンを押せば、様々な情報を選択・表示することができる。いわば、これらのシステムは、消費者への販売促進につながっている。

一方、販売員はICタグリーダー付きの携帯端末を用いて商品の在庫情報を確認し、消費者が購入の意思表示をすれば、携帯端末から商品の情報をキャッシャーに転送し、商品購入時のレジでの待ち時間の低減につなげている。

このように、プラダ・マンハッタンでは、店舗内の消費者サービスと販売員の業務支援の手段としてICタグを利用し、効率性を高めている。

表7－7　その他海外のICタグ実験導入事例（予定も含む）

企業・組織名	利用目的
米ウォルマート	2005年1月より主要な納入業者100社にケース，パレット単位でICタグの導入要請をし，物流の効率化を図る。
米ゼネラル・モーターズ	2006年をめどにICタグや2次元バーコードを使った自動車部品のトレーサビリティ・システムを導入開始する。
米フォード	自動車部品にICタグを取り付け，アセンブリラインにおける部品在庫の管理を行っている。
米食品医療品局（FDA）	2005年より医療品メーカー，流通業界，病院に薬品のトレーサビリティ・システムを一部導入するように要請。
米アソシエイテットフードストアーズ	2001年10月よりトラックにICタグを取り付け，物流センターの入口でドアの位置と冷蔵庫の積荷状況を読み取り，トラックの出庫口へのスムーズな誘導を実現している。
英マークス＆スペンサー	2004年末までに冷凍食品，生鮮食品のプラスチックトレイにICタグを取り付け，輸送の最適化を実施。また，衣料品にも取り外し可能なICタグを取り付けて，物流・在庫管理の効率化を推進。
独DHL	2005年内にアイテム単位で導入開始。輸送する商品にICタグを取り付け，輸送状況の管理を実施。
伊ポステ・イタリアーネ	2000年より行き先情報が入力されたICタグを郵便袋に取り付け，空輸先のコンベア上で行き先が正しいかどうか判別し，仕分けを自動的に行う。また，封筒にICタグを取り付けて郵便物に混ぜ，目的地に届くまでの経路と時間の調査等に利用。
オーストリアウィーン市立図書館	2003年4月より図書にICタグを取り付け，貸し出し・返却処理，盗難防止に利用。

資料：井熊均『ICタグ ビジネス―実践手法と新分野への適用―』東洋経済新報社，2004年，85頁，國領二郎＋日経デジタルコアトレーサビリティー研究会編『デジタルID革命』日本経済新聞社，2004年，63〜65頁，RFIDテクノロジ編集部／編『無線ICタグ導入ガイド―先進ユーザーと実証実験に学ぶ！―』日経BP社，2004年，178〜184頁。

注
（1）以下，情報の産業化と産業の情報化の同質化に関しては，主に円居総一「情報化と企業・産業組織の構造変化―グローバルスタンダードの本質と政策的課題―」国際関係研究所『国際関係研究』日本大学国際関係学部，2002年第22巻第4号，105～108頁による。
（2）大平号声・栗山規矩『情報経済論入門』福村出版，1995年。
（3）我国におけるインターネット普及要因とその普及率については，本書110～111頁を参照されたい。
（4）RFID（Radio Frequency IDentification）とは，ICタグを使った非接触の無線通信による識別技術のことを指すもので，特定のデバイスを指す言葉ではない。
（5）ICチップやICタグといった言葉が飛び交うことが多いが，これらの言葉を整理すると，「ICチップ」とはCPUを内蔵しているもので，主にデータを格納するためのメモリーと考えてよい。そして，この「ICチップ」と無線を拾うためのアンテナが一体化されたものが，一般に，「ICタグ」となる。一方，「ICカード」とは，「ICタグ」と同様な機構で動作するもので，JR「SUICA」等がこれに相当する。「ICタグ」と「ICカード」は区別しにくいものの，基本的には，人間が生活の場で利用するカード型のものが「ICカード」で，物に付けてバーコード等の代わり，換言すれば，商品管理等をこれまでしてきたバーコードの未来型版機能を兼ね備えたものが「ICタグ」と理解できよう。また，ICタグの歴史的変遷については，以下の表7－8を参照されたい。

表7－8　ICタグ登場の歴史

時　代	ICタグ利用動向
1960年代後半～	盗難防止の仕組みとして利用。
1980年代前半～	自動車の料金収受システム導入に伴い利用。
1980年代後半～	今日のICタグのような小型RFIDデバイスが登場。しかし，当時は半導体技術が未発達だったがゆえに，低い周波数で動作するICタグが利用。
1990年代～現代	ICチップの小型化・軽量化・低価格化が進展し，ミューチップ*のような0.4mm程度のものが市場投入。

注：＊は日立製作所が開発したICタグ製品の名前である。

（6）ICタグの特長に関しては，次の文献を参照した。

秋山功他編『ICタグの仕組みとそのインパクト』ソフト・リサーチ・センター，2004年。

井熊均『ICタグ ビジネス―実践手法と新分野への適用―』東洋経済新報社，2004年。

井上能行『ICタグのすべて』日本実業出版社，2004年。

國領二郎＋日経デジタルコアトレーサビリティー研究会編『デジタルID革命』日本経済新聞社，2004年。

RFIDテクノロジ編集部/編『無線ICタグのすべて―ゴマ粒チップでビジネスが変わる―』日経BP社，2004年。

RFIDテクノロジ編集部/編『無線ICタグ導入ガイド―先進ユーザーと実証実験に学ぶ！―』日経BP社，2004年。

（7）ウォルマートは，2005年1月より上位サプライヤー100社及び自発的に参加した37社に対して，商品運送用のパレットやケースにICタグを装着させ始めた。2006年1月には，さらに100社を追加し，上位200社をその対象とする意向を表明している。また，同社とアーカンソー大学との共同で公表した「ICタグの導入効果に関する分析結果」によると，ICタグを採用した12店舗と採用していない12店舗を29週間に亘り比較し，欠品率を調査したところ，ICタグを採用した店舗では，採用していない店舗よりも欠品率が16％低かったという。2005年10月現在，ウォルマートは物流センター3拠点と140店舗でICタグを採用しているが，10月末には，物流センター5拠点と500以上の店舗にICタグを導入する計画で，2006年末までに1,000以上の店舗に拡大させていく予定だという（日経コンピュータ『迫り来るヨドバシ・ショック―ICタグによる業務改革が始動』日経BP社，2005年10月31日，46〜47頁を参照）。

（8）日本経済新聞社電子メディア局ニュース編集部 上原吉博が2003年1月28日に行ったインタビューによるもの。

日本経済新聞社NIKKEI

NETホームページ[HP]http://www.nikkei.co.jp/

（9）RFIDテクノロジ編集部/編『無線ICタグ導入ガイド―先進ユーザーと実証実験に学ぶ！―』日経BP社，2004年，25〜26頁。

（10）RFIDテクノロジ編集部/編，同上書，24頁。なお，2005年4月より電波

法が改正され，UHF帯のICタグは我国でも使用できるようになっている。

(11) マルエツの実験導入事例に関しては，RFIDテクノロジ編集部/編『無線ICタグ導入ガイド―先進ユーザーと実証実験に学ぶ！―』日経BP社，2004年，64～66頁を参照した。

(12) ドイツメトロの実験導入事例に関しては，國領二郎＋日経デジタルコアトレーサビリティー研究会編『デジタルID革命』日本経済新聞社，2004年，66～70頁を参照した。

(13) 「エクストラ・フューチャー・ストア」店は，IBM，SAP，NCR等が参画する「フューチャーストア・イニシアティブ」の研究成果として構築した実験店舗である（國領二郎＋日経デジタルコアトレーサビリティー研究会編『デジタルID革命』日本経済新聞社，2004年，67頁）。

(14) 住金物産の実験導入事例に関しては，RFIDテクノロジ編集部/編『無線ICタグのすべて―ゴマ粒チップでビジネスが変わる―』日経BP社，2004年，68～69頁を参照した。

(15) 米国国防総省の実験導入事例に関しては，井上能行『ICタグのすべて』日本実業出版社，2004年，102～103頁を参照した。

(16) ロジスティクスとは，元々，兵站（食料や弾薬等を補給するための機能）を意味する軍事用語であるが，現代では，ビジネスロジスティクスの意味でよく使われるようになってきている。加えて，ビジネスロジスティクスとは，製品や資材を生産する場から消費する場に効率的かつ継続的に供給する方法論である。しかし，今日では，販売量が増えず利益確保も厳しい状況にあるため，企業は供給サイドの視点からだけでなく，需要サイドからの視点をも有するロジスティクスを重要視するようになってきている。また，ロジスティクスの機能のなかでも，情報の占めるウェートが高まっていることから，ICタグに対する期待が寄せられている。ICタグの特長を生かした個品レベルでの管理が可能となることでより効率化につながり，それは従来の供給主体のサプライチェーン・マネジメントに留まることなく，デマンドチェーン・マネジメントに至るまで幅広く機能する可能性も強い。

第7章　情報技術革新と国際的流通構造の変化の胎動

例えば，日本のように需要の少ない国では，ICタグにより需要動向を的確に把握し適材・適所に商品供給が期待できるし，また，米国のように供給の強化を必要とする国では，ICタグにより大量の商品を効率的に分配することが期待できる（図7－6）。

図7－6　ICタグとSCM/DCM

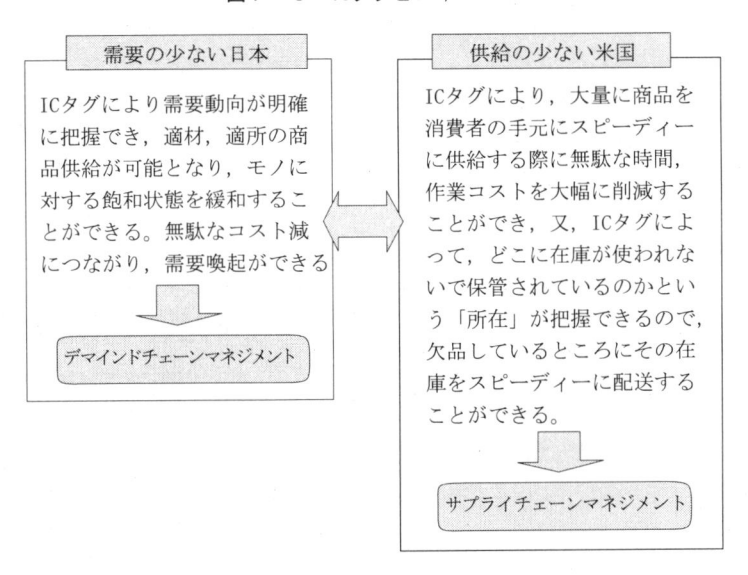

需要の少ない日本	供給の少ない米国
ICタグにより需要動向が明確に把握でき，適材，適所の商品供給が可能となり，モノに対する飽和状態を緩和することができる。無駄なコスト減につながり，需要喚起ができる	ICタグにより，大量に商品を消費者の手元にスピーディーに供給する際に無駄な時間，作業コストを大幅に削減することができ，又，ICタグによって，どこに在庫が使われないで保管されているのかという「所在」が把握できるので，欠品しているところにその在庫をスピーディーに配送することができる。
⇩	⇩
デマインドチェーンマネジメント	サプライチェーンマネジメント

(17) プラダの実験導入事例に関しては，國領二郎＋日経デジタルコアトレーサビリティー研究会編『デジタルID革命』日本経済新聞社，2004年，61〜63頁を参照した。

第8章 流通のグローバル化と国際的トレーサビリティ・システム

　国際電気通信連合（ITU:International Telecommunication Union）によると，2003年における世界のインターネット利用者数は約6億8,757万人であり（図8－1），そのうち地域別の内訳では，アジア地域が2億4,814万人（36.1%）で，北・南米地域（中南米を含む）の2億2,289万人（32.4%）を抜き，第1位のシェアを築いている[1]（図8－2）。このことは，年々，インターネットが普及傾向にあることを意味していることはいうまでもない。また同時に，社会における様々な変化を引き起こす社会的インフラストラクチャーとしての機能をもつようになってきているとみることもできよう。

　加えて，既述してきたように我国のインターネット利用者に関してもその利用人口と人口普及率を概観しても，やはりここ数年で急速に伸びていることが確認できた（第6章，図6－3再参照）。

　さらに，その利用者のインターネットへの接続手段ももはやPCを凌ぐ勢いで携帯電話からの接続が進展している。携帯電話はもはや片時も離すことのできない我々の身近なツールとして深く社会生活に根付いてきている（第

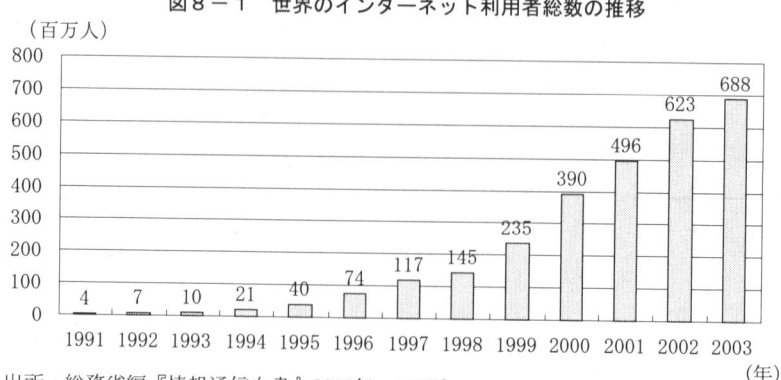

図8－1　世界のインターネット利用者総数の推移

年	百万人
1991	4
1992	7
1993	10
1994	21
1995	40
1996	74
1997	117
1998	145
1999	235
2000	390
2001	496
2002	623
2003	688

出所：総務省編『情報通信白書』2005年，195頁。

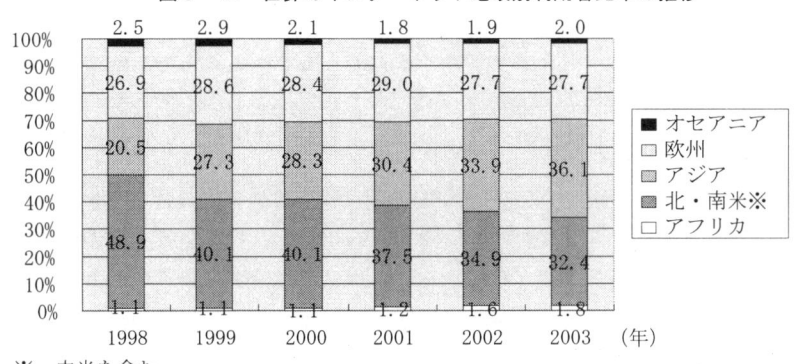

図8-2 世界のインターネット地域別利用者比率の推移

年	オセアニア	欧州	アジア	北・南米※	アフリカ
1998	2.5	26.9	20.5	48.9	1.1
1999	2.9	28.6	27.3	40.1	1.1
2000	2.1	28.4	28.3	40.1	1.1
2001	1.8	29.0	30.4	37.5	1.2
2002	1.9	27.7	33.9	34.9	1.6
2003	2.0	27.7	36.1	32.4	1.8

※　中米を含む
出所：総務省編『情報通信白書』2005年, 195頁。

6章, 図6-4再参照)。

　一方, このような社会的インフラストラクチャーの普及は, 企業間だけでなく, 企業と一般消費者・生活者との双方向のコミュニケーションの在り方を大きく変容させる可能性を秘めている。特に, 流通においては, ダイレクトに消費者と直結できるツールとして機能し, 多様化するニーズに効率的に対応することができることでの期待も大きい。また, ICタグの普及と利活用の場としても, こうした社会的インフラストラクチャーの存在は大きく, かつてモータリゼーションが社会・経済に与えたインパクト以上のことをグローバルに推し進めていく公算が高いと考えられる。

　従って, 本章では, こうした社会的インフラストラクチャーの整備が進みつつあることを踏まながらトレーサビリティ・システムについてアンケート調査も含めてみていくこととしたい。

第1節　社会システムとしての
　　　　トレーサビリティ・システムの意義

　先述してきたように, 我国の流通システムは段階的な変化を経て, 今日, 大きく変革している。そうしたなかで, 特に, 流通の効率化を促進させたも

のとして，流通の情報化が挙げられるのは周知のとおりである。流通業はマーケティング活動を通じて消費者ニーズに瞬時に対応し効率性をもって店頭の活性化とそれをバックアップさせる物流改革を図ることで，顧客満足を満たしてきた。また，その結果として，こうした流通業の企業行動が流通システムの末端に位置する小売業から顧客情報がフィードバックされることで，小売業主導型の流通システムが生成し流通システム内における力関係も変化しつつある。このような流通の情報化の広範な拡大のなかで，1990年代後半より流通構造は大きく変化してきた。日本の流通構造の特質である日本的商慣行の崩壊とそれによって漸次，構造変化がなされた。具体的には，それは小売店舗の過多性の解消，小売店舗規模の大規模化，第2次，第3次卸の集約化による卸売業全体の減少とそれによる流通の多段階制の解消等を指し示す。

　このような動向は，流通において先行する米国流通事情とほぼ同様な動きとなるが，既述してきたように，我国の流通の発展の背景には，日本人の国民性と密接な関連性があり，それが相まって流通システムは形成されているといってもよい。従って，日米における流通構造は一見，タイムラグはあるものの同様な形態で推移していくように考えられる。実際，これまでの時系列的な推移から判断してみると，我国の流通は米国に遅れつつも，ほぼ同様な形態をもって発展してきたといってもよい。しかし，そこには必ず我国の国民性が深く関与していることもまた事実であり，換言すれば，必ず消費者との間に関係性をもって流通は発展してきたことになる。特に，小売業が流通において主導権を握りつつある近年においては，少なくともITを駆使して消費者ニーズに対応したマーチャンダイジングが遂行され，それらが要因となって流通構造が変化してきたといえる。

　一方，今後の新たな情報技術革新が浸透していくなかで，既述したように，消費者が新たに流通システムと直結するようになる公算は非常に高く，流通に何らかの形で関与してくることは必至である。インターネットの普及が加速している今日においては，情報通信技術を介してのダイレクトなつながりが流通に限ることなくあらゆる産業においても顕在化しつつある。特に，今後，導入普及の期待が高まりつつあるICタグとの連結によって，世界規模

第8章　流通のグローバル化と国際的トレーサビリティ・システム

での変革が進んでいくことも予見される。日本と米国，EU，アジア圏域における流通の役割は経済の発展に伴い，非常に重要視されつつある。

　本書においては，そのなかでも，イノベーションとの絡みで日米に焦点をおいているわけであるが，それは両国共に世界市場におけるシェアが高く[2]，それ故に，日米の流通業の動向が世界経済に大きな影響を及ぼすと考えるからである。

　実体経済においてのICタグ導入の利用目的は大きく異なっている。例えば，米国の場合は，供給サイドの強化の一環として高度ロジスティクスの確立，すなわち，効率性をその利用目的に据えている。それに対して，日本の場合は需要サイドのニーズの変化を把握するためにICタグの利用目的を据えている。ただし，最近年は，それに加えて社会的な問題，すなわち，既述したようなBSE問題や鳥インフルエンザ問題，食品・非食品企業の相次ぐ不祥事事件等が相まって，需要不足を深刻化させていることから消費者の信頼を回復をも含めた手段として情報履歴の開示や追求のシステムづくりの必要性が高まりつつある。

　そうした意味では，日本は米国とは異なり流通の効率化に先駆け，社会的なニーズの対応，すなわち，流通におけるこのトレーサビリティ・システムの導入がICタグの普及に大きく関係してくると考えるべきであろう。従って，日本では，ICタグ導入の利用目的は，初期段階においては，流通の効率化というよりも社会的ニーズへの対応手段としての側面が強く働き，それから迂回する形で段階的に，流通全体の効率性を高めていくものへとその性質が変容していくものと解釈できよう[3]。

　そこで，本書では，牛肉のトレーサビリティ・システム導入の直接的な契機となったBSE問題とトレーサビリティの関係を概観したうえで，今後の流通における取引上の構造的変化の可能性を見極める一環として，需要サイドである消費者の意識を探り，牛肉以外の生鮮食品のトレーサビリティ・システム導入についてどのような見解をもち，また，それについて肯定的なのか否かの検討を試みることにしたい。

　具体的手法として，まず，消費者アンケート調査を行い，トレーサビリティ・システムの生鮮食品分野（牛肉を除く）への導入についての潜在的意識

を安全・安心という側面に重点をおきつつ,実態分析をしていくことにする。なお,本アンケート調査において,食品,特に,生鮮食品に焦点を絞った背景には,食品の衛生的管理が我々の人体に深く関わっているということは,いうまでもないことであるが,それに加えて,我国の消費者行動の特徴として,元来より,鮮度にこだわりをもって買いだめをしない,すなわち,週に数回買い物にいく,といった商品購買を続ける傾向にあることが挙げられる。また,そのことに対応するかのように我国の流通も多品種少量生産,多頻度少量配送体制を構築してきた。この点をみても,我国の流通構造と消費者行動との間には切り離すことのできない関係にある。現在,需要サイド側,つまり,消費者の身近で問題視されている「安全・安心」[4]な食の提供を巡る消費者の厳格な要望には供給サイドである流通業は的確に応えていかなくてはならない。従って,これらの視点を踏まえて,以下,論を進めていくこととしたい。

1. BSE問題とトレーサビリティ[5]

2001年9月,BSE(Bovine Spongiform Encephalopathy=牛海綿状脳症,狂牛病)に感染した国産牛が発見され,国内牛肉産業に震撼が走った。その流れは,すかさず流通業界にも波及し,食品を取扱う食品スーパーマーケットは一時期,店頭から牛肉が姿を消し,また,外食産業においても焼肉,ステーキ,牛丼店等を中心にその休業,廃業を余儀なくされた。BSEがこれほどまでに,消費社会市場にインパクトを与えた要因として,人体への影響が第一に挙げられる。つまり,BSEとは異常なタンパク質の一種プリオンが脳内に蓄積されることによって発生するプリオン病の1つであるとされている。これに感染すると,脳障害を起こし運動失調等をきたした末に死亡することもあるという。このBSEが1986年に英国で発見されて以来,ヨーロッパ各国で随時,報告がなされるようになった。

しかし,さらに,事態が深刻化したのは,1996年に,実際の人間に狂牛病が感染するといった新変異型ヤコブ病が英国で認められ,それが様々なメディアを通じて世界中に報道されてからのことである。そして,我国の消費者は食に対する不安感から牛肉離れを加速させ,需要減退を招くこととなった。

第8章 流通のグローバル化と国際的トレーサビリティ・システム

　また，マスコミ，消費者からは畜産業者から流通に至るまでの感染ルートの開示を求める動きが殺到したが，これに国（行政）も業界も対応することができなかった。

　BSE感染ルートが明確に究明できない理由の1つとして，食品流通の広域化，グローバル化が挙げられる。元来，日本の流通システムは複雑で，食品は産地から中間流通業者を経てから店頭に陳列される。今日，その流通システムの下，全国，そして，世界規模で広がりをみせているので，ますます複雑化している。このことは，既述したように我国の物価高を引き起こす要因とされている。一方で，産地直送や地産地消という流れもみられるようになってきてはいるが，その流れが主流となることは生産者レベルでのイノベーション，あるいは，それを補完するようなシステム上のイノベーションがなされない限り不可能とされている。また，もう1つの理由として，生産者段階で箱詰めして出荷しても，販売する段階で様々な箱のものを混入してパック詰めしてしまうため，どの流通経路を辿ってきたのかが把握できなくなってしまう。しかも，こうしたことはあらゆる段階であらゆる業者間で繰り返し行われるため，益々，複雑化させてしまう。最近年，問題視されるようになった産地偽装事件等は，こうした複雑化した流通の盲点をついたものでもあり，一旦，紛れ込んでしまえば，チェックが困難となってしまうことがその背景にあるとされている。

　話は戻るが，こうした複雑な流通事情が背景にあるため，もし，BSE等の問題が生じた場合，全ての機能を停止しなければならない。それは極めてリスクが大きく，同時に，時間も費用も，相当要する。従って，それを回避すべく有力手段として，トレーサビリティ・システムの構築が国（行政），業界において進められるようになり2004年12月より国産牛肉のトレーサビリティの導入が施行され，牛肉関連業者においてそれが義務付けられるようになったのである。また，この義務化が結果的に，流通業におけるトレーサビリティへの意欲をより向上させ，今日では，その適応範囲が漸次，広がりをみせている。

　では，このトレーサビリティというものは，どのようなものなのか。次項よりその定義について触れてみたい。

2. トレーサビリティの定義

　トレーサビリティとは，トレース（trace=追跡）とアビリティ（ability=可能性）を合せたもので，それは"追跡可能性"と訳される。国際標準化機構であるISO（The International Organization for Standardization）によると，トレーサビリティとは，『標準機または計測器が，より高位の測定標準によって次々と校正され，国家標準・国際標準につながる経路が確立されていること。追跡性等と訳される。製品等について，その工程や所在等を，記録されたマーク，色分け等の識別によって辿れること。例えば，材料や部品はどこの物を使ったか，製品がどう処理されてきたか，出荷後の製品の配送先及び所在等をさす』と定義されている。つまり，トレーサビリティは工場生産等の場合，製品になって出荷されるもののプロセスが原料段階まで遡って履歴が把握できるようにロット番号等を貼付して記録しておくシステムでなくてはならないことを意味する。[6]そして，それはいざ問題が発生した際に，迅速な原因究明ができるリスク管理可能なシステムを指す。また，EUの食品法では，『食品，飼育，畜産加工品及び，それらに使用することが意図された，または予想される物質の生産，加工，流通のあらゆる段階を通して，それらを追跡し，遡って調べる能力』と定義され，さらに，フランス工業規格協会（AFNOR）「農業と食品産業—農業食品産業部門におけるトレーサビリティ確立のためのガイドライン」では，『農業・食品産業部門におけるトレーサビリティは主に製品/プロセス，製品/ローカリゼーションという2つの組み合わせに適用される。トレーサビリティは，いわば，物質と情報の流れが結合したもの』と定義されている。[7]

　一方，これらを踏まえたうえで，我国では，食品のトレーサビリティ導入ガイドライン策定委員会（農水省）が平成15年3月に，食品トレーサビリティ・システム導入の手引きを作成している。それによると，食品のトレーサビリティとは『生産，処理・加工，流通・販売のフードチェーンの各段階で，食品とその情報を追跡し遡求できること』と定義されている。[8]また，トレーサビリティ・システムは『トレーサビリティのための「識別」「データの作成」「データの蓄積・保管」「データの照合」の実施の一連の仕組み』と定義

され，それは『組織・体制，文書化された手順書及び，プロセスと経営資源（要員，財源，機械，設備，ソフトウェア，技術，技法），規則，教育・研修』等からなるとしている。そして，その目的は生産・加工・流通等フードチェーンの各段階で食品とその情報を追跡し遡求できるようにすることで，①情報の信頼性の向上，②食品の安全性向上への寄与，③業務の効率性の向上への寄与等が達成できるとしている。[9]

3．トレーサビリティの有用性と消費者意識

上述してきたように，本書では，今後の流通の取引上の構造的変化の可能性を探る手段として，消費者意識に関するアンケート調査を実施した。以下，その内容について簡単に触れたうえで，結果とその結果の考察をしてみたい。

まず，アンケート票の配布は，北関東の両毛地区（足利，佐野，太田，桐生，館林の5市）を対象とし，それぞれの5市に居住する消費者にアンケート票を配布し，回答してもらった。実施期間は平成17年7月21日から8月11日の3週間で行った。偶然にも，アンケート実施期間中に近県である茨城県水海道市において，鳥インフルエンザが発生したことも相まって消費者の食の安全・安心に対する意識が高まっていた時期ということもあり，比較的回収率もよく，また，有効的なアンケートとなった。配布先と配布数は表8－1のとおりである。

また，アンケート票の全回収数は116部（92.8％）で，居住地別の回収状況

表8－1　アンケートの配布先と配布数

両毛地区（5市）	配布数
足利市	25部
佐野市	25部
太田市	25部
桐生市	25部
館林市	25部
合　計	125部

は，表8－2のとおりとなっている。

表8－2　アンケートの回収状況（居住地別）

	配布数	回収数 （有効回答数）	回収率 （有効回答率）
足利市	25部	25　（25部）	100.0%　（100.0%）
佐野市	25部	23　（21部）	92.0%　（84.0%）
太田市	25部	25　（24部）	100.0%　（96.0%）
桐生市	25部	20　（15部）	80.0%　（60.0%）
館林市	25部	23　（21部）	92.0%　（84.0%）
合　計	125部	116（106部）	92.8%　（84.8%）

なお，そのうちの有効回答数は（　）内の数値で示しているように，全回収数116部のうち106部（92.8%）であった。有効無効の基準は，単数回答での複数回答や無記入の場合に限って，その回答を無効とした。以下，アンケート結果に関する数値は全て有効回答のものとする。

(1) 消費者アンケート調査結果
①属性
ⅰ．性別
　回答者の性別は，男性が0人（0%），女性が106人（100%）になっている。これは，本アンケートの対象が主に家庭において家事に従事している者で，なおかつ家庭内で主に自ら食材を購入する者に限定してアンケートに回答してもらったための結果と考えられる（表8－3，図8－3，図8－4参照）。

第8章　流通のグローバル化と国際的トレーサビリティ・システム

表8-3　性別（人数，比率）

性別	人数	比率
男性	0	0％
女性	106	100％
合計	106	100％

図8-3　性別（人数）

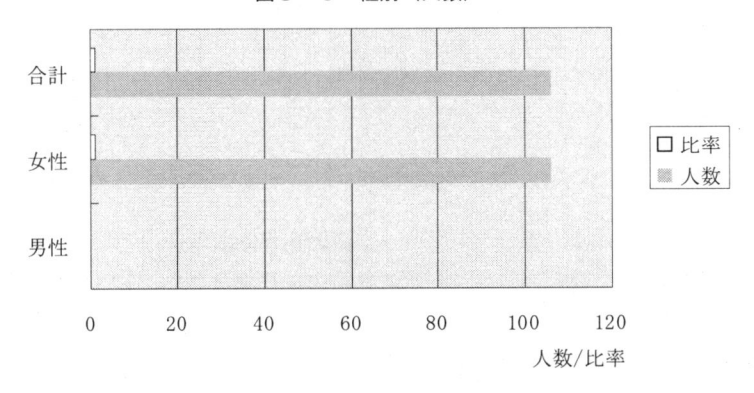

図8-4　性別（比率）

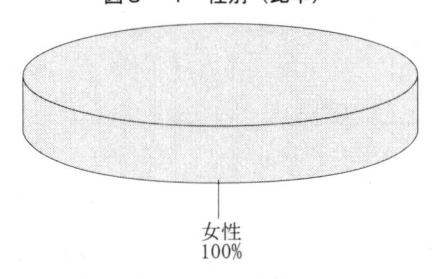

女性
100％

ⅱ．年齢

年齢に関しては，既述したように家事に従事していること等を条件としたため，年齢層は，20歳未満は0人（0％）であった。それぞれ世代別に分類してまとめたものが，図8-5である。「60-69歳」が34％と最も多く，次いで「50-59歳」28％，「30-39歳」15％，「70歳以上」9％，「20-29歳」8％，「40-49歳」6％と「50-69歳」の回答者が多いアンケート結果とな

215

図8-5 アンケートを実施した年齢層

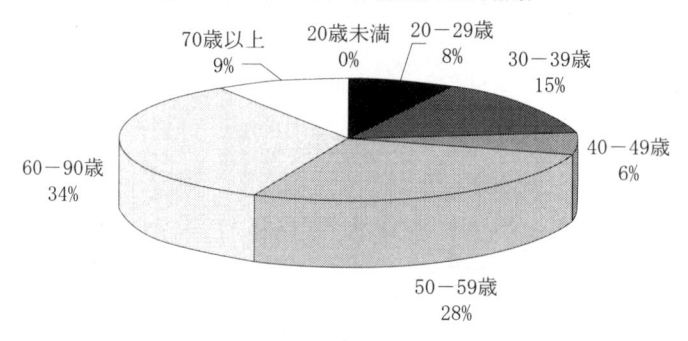

- 20歳未満 0%
- 20-29歳 8%
- 30-39歳 15%
- 40-49歳 6%
- 50-59歳 28%
- 60-90歳 34%
- 70歳以上 9%

った（図8-5）。

ⅲ．居住地

　居住地に関しては，先のアンケート票の配布と回収状況のところで軽く触れたが，北関東の両毛地区のそれぞれ5市の消費者にターゲットを絞った。両毛地区をターゲットとした理由としては，それぞれ5市の近年の意欲的な商業政策への移行が挙げられる。元々，足利，桐生市は織物工業が，太田市は重化学工業で有名であったが，近年では，商業への関心が高くなってきている。また，佐野市は佐野新都心と呼び名を改め，商業都市としての性格を強め，同時に，商業政策に市政の重点がおかれている。東北高速自動車道佐野インターチェンジと国道50号バイパス，そして，それと直結する国道122号バイパスは両毛地区を有機的に結ぶ大動脈として商業の発展を促している。加えて，両毛地区は全国的にみても，自動車保有率（一世帯当たり）が非常に高い。このような条件が相まって，郊外型流通業の両毛地区市場進出の一大要因にもなっている。因みに，最近年の動向として佐野，太田市を中心に，大型ショッピングセンターやショッピングモール，地域スーパー，そして家電量販店等が新規参入してきている。

　一方，居住地別の比率をみてみると，両毛地区のなかでも最も回収率の高かった足利市が100％（25部）で，次いで太田市が96％（24部），佐野市が84％（21部），館林市が84％（21部），桐生市が60％（15部）となっており（図8-6を参照），その比率を分割したものが図8-7である。足利市が全体に占

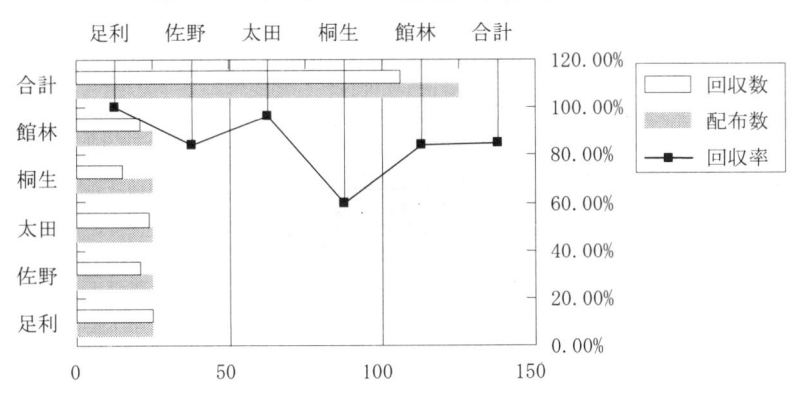

第8章　流通のグローバル化と国際的トレーサビリティ・システム

図8-6　アンケートの回収状況（居住地別）

図8-7　アンケート回答者居住地別構成比率（%）

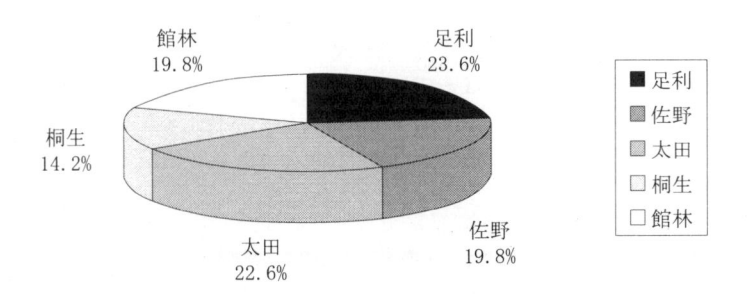

める比率が最も多く23.6%で，続いて，太田が22.6%，佐野が19.8%，館林が19.8%，桐生が14.2%とそれぞれ構成されている。

ⅳ．職業

　職業に関しても，既述したような条件により，主に専業主婦や，あるいは，主婦ではありながら空いている時間を有効に活用して外で働いているパート，アルバイトが高い数値を示した。その内訳をみてみると，最も比率の高い順から，専業主婦が44%，パート・アルバイトが23%，自営業が14%，会社員が12%，特になし，公務員がそれぞれ5%，1%であった（図8-8参照）。

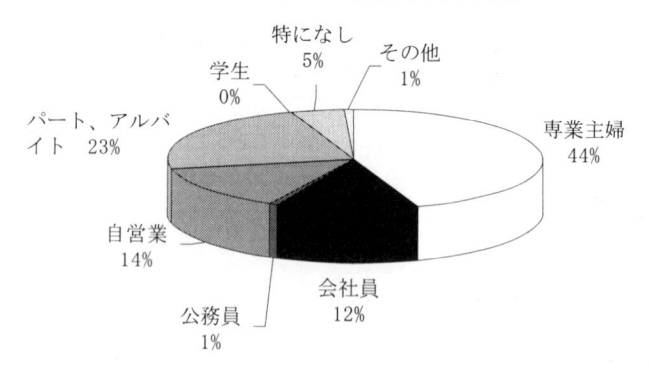

図8-8 アンケートを実施した人の職業

専業主婦 44%
会社員 12%
公務員 1%
自営業 14%
パート、アルバイト 23%
学生 0%
特になし 5%
その他 1%

②質問結果

牛肉以外の生鮮食品の主な購入先を質問したところ,「スーパー,デパート等の小売店」が87.7%と大半を占め,次いで「その他」が5.7%,「近所の生鮮食品店」が4.7%の順となっている(表8-4,図8-9参照)。なお,その他と回答した6名のうち全ての回答者が具体的な購入先として生協と回答している。

表8-4 生鮮食品(牛肉を除く)の主な購入先

生鮮食品(牛肉を除くの)主な購入先	人数	比率
スーパー,デパート等の小売店	93	87.7%
近所の生鮮食品店	5	4.7%
産地から直接取り寄せる	1	0.9%
ほとんど買わずに済ませる	1	0.9%
その他	6	5.7%
全体	106	100.0%

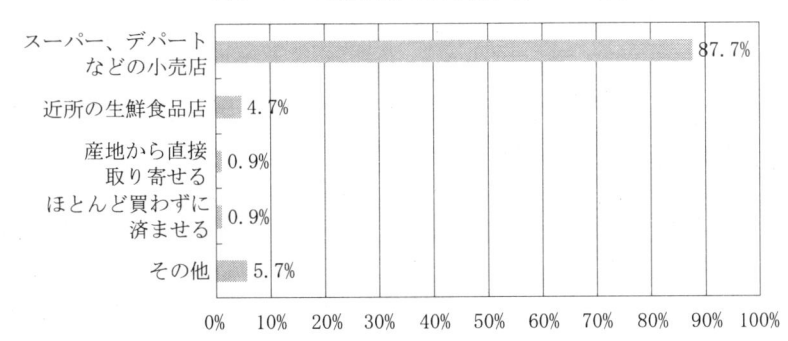

第8章 流通のグローバル化と国際的トレーサビリティ・システム

図8-9 生鮮食品（牛肉を除く）の主な購入先

- スーパー、デパートなどの小売店　87.7%
- 近所の生鮮食品店　4.7%
- 産地から直接取り寄せる　0.9%
- ほとんど買わずに済ませる　0.9%
- その他　5.7%

表8-5 生鮮食品（牛肉を除く）の主な購入先（クロス集計，上段：人数，下段：％）

対象者	スーパー，デパート等の小売店	近所の生鮮食品店	産地から直接取り寄せる	ほとんど買わずに済ませる	その他	回答者数
20～29歳	8 100.0%	0 0％	0 0％	0 0％	0 0％	8 100%
30～39歳	14 87.5%	0 0％	1 6.25%	0 0％	1 6.25%	16 100%
40～49歳	5 83.3%	1 16.7%	0 0％	0 0％	0 0％	6 100%
50～59歳	25 83.3%	2 6.7%	0 0％	0 0％	3 10.0%	30 100%
60～69歳	32 88.8%	2 5.6%	0 0％	1 2.8%	1 2.8%	36 100%
70歳以上	9 90.0%	0 0％	0 0％	0 0％	1 10.0%	10 100%

　また，牛肉以外の生鮮食品の主な購入先を年齢，世代別にクロス集計をし，どの年代がどこで主に購入してしるのかを明確にしたものが表8-5である。年齢，世代別にみても，「スーパー，デパート等の小売店」での購入が圧倒的に高い数値を示していることには変わりないが，若年層が「スーパー，デパート等の小売店」でしか購入しないのに対して，熟年層は「スーパー，デパート等の小売店」だけでなく，近所の生鮮食品や生協等の小売店で購入していることがわかる。

牛肉以外の生鮮食品を購入する際に考慮する点を複数回答で質問をしたところ，表8－6，図8－10のとおりとなった。回答比率の高い順にみてみると，「鮮度」が91.5％と圧倒的に高く，続いて「産地」と「値段」が50.9％，「旬のもの」が33.0％，「自分や家族の好み」・「お店（購入先）の信頼性」が，それぞれ27.4％・25.5％となっている。

図8－10 生鮮食品（牛肉を除く）を購入する際に考慮する点（複数回答可）

項目	比率
鮮度	91.5%
産地	50.9%
お店（購入先）の信頼性	25.5%
天然か養殖か？	17.0%
栄養面（栄養バランス）	22.6%
値段	50.9%
自分や家族の好み	27.4%
旬のもの（季節感など）	33.0%
特になし	0.9%
その他	0.9%

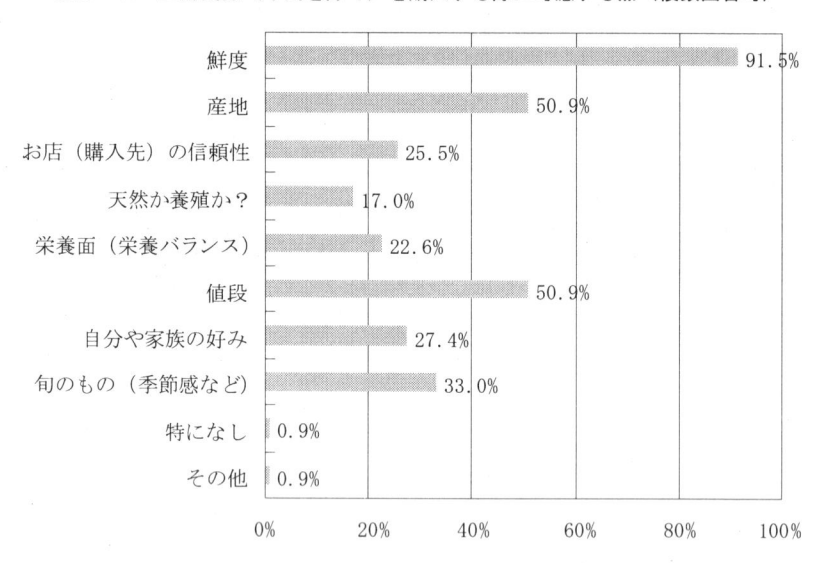

表8－6 生鮮食品（牛肉を除く）を購入する際に考慮する点（複数回答可）

生鮮食品（牛肉を除く）を購入する際に考慮する点	人数	比率
鮮度	97	91.5%
産地	54	50.9%
お店（購入先）の信頼性	27	25.5%
天然か養殖か？	18	17.0%
栄養面（栄養バランス）	24	22.6%
値段	54	50.9%
自分や家族の好み	29	27.4%
旬のもの（季節感等）	35	33.0%
特になし	1	0.9%
その他	1	0.9%
全体	106	100.0%

第8章 流通のグローバル化と国際的トレーサビリティ・システム

表8－7　生鮮食品（牛肉を除く）を購入する際に考慮する点（クロス集計，上段：人数，下段：％）

対象者	鮮度	産地	お店（購入先）の信頼性	天然か養殖か	栄養面（栄養バランス）	値段	自分や家族の好み	旬のもの（季節感等）	特になし	その他	回答者数
20～29歳	8 100.0%	5 62.5%	2 25.0%	0 0％	1 12.5%	6 75.0%	3 37.5%	1 12.5%	0 0％	0 0％	8 100%
30～39歳	15 93.8%	7 43.8%	1 0.6%	0 0％	5 31.3%	11 68.8%	7 43.8%	3 18.8%	1 0.6%	0 0％	16 100%
40～49歳	6 100.0%	4 66.7%	0 0％	2 33.3%	3 50.0%	4 66.7%	0 0％	3 50.0%	0 0％	0 0％	6 100%
50～59歳	25 83.3%	13 43.3%	8 26.7%	7 23.3%	4 13.3%	15 50.0%	5 16.7%	4 13.3%	0 0％	0 0％	30 100%
60～69歳	34 94.4%	22 61.1%	12 33.3%	7 19.4%	9 25.0%	15 41.7%	12 33.3%	20 55.6%	0 0％	1 0.3%	36 100%
70歳以上	9 90.0%	3 30.0%	4 40.0%	2 20.0%	2 20.0%	3 30.0%	2 20.0%	4 40.0%	0 0％	0 0％	10 100%

　また，この牛肉以外の生鮮食品を購入する際に考慮する点を年齢，世代別にクロス集計させたものが表8－7である。

　年代，世代別にみてみると，どの年齢層も第1位に考慮する点として「鮮度」を重視していることが明確にわかるが，第2位をみてみると，その違いが年齢層の上昇と共に生じている。20－49歳までの層が「値段」を購入する際に考慮していると回答しているのに対して，40－49歳までの層の第2位は「値段」が66.7%，「産地」66.7%と同等と数値を示し，50－59歳までの層もまた，必ずしも「値段」というわけではなく「値段」50%と「産地」43.3%の差は僅差となっている。さらに，60－69歳までの層になると，「産地」や「旬のもの」といったものを「値段」よりも考慮して購入している。70歳以上の層も同様に第2位に「お店（購入先）の信頼性」や「旬のもの」を購入の際に考慮していると回答している。以上のことから判断すると，今回のアンケート回答者のうち，年齢別に若い層の人が比較的に「価格志向」を示す傾向にあり，それに対して，熟年の層の人は，「品質や製品ブランド志向」を購入の際に重視していると推測できる。

　では，次に先の項目で購入する際に考慮する点として全年齢層に共通して第3位に挙げられていた産地についての質問をした。牛肉以外の生鮮食品を

購入する際に優先する産地については次のような結果となった。「国産品であれば，どこのものでもよい」が51.9％で最も多く，続いて，「国産品でも自分が居住する近郊のもの」が18.9％，「国産品でも有名産地のもの」が15.1％となっている（表8－8，図8－11参照）。

表8－8　生鮮食品（牛肉を除く）を購入する際に優先する産地

優先して購入する産地	人数	比率
国産品でも自分が居住する近郊のもの	20	18.9%
国産品でも有名産地のもの	16	15.1%
国産品であれば，どこのものでもよい	55	51.9%
国産品，輸入品のどちらでもよい	12	11.3%
輸入品のほうがよい	1	0.9%
わからない	2	1.9%
合　　計	106	100.0%

図8－11　生鮮食品（牛肉を除く）を購入する際に優先する産地

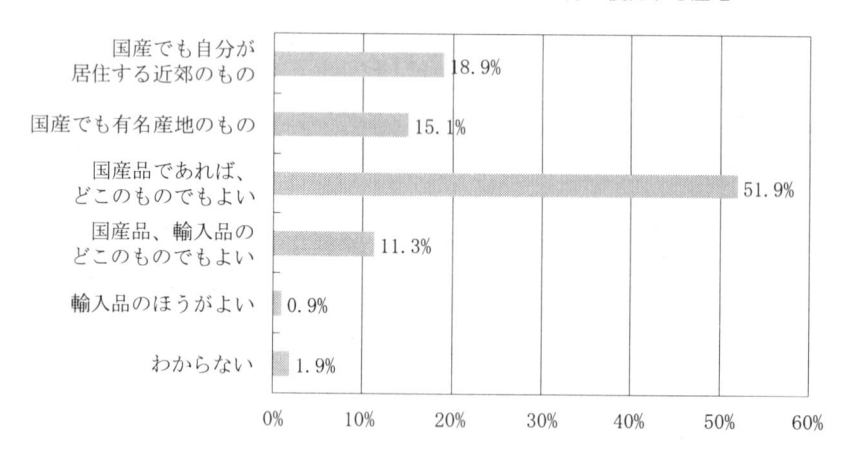

第8章　流通のグローバル化と国際的トレーサビリティ・システム

表8-9　生鮮食品（牛肉を除く）を購入する際に優先する産地（クロス集計，上段：人数，下段：%）

対象者	国産品でも自分が居住する近郊のもの	国産品でも有名産地のもの	国産品であれば，どこのものでもよい	国産品，輸入品どちらでもよい	輸入品のほうがよい	わからない	回答者数
20～29歳	0 0%	1 12.5%	4 50.0%	2 25.0%	0 0%	1 12.5%	8 100%
30～39歳	1 6.2%	2 12.5%	9 56.3%	3 18.8%	0 0%	1 6.2%	16 100%
40～49歳	2 33.3%	0 0%	4 66.7%	0 0%	0 0%	0 0%	6 100%
50～59歳	5 16.7%	2 6.7%	20 66.7%	3 10.0%	0 0%	0 0%	30 100%
60～69歳	8 22.2%	8 22.2%	17 47.2%	2 5.6%	1 2.8%	0 0%	36 100%
70歳以上	4 40.0%	3 30.0%	1 10.0%	2 20.0%	0 0%	0 0%	10 100%

　では，これを牛肉以外の生鮮食品を購入する際に優先にする産地を年齢，世代別にクロス集計したものが表8-9である。
　70歳以上の層の「国産でも自分が居住する近郊のもの」を除いて，ほとんどの年齢，世代層は購入する際に優先する産地として，第1位に「国産品であれば，どこのものでもよい」を回答している。一方，第2位については年齢層によって段階的なわかれ方をしている。つまり，20-29歳と30-39歳の層では，「国産品，輸入品のどちらでもよい」という回答をあげているのに対して，40-49歳，50-59歳の層は「国産品でも自分が居住する近郊のもの」，60-69歳は「国産品でも自分が居住する近郊のもの」と「国産品でも有名産地のもの」，70歳以上の層は「国産品でも有名産地のもの」と年齢層が上昇するにつれ連結するかの如くの回答がでている。
　これらのことから判断すると，年齢層が上昇するにつれて，「国産志向」が強まっていくことがわかる。しかも，それは，「有名産地のもの」，あるいは，「自分が居住する近郊のもの」というブランドや利便性等といった付加価値を重んじる傾向にあるということもその特徴といえる。
　一方，逆に年齢層が下降するにつれて，第1に国産品であることを条件として掲げてはいるものの，第2位に国産品，輸入品を問わない回答をしてい

223

ることから，必ずしも産地を生鮮食品（牛肉を除く）購入の際に重視しているわけではないことが推測できる。また，このことは先の購入する際に考慮する点で「値段」を示した結果と同様に，若い層の人が「価格志向」を重視していることと関連しているとみることもできる。

　問4の「生鮮食品（肉類〈牛肉を除く〉，魚介類，卵，野菜等）を購入する際，どこの産地のものを購入しますか？（1つだけを回答）」の回答理由を質問したところ，「安全だと思うから」が55.7％で最も多く，続いて，「安心だと思うから」が49.1％，「信頼できるから」が32.1％の順となっている（表8－10，図8－12参照）。

表8－10　問4の理由（複数回答）

問4の理由	人　数	比　率
安心だと思うから	52	49.1％
安全だと思うから	59	55.7％
信頼できるから	34	32.1％
おいしいから	15	14.2％
近いと鮮度がよいから	15	14.2％
値段が手ごろだから	22	20.8％
入手しやすいから	8	7.5％
旬が分かるから	20	18.9％
特になし	0	0％
その他	0	0％
全　　体	106	100.0％

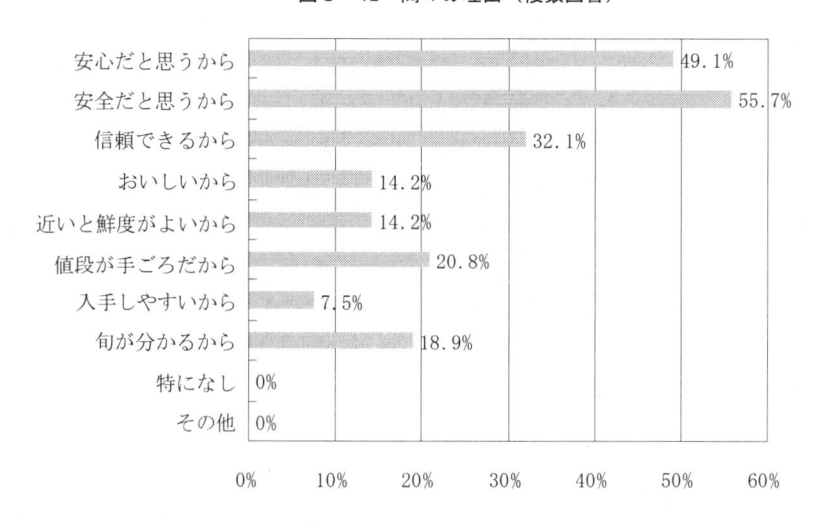

第8章　流通のグローバル化と国際的トレーサビリティ・システム

図8－12　問4の理由（複数回答）

項目	割合
安心だと思うから	49.1%
安全だと思うから	55.7%
信頼できるから	32.1%
おいしいから	14.2%
近いと鮮度がよいから	14.2%
値段が手ごろだから	20.8%
入手しやすいから	7.5%
旬が分かるから	18.9%
特になし	0%
その他	0%

　では，これを問4の回答者別にクロス集計してみたものが，次の表8－11である。優先購入産地別の購入理由を左から順に吟味してみることにする。
　「国産品でも自分が居住する近郊のもの」を選択した理由を比率の高いものから挙げると，「安全だと思うから」・「近いと鮮度がよいから」が45.0％，「安心だと思うから」・「信頼できるから」が40.0％，「旬が分るから」が30.0％となっている。
　「国産品でも有名産地のもの」を選択した理由を比率の高いものから挙げると，「安全だと思うから」68.8％，「安心だと思うから」・「信頼できるから」が62.5％となっている。
　「国産品であれば，どこのものでもよい」を選択した理由を比率の高いものから挙げると，「安全だと思うから」が60.0％，「安心だと思うから」が58.2％となっている。
　「国産品，輸入品のどちらでもよい」を選択した理由を比率の高いものから挙げると，「値段が手ごろだから」が50.0％，「安全だと思うから」が41.7％となっている。
　「輸入品のほうがよい」を選択した理由としては，「値段が手ごろだから」「信頼できるから」が100.0％となっている。ただし，この項目を選択した人

225

表8-11 優先購入産地別の購入理由（クロス集計，複数回答，人数と%）

選択した理由	国産品でも自分が居住する近郊のもの		国産品でも有名産地のもの		国産品であれば、どこのものでもよい		国産品、輸入品のどちらでもよい		輸入品のほうがよい		わからない		全回答者数	
安心だと思うから	8	40.0%	10	62.5%	32	58.1%	1	8.3%	0	0%	1	50.0%	52	49.1%
安全だと思うから	9	45.0%	11	68.8%	33	60.0%	5	41.7%	0	0%	1	50.0%	59	55.7%
信頼できるから	8	40.0%	10	62.5%	16	29.1%	1	8.3%	1	100%	0	0%	34	32.1%
おいしいから	2	10.0%	3	18.8%	8	14.5%	2	16.7%	0	0%	1	50.0%	15	14.2%
近いと鮮度がよいから	9	45.0%	2	12.5%	3	5.5%	0	0%	0	0%	0	0%	15	14.2%
値段が手ごろだから	1	5.0%	1	6.3%	13	23.6%	6	50.0%	1	100%	1	50.0%	22	20.8%
入手しやすいから	2	10.0%	1	6.3%	1	1.8%	3	25.0%	0	0%	0	0%	8	7.5%
旬が分かるから	6	30.0%	2	12.5%	11	20.0%	0	0%	0	0%	0	0%	20	18.9%
特になし	0	0%	0	0%	0	0%	0	0%	0	0%	0	0%	0	0%
その他	0	0%	1	6.3%	0	0%	0	0%	0	0%	0	0%	0	0%
合計	20	100%	16	100%	55	100%	12	100%	1	100%	2	100%	106	100%

が1人しかいないことを考慮すると，この数値に信憑性があるとは判断しがたい。

　以上の優先購入産地別の購入理由クロス集計からいえることは，大半の回答者が「国産品志向」であり「安全・安心のもの」をほぼ絶対条件としている。そのなかで，新鮮さを求めている人は「自分が居住する近隣のもの」を選択し，信頼性を求めている人は「有名産地のもの」を選択する傾向にあることがわかる。

　一方，「国産品，輸入品にこだわらない」人は，「価格志向」を最重視し，次に「安全性」を求めるという傾向にあることがわかる。

　次に，前項目の結果において，大半の回答者が「安全・安心」をほぼ絶対条件に購入先として産地を選択するということを確認したうえで，牛肉以外

第 8 章　流通のグローバル化と国際的トレーサビリティ・システム

表 8 − 12　トレーサビリティ・システムを牛肉以外の生鮮食品にも導入して欲しいか？

生鮮食品（牛肉を除く）へのトレーサビリティ・システム導入に対する消費者ニーズの度合い	人数	比率
絶対にして欲しい	48	45.3%
どちらかといえばして欲しい	35	33.0%
どちらでもよい	22	20.8%
どちらかといえばして欲しくない1	1	0.9%
絶対にして欲しくない	0	0%
全体	106	100.0%

図 8 − 13　トレーサビリティ・システムを牛肉以外の生鮮食品にも導入して欲しいか？

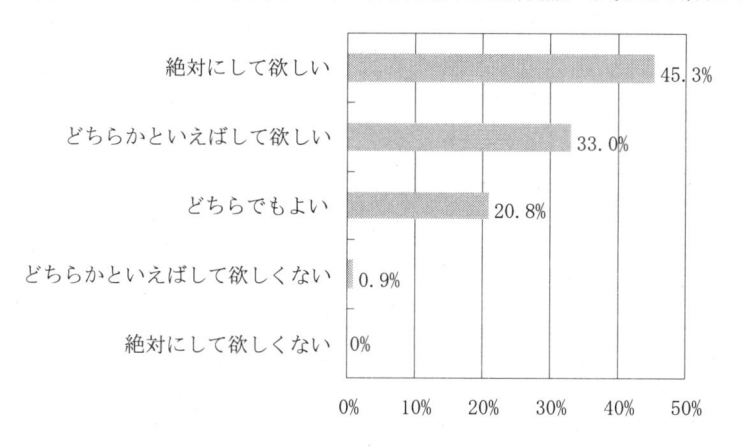

- 絶対にして欲しい　45.3%
- どちらかといえばして欲しい　33.0%
- どちらでもよい　20.8%
- どちらかといえばして欲しくない　0.9%
- 絶対にして欲しくない　0%

の生鮮食品においてもトレーサビリティ・システムを導入して欲しいかという質問をした。その結果，表 8 − 12，図 8 − 13のとおりとなった。
「絶対にして欲しい」が45.3％と最も多く，続いて，「どちらかといえばして欲しい」が33.0％，「どちらでもよい」が20.8％の順となっている。この結果から判断すると，大半の回答者が牛肉以外の生鮮食品において，トレーサビリティ・システムを導入することに肯定的な意見をもっているということがわかる。

表8-13 生鮮食品（牛肉を除く）の安全・安心を確保するために必要なこと（複数回答）

生鮮食品（牛肉を除く）の安全・安心を確保するために必要なこと	人数	比率
鮮度保持対策の徹底	65	61.3%
清潔な商品管理の徹底	69	65.1%
食中毒対策の徹底	30	28.3%
適正な品質表示に向けた行政の監視，指導の強化	53	50.0%
世界で統一された安全・安心のシステムの確立	30	28.3%
店頭で並ぶまでの流通情報の透明化	31	29.2%
品質表示偽装者に対する社会的制裁	32	30.2%
特になし	1	0.9%
その他	0	0％
全体	106	100.0%

　では，その「生鮮食品（牛肉を除く）の安全・安心を確保するために必要なこと（複数回答）はどれですか？」という質問をしたところ，次のような回答となった（表8-13，図8-14参照）。

　その回答をみてみると，「清潔な商品管理の徹底」が65.1％と最も多く，続いて，「鮮度保持対策の徹底」が61.3％，「適正な品質表示に向けた行政の監視，指導の強化」が50.0％の順となっている。アンケートの対象が食品で，そのなかでも，生鮮食品という腐敗しやすいという食品特性から，「安全・安心」を確保するのに必要なこととして，「清潔」や「鮮度」といったものが選択される結果となった。加えて，近年，食を巡る相次ぐ不祥事事件やBSE等の社会現象が要因となり，「品質表示に向けた行政の監視，指導強化」という項目も選択されている。

　次に，上記の「生鮮食品（牛肉を除く）の安全・安心を確保するために必要なこと」に関する質問を年齢，世代別にクロス集計したものが，次の表8-14である。年齢，世代別にみると，20歳から50歳までの大半が「鮮度保持の

第8章 流通のグローバル化と国際的トレーサビリティ・システム

図8-14 生鮮食品（牛肉を除く）の安全・安心を確保するために必要なこと（複数回答）

項目	割合
鮮度保持対策の徹底	61.3%
清潔な商品管理の徹底	65.1%
食中毒対策の徹底	28.3%
適正な品質表示に向けた行政の監視・指導の強化	50.0%
世界で統一された安全・安心のシステムの確立	28.3%
店頭で並ぶまでの流通情報の透明化	29.2%
品質表示偽装者に対する社会的制裁	30.2%
特になし	0.9%
その他	0%

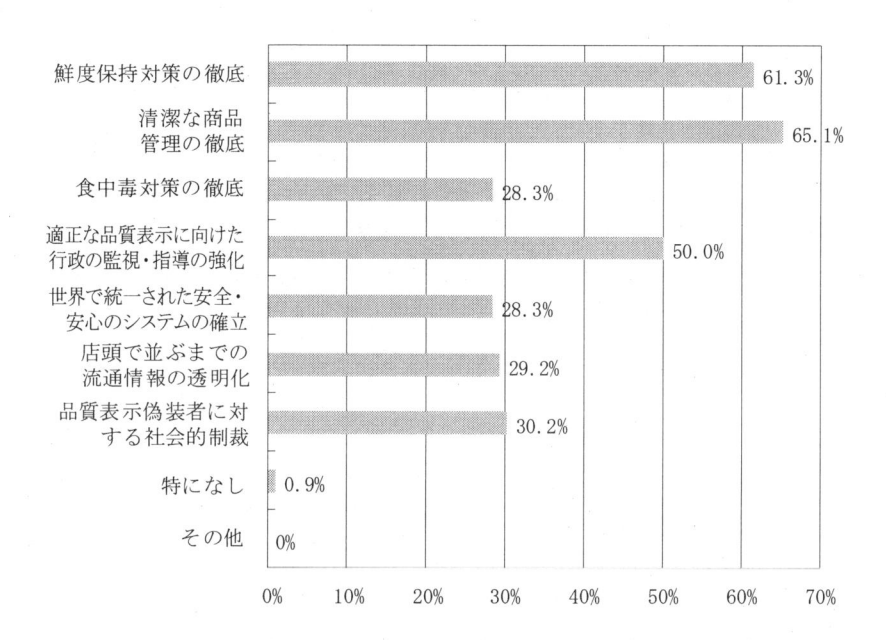

表8-14 生鮮食品（牛肉を除く）の安全・安心を確保するために必要なこと（クロス集計，複数回答，上段：人数，下段：％）

対象者	鮮度保持対策の徹底	清潔な商品管理の徹底	食中毒対策の徹底	適正な品質表示に向けた行政の監視，指導の強化	世界で統一された安全・安心のシステムの確立	店頭で並ぶまでの流通情報の透明化	品質表示偽装者に対する社会的制裁	特になし	その他	回答者数
20～29歳	5 62.5%	4 50.0%	1 12.5%	5 62.5%	3 37.5%	4 50.0%	3 37.5%	1 12.5%	0 0%	8 100%
30～39歳	11 73.3%	13 86.7%	6 40.0%	7 46.7%	6 40.0%	3 20.0%	4 26.7%	0 0%	0 0%	15 100%
40～49歳	5 83.3%	5 83.3%	2 33.3%	3 50.0%	0 0%	2 33.3%	1 16.7%	0 0%	0 0%	6 100%
50～59歳	18 60.0%	16 53.3%	7 23.3%	13 43.3%	5 16.7%	6 20.0%	7 23.3%	0 0%	0 0%	30 100%
60～69歳	23 63.9%	25 69.4%	13 36.1%	19 52.8%	14 38.9%	13 36.1%	13 36.1%	0 0%	0 0%	36 100%
70歳以上	3 30.0%	6 60.0%	1 10.0%	6 60.0%	2 20.0%	3 30.0%	4 40.0%	0 0%	0 0%	10 100%

徹底」で，2位の大半が「清潔な商品管理の徹底」，そして3位に「適正な品質表示に向けた行政の監視，指導の強化」を挙げている。

牛肉以外の生鮮食品にもトレーサビリティ・システムを導入して欲しいか否かの質問をした。全回答者106人のうち，「絶対にして欲しい」と答えた人は48人，「どちらかといえばして欲しい」と答えた人は35人，「どちらでもよい」と答えた人は22人，「どちらかといえばして欲しくない」と答えた人が1人，そして「絶対にして欲しくない」と答えた人が0人という結果となった。この結果により，ほぼ大半の回答者がトレーサビリティ・システムの導入に肯定的な見方をしているということがわかった。

また，全回答者のトレーサビリティ・システムへのニーズ度合いとそのトレーサビリティの具体的な必要項目をクロス集計し，複数回答可で人数と%

表8－15　牛肉以外の生鮮食品にトレーサビリティ・システムを要望する消費者ニーズの度合いとそのトレーサビリティの具体的必要項目（クロス集計，複数回答，人数と%）

選択項目	絶対にして欲しい		どちらかといえばしてほしい		どちらでもよい		どちらかよいうとしてほしくない		絶対にして欲しくない		全回答者	
鮮度保持対策の徹底	30	62.5%	22	62.9%	13	59.1%	1	100%	0	0%	65	61.3%
清潔な商品管理の徹底	27	56.3%	27	77.1%	14	63.6%	1	100%	0	0%	69	65.1%
食中毒対策の徹底	13	27.1%	9	25.7%	8	36.4%	0	0%	0	0%	30	28.3%
適正な品質表示に向けた行政の監視・指導の強化	30	62.5%	18	51.4%	5	22.7%	0	0%	0	0%	53	50.0%
世界で統一された安全・安心のシステムの確立	19	39.6%	8	22.9%	3	13.6%	0	0%	0	0%	30	28.3%
店頭で並ぶまでの流通情報の透明化	16	33.3%	13	37.1%	1	4.5%	1	100%	0	0%	31	29.2%
品質表示偽装者に対する社会的制裁	16	33.3%	12	34.3%	4	18.2%	0	0%	0	0%	32	30.2%
特になし	0	0%	0	0%	1	4.5%	0	0%	0	0%	1	0.9%
その他	0	0%	0	0%	0	0%	0	0%	0	0%	0	0%
合　計	48	100%	35	100%	22	100%	1	100%	0	100%	106	100%

第8章　流通のグローバル化と国際的トレーサビリティ・システム

で示したものが，表8－15であり，そして，さらに，詳細に分類したものが，図8－15，図8－16，図8－17，図8－18，図8－19となっている。なお，全回答者のなかに，「絶対にして欲しくない」と答えた人はいなかった。

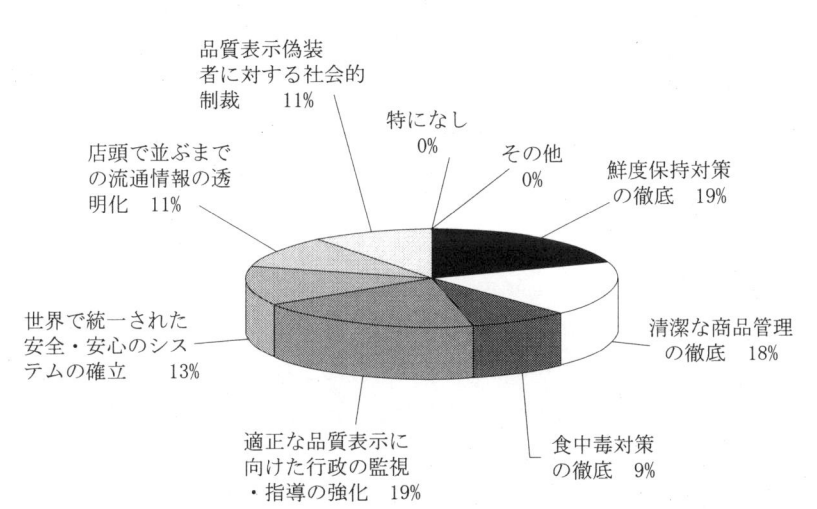

図8－15　絶対にして欲しい人の具体的必要項目の割合

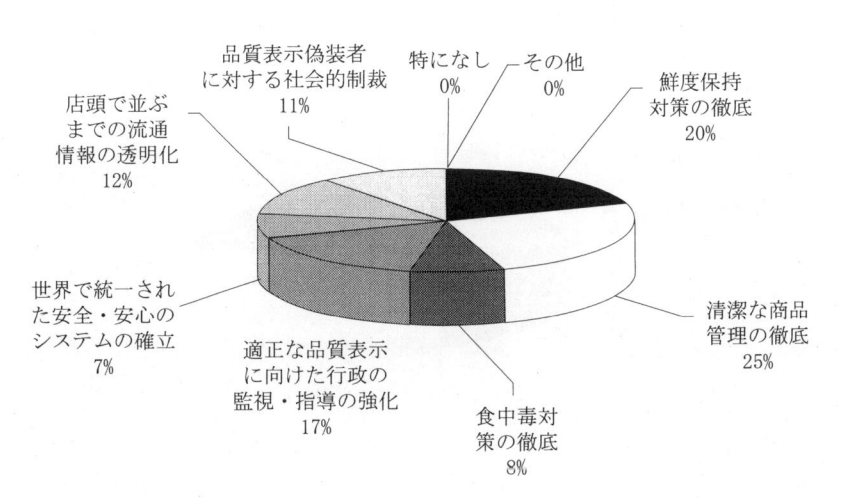

- 品質表示偽装者に対する社会的制裁　11%
- 特になし　0%
- その他　0%
- 鮮度保持対策の徹底　19%
- 店頭で並ぶまでの流通情報の透明化　11%
- 清潔な商品管理の徹底　18%
- 世界で統一された安全・安心のシステムの確立　13%
- 食中毒対策の徹底　9%
- 適正な品質表示に向けた行政の監視・指導の強化　19%

図8－16　どちらかというとして欲しい人

- 品質表示偽装者に対する社会的制裁　11%
- 特になし　0%
- その他　0%
- 鮮度保持対策の徹底　20%
- 店頭で並ぶまでの流通情報の透明化　12%
- 清潔な商品管理の徹底　25%
- 世界で統一された安全・安心のシステムの確立　7%
- 食中毒対策の徹底　8%
- 適正な品質表示に向けた行政の監視・指導の強化　17%

絶対にして欲しい人のトレーサビリティの具体的必要項目としては、「鮮度保持対策の徹底」と「適正な品質表示に向けた行政の監視，指導の強化」が62.5％で最も多く，次いで，「清潔な商品管理の徹底」が56.3％，「世界で統一された安全・安心のシステムの確立」が39.6％，「店頭で並ぶまでの流通情報の透明化」と「品質表示偽装者に対する社会的制裁」が33.3％となっている（図8－15参照）。

　どちらかというとして欲しい人のトレーサビリティの具体的必要項目としては、「清潔な商品管理の徹底」が77.1％と最も多く，次いで，「鮮度保持対策の徹底」が62.9％，「適正な品質表示に向けた行政の監視，指導の強化」が51.4％，「店頭で並ぶまでの流通情報の透明化」が37.1％，「品質表示偽装者に対する社会的制裁」が34.3％となっている（図8－16参照）。

　どちらでもよい人のトレーサビリティの具体的必要項目としては、「清潔な商品管理の徹底」が63.6％で最も多く，次いで，「鮮度保持対策の徹底」が59.1％，「食中毒対策の徹底」が36.4％，「適正な品質表示に向けた行政の監視，指導の強化」が22.7％，「品質表示偽装者に対する社会的制裁」が18.2％となっている（図8－17参照）。

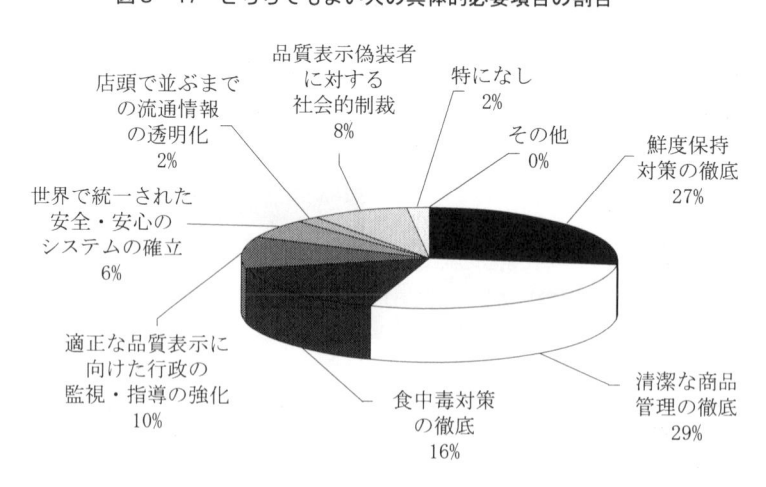

図8－17　どちらでもよい人の具体的必要項目の割合

第8章 流通のグローバル化と国際的トレーサビリティ・システム

　因みに，どちらかというとして欲しくない人は全回答者106人のうち1人で，そのトレーサビリティの具体的必要項目として，「鮮度保持対策の徹底」と「清潔な商品管理の徹底」，「店頭に並ぶまでの流通情報の透明化」と回答している（図8－18参照）。

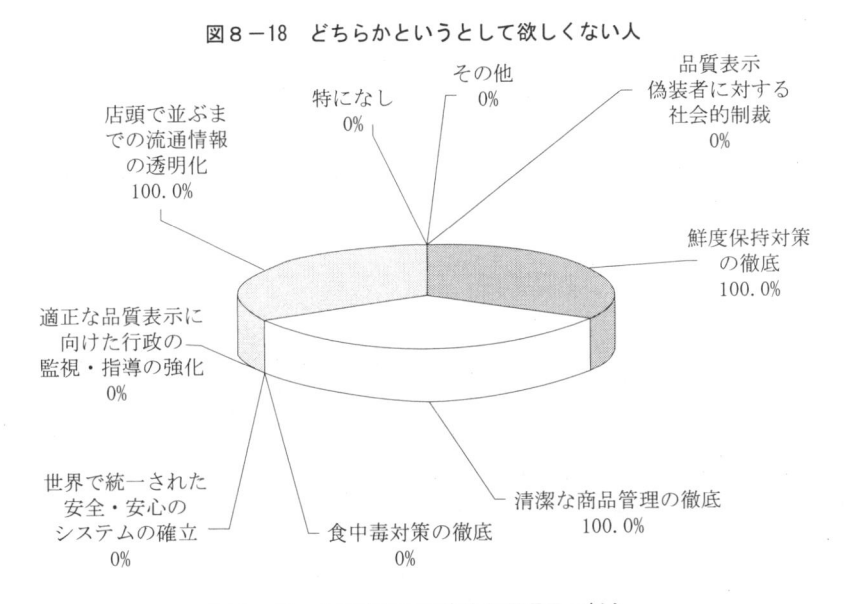

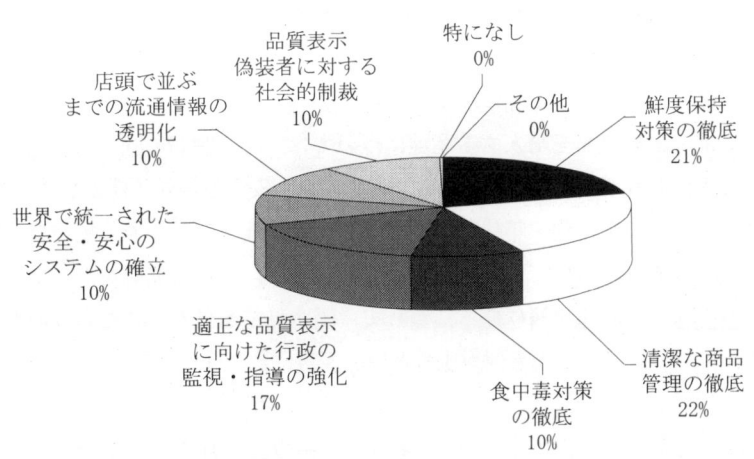

図8－18　どちらかというとして欲しくない人

- 店頭で並ぶまでの流通情報の透明化　100.0%
- 特になし　0%
- その他　0%
- 品質表示偽装者に対する社会的制裁　0%
- 鮮度保持対策の徹底　100.0%
- 適正な品質表示に向けた行政の監視・指導の強化　0%
- 世界で統一された安全・安心のシステムの確立　0%
- 食中毒対策の徹底　0%
- 清潔な商品管理の徹底　100.0%

図8－19　全回答者の具体的必要項目の割合

- 店頭で並ぶまでの流通情報の透明化　10%
- 品質表示偽装者に対する社会的制裁　10%
- 特になし　0%
- その他　0%
- 鮮度保持対策の徹底　21%
- 世界で統一された安全・安心のシステムの確立　10%
- 適正な品質表示に向けた行政の監視・指導の強化　17%
- 食中毒対策の徹底　10%
- 清潔な商品管理の徹底　22%

233

全回答者のトレーサビリティの具体的必要項目としては，「清潔な商品管理の徹底」が65.1%で最も多く，次いで，「鮮度保持対策の徹底」が61.3%，「適正な品質表示に向けた行政の監視，指導の強化」が50%という順になっている（図8-19参照）。

(2) 結果の考察
①生鮮食品の購入場所について
　アンケート結果によると，生鮮食品の購入場所については，約9割近くの回答者がスーパー，デパートといった小売店で購入していることがわかった。特に，若年層でのスーパー，デパートといった小売店での購入割合が高い。

②生鮮食品を購入する際の考慮する点について
　生鮮食品を購入する際の考慮する点については，全世代・年代のうち9割以上の回答者が「鮮度」と共通した回答をしている。これは，生鮮食品の商品特性を反映したものであると推測できる。また，この項目において，世代・年代別に大きく異なった回答を示したものが「値段」を選択した回答者層である。20歳から59歳までの回答者は「鮮度」の次に考慮する点に「値段」を選択しているのに対して，60歳以上の回答者は「旬のもの」を選択している。これは前者が「価格志向」にあるのに対して，後者は「品質や製品ブランド志向」を購入の際に重視しているということが推測できる。

③生鮮食品を購入する際の産地について
　では，生鮮食品を購入する産地については，約8割弱の回答者が国産品志向であることがわかり，その理由も安全，安心を絶対条件としている。また，それを世代・年代別にみてみると，世代・年代が若年層では，国産品であれば特にどこのものでもこだわらないという見解をもっているのに対して，熟年層になるにつれて，国産品でも各々，こだわりのもった見解の下で購買先を選択するという購買行動の違いがみられた。一方，「国産品，輸入品にこだわらない」と答えた回答者の多くは「価格志向」を最重視しており，「安全性」よりも「値段」を優先にしていることも

第8章　流通のグローバル化と国際的トレーサビリティ・システム

わかった。

④生鮮食品の安心・安全とトレーサビリティ・システムについて

　生鮮食品に対してトレーサビリティ・システムの導入を希望するかの質問に対して，約8割の回答者が肯定的な見解を示した。その理由については，安心・安全を確保するためとしている。また，それを実現するための具体的な対応として，「鮮度保持対策の徹底」や「清潔な商品管理の徹底」を挙げている。これは生鮮食品という商品特性が生物で腐敗しやすく，なおかつ，衛生面を怠ると人体に影響を及ぼすということに起因すると考えられる。しかし，その次に挙げる3番目の「適正な品質表示に向けた行政の監視・指導の強化」は，食品特性と関連するというよりも，食品に関わる企業への情報公開の透明性を要望するものであり，このことは，トレーサビリティ・システムの導入と密接に関連してくる。また，このことは，逆にいえば，企業レベルにおける，情報公開の透明性が進まずにいる今日において，公正な立場（第三者）である行政にその主導権を委ねているようにも推測できる。そうした意味では，将来的にも，行政，あるいは，非営利組織を擁する企業と消費者の間をとりもつ第三者機関の存在は必要不可欠となっていくことであろう。[10]

　以上のように，本書では，既に導入が義務付けられるようになった牛肉以外の生鮮食品のトレーサビリティ・システム導入についての社会的認識を確認するために，消費者アンケート調査を実施した。結果として，消費者の間では，牛肉以外の生鮮食品にトレーサビリティ・システムを導入することに対しての肯定的な見解がみられた。また，前章第6節でみてきた実験導入マルエツの事例においても，店内に設置した端末を使って消費者が閲覧したコンテンツ別の回数の頻度別項目では，商品の生産地や生産方法，農薬，生産環境，賞味期限等食の安全に関わる情報のニーズが高い[11]ことからも，消費者のトレーサビリティ・システム導入に対する高まりが窺われる。その一方で，企業，消費者間における情報通信技術も浸透し，ネットワーク化が進んできている。そうした状況のなか，このような情報技術革新を利活用したトレーサビリティ・システムの運用は，極めて有用的手段として期待されている。

第2節　トレーサビリティ・システムの構築による流通の質的変化とその国際的意義

　以上，前節では，具体的に消費者アンケート調査を行い，そこから，トレーサビリティ・システムに対する社会的認識とそのニーズの度合いを確認した。そのなかで，結果として，トレーサビリティ・システムへの生鮮食品分野における導入ニーズの高いことがわかった（表8-12，図8-13を再参照）。こうした消費者ニーズは，近年の流通におけるチャネル・リーダーの移行，すなわち，小売業主導型流通システムの台頭と大きく関連しており，そうした意味では，トレーサビリティ・システムの広範に亘る導入は今後も予測される。特に，コンプライアンス経営が社会から要望されつつある今日においては，それは，なおさらのことであろう。
　一方，こうしたトレーサビリティ・システムが現実化した場合に，そのツールとしてICタグの導入が最も有力視されており，そのきっかけとなったのが，2004年よりウォルマートや米国国防総省がICタグ導入計画を公表したことにあり，2005年以降からのそれらの実験導入と相まって，我国流通業界においても，その導入実験の動きが加速してきている。特に，世界的規模でチェーン展開を繰り広げているウォルマートは我国においても，西友を通じて事実上，市場参入してくることが予測されており，少なくとも，ウォルマートとの将来的取引をも視野に入れた対応も窺われる。さらに，そうした実験導入を通じて，実際にICタグの効用を認識するようになった流通業も多く，課題の克服に向けての対応と対策の段階に入っているものとの見方もできよう。ただ，今日においては，世界規模での経済不況もあって，その回復がICタグの本格的運用を促すキーとなってくるだろう。そしてそれらの条件が伴えば，流通業界のみならず幅広く産業界に浸透し社会・経済に定着していくものと考えられる。
　既述したように，トレーサビリティ・システムにICタグが導入された場合，ICタグのもつ特長から判断すると，実にこれまでの流通システムとは性質を異にする新たな流通システムを創造することができる。それは，トレ

第8章　流通のグローバル化と国際的トレーサビリティ・システム

ーサビリティ・システムが生産段階から最終消費段階までのプロセスを全て追求・遡求できる仕組みを要するという点で，ICタグがそれに見合う様々な機能をもっているからである。

　特に，従来のバーコードとは異なり，非接触的であり，GPSを搭載したICタグであれば，物の所在が瞬時に知ることができる。そして，それをコンピュータと接続し，さらにそれをネットワーク上のデータベースと結合させることで，大量の情報や動的に変化する情報をネットワーク側にもたせることができ，瞬時に製品情報，流通情報を把握することもできる。つまり，従来の流通とは異なり，ネットワーク側の一員でもある消費者がダイレクトに流通に関与することができるようになる。そうなると，以前のような大量生産・大量消費時代における供給サイド主導の流通ではなく，需要サイド主導の流通システムに大きく転換する可能性がある。

　確かに，これまで流通に全く消費者が関与してこなかったわけではない。消費者が発するニーズが生産段階における生産物の創出の一助となってきた。そして，流通の情報化が促進された1990年代になると，POSレジの導入によって精巧にそれが生産段階にまでフィードバックされ，効率的な生産物の創出に寄与した。しかしながら，そのプロセスで，消費者がダイレクトに生産者とのコミュニケーションを図ることや個人的なニーズを生産者にダイレクトに反映することは皆無に等しかった。すなわち，それはいわば，販売・購入代行者的存在であった小売業が請け負う形で流通システムに反映されていったに過ぎない。しかしそれ故に，流通システムのなかで，最も消費者にダイレクトに直結する存在であり，密接な関係にあった小売業は，流通において重要視されている顧客情報を確保することで，バイイング・パワーを梃子にメーカーや卸売業に対して拮抗するようになっていったという事実も否定できない。

　しかしながら，ICタグが導入され，これまでの情報ネットワークが情報通信技術を通じて企業間から拡大されることによって，これまで不可能とされてきた多様化する消費者ニーズにより的確に対応することができるようになる。そのことは，これまであまり浸透してこなかった企業―消費者間の取引，すなわち，BtoC取引を急速に高めていくことになろう。また，トレー

サビリティ・システムとの絡みで，これまでBtoCで課題とされてきた信用創造の構築もより可能となっていくであろう。

　さらに，このことは生産者であるメーカーにもビジネス・チャンスをもたらす。例えば，最近年，一連の不祥事で食品・非食品問わず，消費者の企業に対する不信感が高まってきている。こうした不信感を払拭し，メーカーは信頼回復に向けての取組みをしていかなくてはならない。特に，メーカーの中核戦略を担ってきたブランドの信頼回復は非常に重要な課題でもある。トレーサビリティ・システムの構築とICタグの連結，そして，それを情報ネットワークで消費者とダイレクトに直結させることは，流通情報の透明性を図ることができ，これまで課題とされてきた情報の非対称性を解消させることができると共に，その解消によって信頼のおける情報サービスを付加し，それと相まって，ブランド力の強化へとつなげることもできる。また，これまでの伝統的なマーケティングでは成しえることのできなかった個のニーズの領域を，透明性のある情報ネットワークを通じて充足させることもできるようになるであろう。つまり，こうした情報ネットワークを通じて，個を標的とした市場戦略が行われるようになりマスから個を重視した新たな事業環境が創出されていく可能性が強い。情報はこれまで無形なものでありサービスの一側面として捉われてきた。しかし，トレーサビリティ・システムの構築とICタグの連結，さらにそれらを，情報ネットワークを通じて消費者と直結させることで，有形，無形といった概念の枠を超えて製品と情報・サービスがそれぞれ密接に結びついた1つのブランドを形成ならしめる。そしてそれが消費者の要望に応じて，瞬時に生きた品質保障として消費者に認知されるようになれば，メーカーにとっても新たな差別化戦略の中核の1つにもなってくる。

　このように，トレーサビリティ・システムはICタグと連結し，情報ネットワークを通じて消費者をも流通システムのなかに取り込むことで，これまでのような内外価格差を引き起こしてきた流通取引慣行やしばしば地域格差から不当な価格硬直化を引き起こしてきた情報の非対称性の大幅な改善を可能とさせる。さらに，それらによって複雑化した流通システムの透明化を図り，同時に製品に何らかの問題が生じた際に，その追跡や遡及も即時に行う

こともできる。また，そればかりでなく，今日のような需要不振な時代のなかにあって，なおかつ，消費市場が成熟期を迎えているなかで，多様化する消費者ニーズに俊敏かつ的確に対応ならしめる。こうしたトレーサビリティ・システムの構築は，流通におけるリスクをより管理し易いものにすると共に，個々の消費者のニーズを精巧に充足してくれる効率的で，質の高い流通システムを実現させてくれるだろう。

第3節　トレーサビリティ・システムによる短期的影響と流通構造

　先述してきたように，トレーサビリティ・システムの導入は，BSE問題を契機に，食に対する消費者の関心が高まり，消費者の不安を解消するため，政府は牛肉のトレーサビリティ導入を2004年12月より義務付けることになった。そして，それからやや遅れる形で2005年末になりそれまで禁止されていた米国産牛肉の輸入の再開へとなった。その再開に関しては，米国政府の政治的圧力がその背景にあったともされているが，それ以上に，最近年になって，トレーサビリティに関する国内調査や実験・実証が一段落つき，体系化されてきたことがその再開の一大要因ともなったことが予想される。今は海外輸入品に対してはそうした義務は課せられていないが，いずれはICタグのような機能をもったツールが国際的な広がりと共に，日本企業との取引において暗黙の了解のうちにその導入が進められていくことが考えられる。また，米国もICタグの普及により，それに対応できるシステムが確立されてくるものと予測される。

　このような形で我国の流通に導入が義務付けられるようになったトレーサビリティ・システムであるが，このことは，これまで流通において不透明かつ複雑とされてきた流通経路の把握を企業，消費者に明確に提示することができる革新的な手法として広く流通に浸透する可能性が強い。本書の消費者アンケート調査にも示されたように，我国の消費者は鮮度を非常に重要視する傾向にある。またその鮮度を重視する背景には，食に対する安心感や安全性を求めるといった動きがあることが挙げられる。そして，消費者はアンケ

ートのなかでも触れたように，牛肉以外の生鮮食品に対するトレーサビリティ・システムの導入に対しても極めて前向きな姿勢を示している。その一方で，供給サイドである小売段階においても，年々，その導入に対する取組みが進展している。特に，大手チェーン小売業ではその実験導入段階で様々な成果を得ているケースも少なくない。消費者ニーズそして企業の社会的責任としての対応も含め，さらにはICタグのISO標準化といったことも相まって，緩やかではあるがその現実化が進んでいる。実際に，生鮮食品を取扱っている小売店舗では，第6章の事例でもみてきたように，QRコードとインターネットとの連結により消費者が生産・流通履歴を把握できるようなシステムの導入が進んでいる。

　こうしたトレーサビリティ・システムの導入は，漸次，小売店舗におけるカテゴリーの幅を広げていくものと考えられる。特に，大手チェーン小売業等をはじめとする小売店舗では，生鮮食品をはじめとする食品全般において消費者の食に対する信頼回復と安全性を打ちだす戦略として，その導入が一般化していくことが予測されることは既述してきたところである。だが、特筆すべきことは，このような大手チェーン小売業の導入の一般化は，小売全体における普及を促す可能性が強く，メーカー側もその要請に対応してインフラ整備を進めてくる公算が高い。そうした意味では導入がなされていない小売店舗は暗黙の了解で取引が成立しない状況となっていく可能性がある。つまり，トレーサビリティの中核となる生産段階から最終消費段階までの一貫した追求・遡求ができない企業は度外視されてしまうか，淘汰されてしまう可能性が強いと考えられる。今日のようなコンプライアンス経営が求められている社会においては，企業の健全性をオープンな環境の下で，消費者に提示していくことは必要不可欠な風潮となりつつあるためなおさらのことであろう。

　このようにトレーサビリティ・システムの導入は，今後，さらに拡大傾向にある。また，こうした傾向は短期的にはQRコードの普及を進め，中・長期的にはICタグを促すことになる。そしてやがては，ICタグ普及の際に課題視されてきたコスト低減を促すことになる。かつてICタグは単価100円前後といわれ，それがボトルネックとなり導入を見送る事業者も多数あった。

しかしながら，トレーサビリティ・システムの普及は，ICタグの量産化を促し，取引面における競争のなかでその一般化を可能とするであろう。加えて，ISO標準化と相まって，トレーサビリティ・システムだけでなくサプライチェーン・システムを志向する欧米諸国の流通においてもICタグへの一本化が加速していくことにもなろう。こうした世界規模でのICタグ運用に向けての動向が要因となって，さらなる流通における変革を推し進めることになるのは必至のことであろう。

第4節　トレーサビリティ・システムによる中・長期的影響と流通構造

　トレーサビリティ・システムの短期的影響として，前節においては，主に食品分野での導入にはじまり，やがてその適用範囲が拡大し，小売店舗においてトレーサビリティ・システムが構築されていない企業は取引の度外視，あるいは，淘汰が余儀なくされるとしてきた。またそれは，我国における食に対する厳格な消費者の購買行動と相まって，需要にダイレクトに影響を及ぼすことはいうまでもない。さらに，そうした消費者の購買行動は，消費者と常に直結して成長してきた小売業にとって非常に重要なことでもある。
　しかしながら，このことは，中・長期的には流通の世界規模での効率化をもたらす可能性がある。現在のところは，トレーサビリティ・システムの範囲は，日本国内の生産者，中間流通業者を経て小売業へと流通し，それは食品分野から段階的に非食品分野へと商品カテゴリー幅を拡大するといった状況にある。つまり，それは流通取引面の変革を促すことに留まっている。だが，中期的には，その導入が極力全ての商品に適応していく必要性がでてくる。海外輸入商品の全てがトレーサビリティ可能な状態にならなくてはならない。食料自給率が約4割にしか満たなく，それ故に，その大半を海外からの輸入に依存している我国にとって安全性を確保するためにはなおさらなことである。従って，海外から輸入される前の段階である生産者の協力が必要となってくる。事実，本書において実施した消費者アンケート調査でも，我国の消費者が国産品を嗜好する要因として安全性を挙げている。そのことは，

241

逆にいえば，海外輸入食品の安全性の確保に対する不透明性が阻害要因となっていることを意味する。特に，アジア諸国との輸入が高まっている我国においては，その情報履歴の信憑性が重要となってきている。これまで，生産地表示が偽装であったり，事実であっても曖昧な表示がしばしば消費者の不安を招いたりしてきた。中期的には，既述したように，小売業は，トレーサビリティ・システムの要望に対応できるパートナーでなくては，海外の生産者や中間流通業者にも取引に応じなくなるだろう。そうした意味では，実質的には海外の取引相手企業もトレーサビリティ・システムに準拠した管理体制を構築していくことが取引をするうえでの大前提となってこよう。このような厳選な取引は，これまで曖昧であった世界規模での輸入取引流通，特に，アジア近隣諸国における輸入取引流通のあり方を抜本的に変革し，そのなかで，流通の標準化がなされていき，その標準化によって世界規模での流通構造の変化が進み，世界市場の同質化が進んでいくことになるだろう。

　以上のように，日本の場合は食品分野からトレーサビリティ・システムの導入が進み，それは短期的には，ICタグの普及と相まってそのコスト低減化が進み，その応用分野を非食品分野にまで広げて利活用が進んでいく。そして，それは，中・長期的には，米国同様に，サプライチェーン・システムとしての機能ももつようになり，より効率的な流通の構築をもたらすことになろう。換言すれば，短期的には流通取引面の変容を引き起こし，中・長期的には，それは流通の効率化へと大きく変革し，消費者を含めた流通となっていくことになるであろう。

　一方，情報技術革新，すなわち，ICタグが情報ネットワークを通じて，我国の流通に及ぼす影響についてもう少し触れてみたい。既述してきたように，流通システムは段階的な情報技術革新の進展とその導入により，組織変化はもちろんのこと，それはこれまでの流通取引構造を大きく変革させてきている。そして，最近年はICタグの普及を迎えて，さらなる構造的変化を引き起こす可能性が強い。特に，これまで中間流通を担ってきた卸売業の機能は情報技術革新の導入により大手チェーン小売業の本部，あるいは，メーカーがそれに代わって機能し始めてきている。従って，卸売業の数は淘汰や再編を余儀なくされ，機能もより限定的なものへと代わりつつある。しかも，

第8章　流通のグローバル化と国際的トレーサビリティ・システム

大手メーカーと大手チェーン小売業との間には一部，直接取引を行うところもみられるようになってきている。このことは，中間流通業者にとっては極めて厳しい経済環境には変わりないが，それでもこれまでは，業務提携やM&A等を繰り広げて難を逃れてきた。

　しかしながら，ICタグの導入が本格化することにより，今後，中間流通業者にとって，さらなる厳しい経済環境になっていくことは間違いない。トレーサビリティやサプライチェーンをはじめとした本格的な流通情報システム化の流れとICタグが本格的に連結するようになれば，米国と同様に，上位集中型の流通構造へと進展していく可能性も十分に考えられるからである。また，少なくとも，取引慣行，すなわち，日本固有の建値制，リベート制，特約店制及び返品制は従来のように機能していくことはできなくなるであろう。そして，そのことは，流通の取引構造を大きく変革させ，新たな流通の担い手や異業種の参入をも含めた融合した流通を創出するかもしれない。

　いずれにしても，流通取引面での変革は図8－20のような従来型から現在，未来型へと転換していくことが予測される。従来のような卸売業を通じてチェーン本部→チェーン店といった形はなくなりメーカーから直接，チェーン小売業の物流センターへと物品が配送される。そして，情報のやり取りは，メーカー↔チェーン本部との間で交換がなされる。

　2番目の大手卸売業を介した取引とは，米国のスーパーバリューのようにボランタリー・ホールセーラー（卸主宰のボランタリー・チェーン）を中核に，中小小売チェーンを対象に商品供給する卸売業が介在する取引である。従来と異なるところは，格段に規模の拡大と革新性をもった卸売業が介在されるというところである。こうした卸売業の介在が必要となる背景には，流通構造が上位集中型へと進展していく一方で，中小小売業との共存・共栄を意図していることが挙げられる。すなわち，中小小売業はある程度は数のうえでは縮小されていくものの，多頻度購買行動をとる我国の消費者を考慮すれば，存立は十分に考えられ，二極分化の構造を保ちながらお互い棲み分けていくものと考えられる。従って，そうしたなかで資金繰りの良くない中小小売業向けの卸売業がM&Aを繰り返し規模の拡大を図ってそこに介在してくるだろう。

図8-20 ICタグが流通システムに与える影響

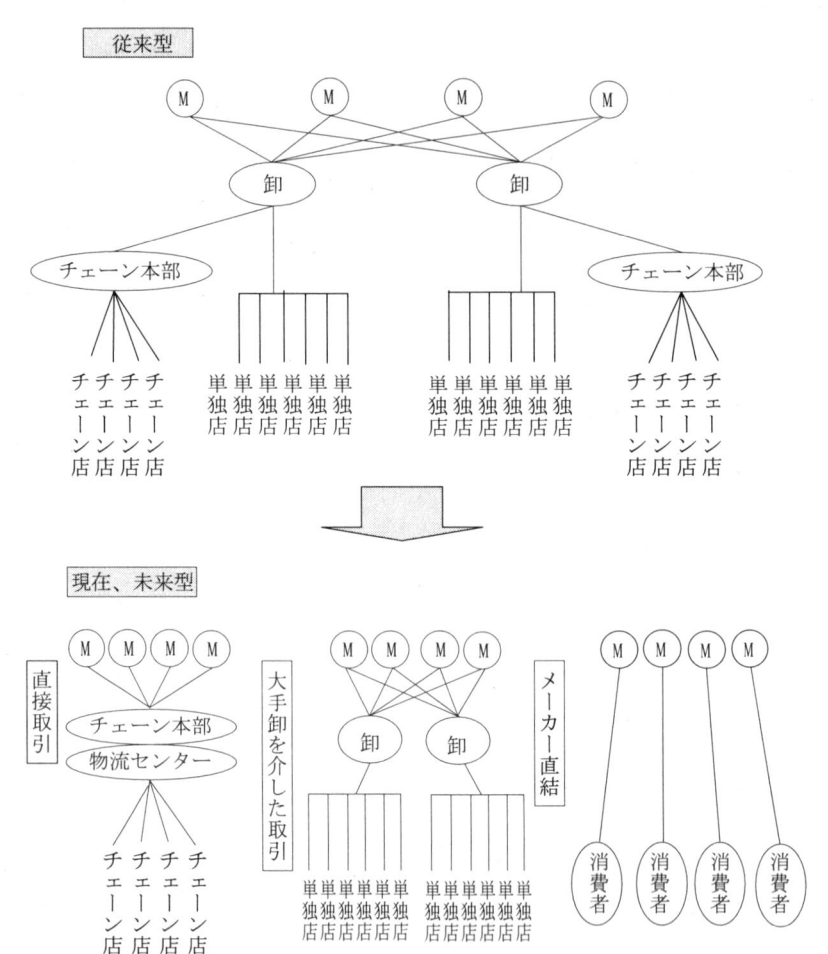

従来型

現在、未来型

出所：長銀総合研究所編『流通革命新時代』東洋経済新報社，1997年，p.134を
もとに大幅改変し，筆者作成。

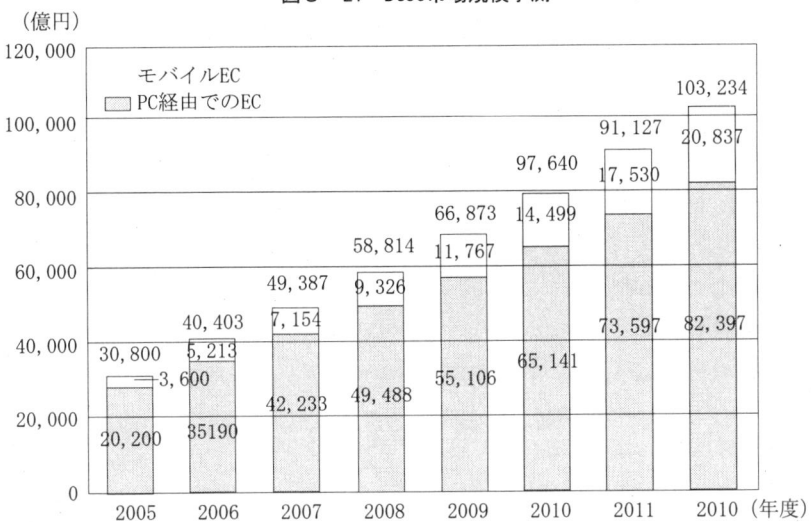

第8章 流通のグローバル化と国際的トレーサビリティ・システム

図8-21 BtoC市場規模予測

(億円)

年度	モバイルEC	PC経由でのEC	合計
2005	3,600	20,200	30,800
2006	5,213	35190	40,403
2007	7,154	42,233	49,387
2008	9,326	49,488	58,814
2009	11,767	55,106	66,873
2010	14,499	65,141	97,640
2011	17,530	73,597	91,127
2010	20,837	82,397	103,234

出所：野村総合研究所情報・通信コンサルティング部『これから情報・通信市場で何が起こるのか IT市場ナビゲーター2008年版』東洋経済新報社，2008年，117頁より抜粋。

　そして，3番目のメーカー直結とは，BtoCに代表されるようなメーカーや生産者から直接に，取引をする形態である。このメーカー直結の流通取引は今後最も普及が予測される（図8-21）。また，消費者が流通に直接関与してくることから消費者の流通における発言力が高まっていく可能性も強い。

245

第5節　トレーサビリティ・システムが消費者及び流通業に与える影響

　トレーサビリティの利活用ツールとして，大本命とされるICタグの効用は時間の経過と共に一部，その普及が加速している。それには，ウォルマートや米国国防総省をはじめとする導入や要請が寄与していることが間違いなく関係しているが，その一方で，それを踏まえつつ我が国の流通業間でも，その動向を踏まえてバーコードからICタグへと新たに転換している実例も水面下では増えつつある。特に，流行が左右するアパレル業界や競争の激しい小売業間においては流通の効率化と消費者ニーズの先取り手段としてICタグの導入実験が加速している。また，食の安全・安心という見地からも，既述したように，ICタグの導入実験が進んでいる。食品を主に扱う流通業の間では，単価対タグ投資額というコストを含めた部分でまだ課題は残るものの，ICタグの量産化が進めば製品単価が低減され，ICタグへの導入を踏み切る可能性は，さらに高まっていくものと考えられる。このように，ICタグ普及への段階は社会的なニーズや実験導入を通じて，企業，消費者間で，着実に進んでいる。

　しかしながら，それらを通じて，新たな課題も明確となってきている。それは，ICタグのもつトレーサビリティ機能にある。例えば，ICタグの導入により消費者は自ら情報ネットワークにアクセスすることで物の生産段階や流通経路を把握することができるようになる。それは消費者に安全・安心な物の選別が可能となる反面，そうしたICタグのトレーサビリティ機能が，消費者に対するプライバシーの侵害を引き起こす可能性がある（図8－22参照）。

　実際，その実験導入で先行する欧米では，ICタグがもたらす特長を企業が消費者に予め告知せずに試みたことからICタグを巡っての不買運動が生じている。例えば，米国ではCASPIAN[14]，ドイツではフォーバドという消費者団体が運動を展開しており，こうした消費者団体の影響を受けて，ICタグに関するガイドライン，ポジションステートメント（5原則）[15]が民間レベルにおいて独自に発表されている。我が国では，現在，ICタグを巡る顕著な

プライバシー保護運動は行われていないが，欧米での一連の運動での教訓を生かした統一的で自主的なガイドラインの作成が急務となってこよう。因みに，我国では，行政レベルにおいてのガイドラインは進められている。例えば，経済産業省では表8－16のような「電子タグに関する保護ガイドライン（案）」を個人情報保護法案の観点から作成している。(16)

図8－22　ICタグの課題

ICタグが生活者に与える影響
　情報の共有化で創出されるメリット………安心・安全，ブランド信頼向上
　情報の共有化で創出されるデメリット………生活者に対してプライバシー問題

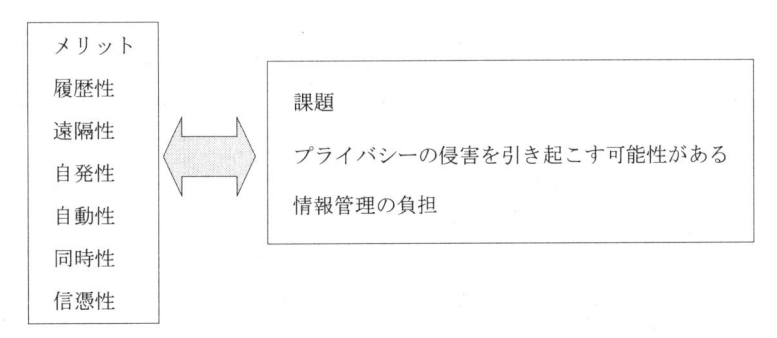

```
┌─────────┐              ┌──────────────────────────┐
│ メリット │              │ 課題                      │
│ 履歴性   │              │                           │
│ 遠隔性   │   ⇔          │ プライバシーの侵害を引き  │
│ 自発性   │              │ 起こす可能性がある        │
│ 自動性   │              │ 情報管理の負担            │
│ 同時性   │              │                           │
│ 信憑性   │              │                           │
└─────────┘              └──────────────────────────┘
```

出所：井熊均『ICタグビジネス』東洋経済新報社，2004年，49頁。

表8－16　プライバシーガイドラインのポイント

主な項目	概　要
電子タグが装着してあることの表示等	電子タグが装着されている事実，記録されている情報の内容を消費者が認識できるようにする
電子タグの読み取りに関する消費者の最終的な選択権の留保	消費者が電子タグの読み取りができないことを望む場合，それを可能とする方法について表示する
電子タグの社会的利益等に関する情報提供	電子タグの読み取りをできないようにした場合の消費者の利益や社会的利益が損なわれる可能性について情報を提供する
電子計算機に保存された個人情報データベース等と電子タグの情報を連携している場合	個人情報を記録していない場合でも個人情報データベース等と連携している場合は個人情報としての取り扱いをうける

出所：井熊均『ICタグビジネス』東洋経済新報社，2004年，118頁。
原資料：経済産業省「電子タグに関するプライバシー保護ガイドライン(案)」。

注
（1）総務省編『情報通信白書』2005年，195頁。
（2）総務省編，同上書，29頁。
（3）世界の小売販売額トップ10のなかで，米国と日本の世界市場に占めるシェアは他国を圧倒している。例えば，米国は小売販売額において，また，人口当たりの小売販売額においても世界のトップに位置付けられている。一方，日本も，米国に次ぐ世界第2位の位置にあり，その小売販売額は米国の約4割程度ではあるものの，他国を大きく引き離している。また，人口当たりの小売販売額についても米国に次ぎ第2位という位置は変わらぬものの，これはかなり高い水準にある。詳しい内容については，田村正紀『先端流通産業―日本と世界―』千倉書房，2004年，16〜17頁を参照されたい。
（4）本書において，「安全・安心」という言葉が頻繁に使用されているが，厳密には，2つの言葉は，別の概念をもって成立している。例えば，岩波辞典によると，「安全」とは，「危なくないこと。物事が損傷・損害・危害を受けない，または，受ける心配のないこと」と定義されており，一方，「安心」とは「気にかかることがなく，あるいは，気にかかることがなくなって，心が安らかなこと」と定義している。また，この概念にトレーサビリティの概念を照らしあわせてみると，「安全」とは科学的に担保されるものであり，「安心」とはその安全性情報を公開することで確保されるものと定義付けられる。

なお，「安全」及び「安心」についての詳しい論文，吉川肇子・白戸智・藤井聡・竹村和久「技術的安全と社会的安心」『社会技術研究論文集』Vol.1, Oct.2003.を参照されたい。
（5）BSE及びその他の食品問題については，神里達博「近年の食品問題の構造―2002年食品パニック―分析」『社会技術研究論文集』Vol.2, Oct.2004.を参照されたい。
（6）フードリンクニュース編『食品トレーサビリティのすべて』日本能率協会マネジメントセンター，2004年，42〜43頁。
（7）河野恵伸・斎藤修「生鮮食料品トレーサビリティ・システムの現段階」『流通情報』流通経済研究所，2003年10月，4〜5頁。
（8）食品のトレーサビリティ導入ガイドライン策定委員会『食品トレーサビ

リティ導入の手引き(食品トレーサビリティガイドライン及びトレーサビリティ・システム実証事例)』2003年3月，7頁。
(9) 食品のトレーサビリティ導入ガイドライン策定委員会，同上書，9～11頁。
(10) 梅沢によると，消費者は企業の信頼をもてないという過去の経験から食品の安全と消費者の安心を確保するには電子記録の電子認証による改竄防止を基本に電子サーバーを第三者機関（NPO等）に保障させるというシステムが必要になるとしている（梅沢昌太郎編『トレーサビリティ』白桃書房，2004年，227～228頁）。
(11) RFIDテクノロジ編集部/編『無線ICタグ導入ガイド―先進ユーザーと実証実験に学ぶ！―』日経BP社，2004年，64～66頁。
(12) 食品トレーサビリティ・システム標準化推進協議会による企業アンケート調査（2003年11月実施）によると，トレーサビリティ・システムへの対応について，44.6％の企業が「すでに取り組んでいる」と回答している。また，「準備中・取り組む予定である」が15.7％で，合計すると60.3％で過半数を超えている。

図8－23　トレーサビリティ・システムへの対応について

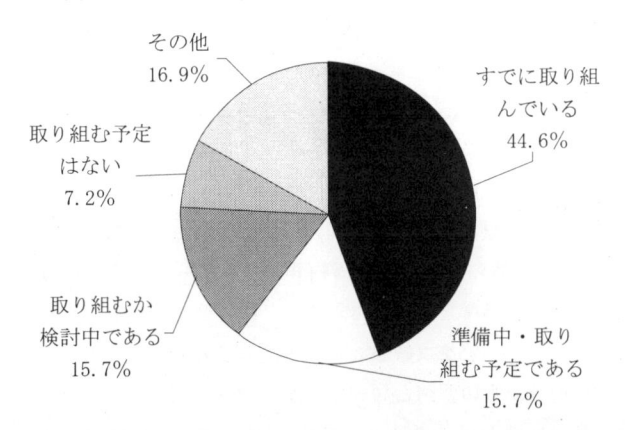

- すでに取り組んでいる　44.6％
- 準備中・取り組む予定である　15.7％
- 取り組むか検討中である　15.7％
- 取り組む予定はない　7.2％
- その他　16.9％

出所：食品トレーサビリティ・システム標準化推進協議会『食品トレーサビリティに関するアンケート結果』より抜粋。

図8-24 トレーサビリティ・システムの開発・導入,運用について,最優先される判断基準

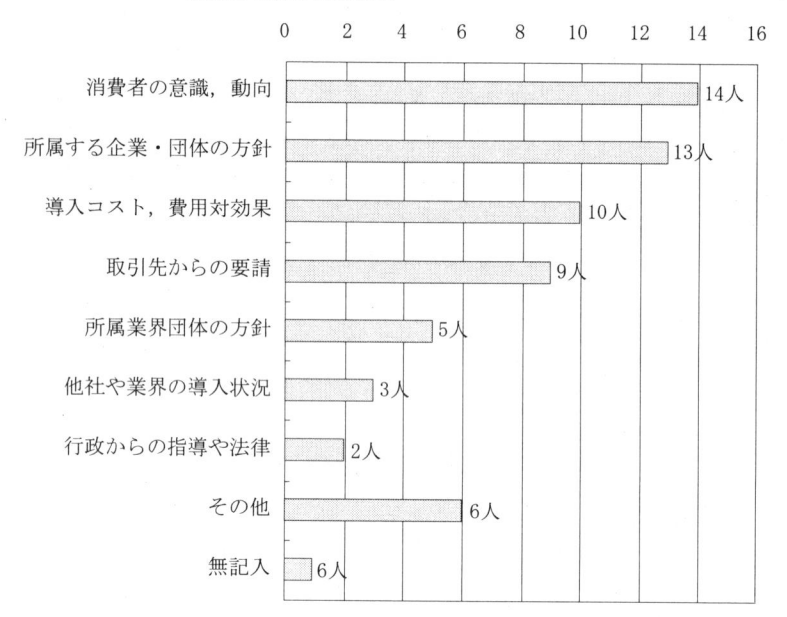

消費者の意識,動向	14人
所属する企業・団体の方針	13人
導入コスト,費用対効果	10人
取引先からの要請	9人
所属業界団体の方針	5人
他社や業界の導入状況	3人
行政からの指導や法律	2人
その他	6人
無記入	6人

出所:食品トレーサビリティ・システム標準化推進協議会『食品トレーサビリティに関するアンケート結果』より抜粋。

　また,同調査によると,トレーサビリティ・システムの開発・導入,運用について,最優先される判断基準としては,「消費者の意識,動向」14人(約22％),「所属する企業・団体の方針」13人(約21％),「導入コスト,費用対効果」10人(約16％),「取引先からの要請」9人(約14％),「所属業界団体の方針」5人(約8％)となっている。消費者ニーズを第一優先判断基準としている。また,次の2番目に挙げられた判断基準として,図8-25を反映した企業・団体の方針,そしてその次に,コストや取引先からの要請となっている。
(13) 例えば,イオンは「グリーンアイ」,イトーヨーカドーは「顔が見える食品」というブランドを各々創設し,店頭端末またはホームページで,生産・流通履歴を確認するできるシステムを開発・導入している。
(14) CASPIAN (Consumers Against Supermarket Privacy Invasion and

Numbering：スーパーマーケットのプライバシー侵害とナンバリングに反対する消費者の会）は，2003年1月にジレットが英テスコの店舗でジレット製替え刃の箱にICタグを貼付し，盗難防止実験を開始した際，ジレットに対して次のような公開質問状を送付している。

① どの商品にICタグが貼付してあるのか

② どこの店舗に導入されているのか

③ 消費者はICタグに関する情報についてどこで知ることができるのか

そして，その後，

① ICタグの利用法や影響について完全に情報公開しない限り，商品にICタグを貼付しないこと

② 消費者の理解と合意なしに，消費者を監視カメラで撮影したり追跡したりしないこと

等を要求し，不買運動を開始している（國領二郎＋日経デジタルコアトレーサビリティー研究会編『デジタルID革命』日本経済新聞社，2004年，70〜71頁）。

(15) ポジションステートメント（5原則）とは，①公開と透明性，②使用目的の特定と告知，③情報収集の制限，④法的な説明責任（アカウンタビリティ），⑤セキュリティの確保のことをいう（國領二郎＋日経デジタルコアトレーサビリティー研究会編『デジタルID革命』日本経済新聞社，2004年，304頁）。

(16) 産業構造審議会情報セキュリティ部会では，ITが経済・社会に深く浸透している現在，情報の不具合等によるリスクが，一国の経済活動全体の停滞をもたらす等，量，質とも拡大，変質，社会全体が新次元のリスクに直面している状況を「情報セキュリティ総合戦略」に策定し（図8－25を参照），2003年10月に経済産業大臣に答申している（日本情報処理開発協会『情報化白書 2004』2004年，280〜281頁）。

図8-25 経済・社会の「神経系」となったIT

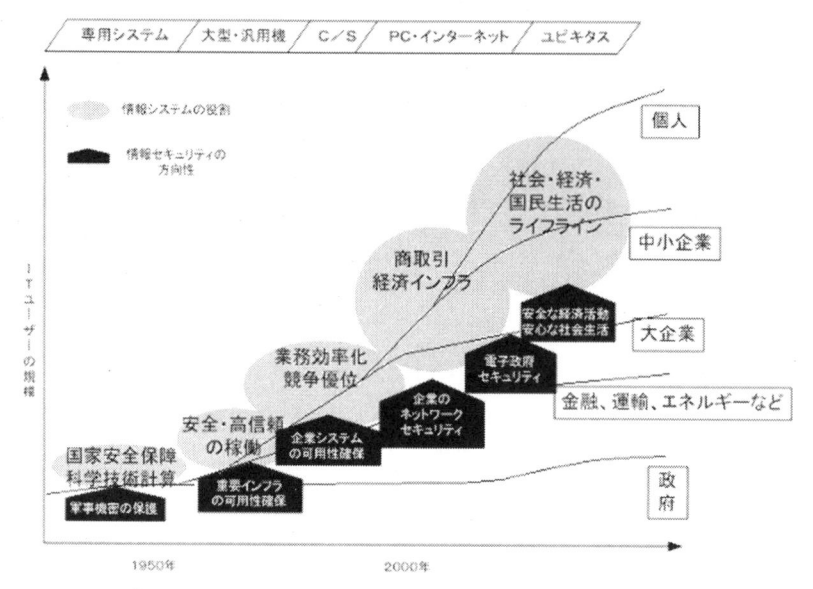

出所：日本情報処理開発協会『情報化白書 2004』2004年，280頁。
原資料：経済産業省「情報セキュリティ総合戦略」

第9章　結びに代えて

　以上のように，本書を通じて，情報化と流通業の構造変化の発展プロセスと特質を検証してきた。その検証を通じて，近年の構造変化は，これまでの国際比較分析のような各国に固有の制度や歴史的沿革過程をベースとする比較分析の枠内あるいはその延長線上のアプローチでは捉えきれない構造変化が進みつつあることが明らかになった。その大きな要因となったのが，近年，飛躍的な発展をみせた情報技術とそのネットワーク化である。伝達技術の飛躍的発展と相まった世界的な情報ネットワーク化は，その内包する特性として，インタラクティブな情報の共有化と取引形態や構造の標準化を推し進める力となり，国際的な制度の融合化をも含めて，流通システム，流通構造を抜本的に変化させてきた。その変化の発展形態は，マクロ的には，当初の仮説設定した情報化と世界システムの変容モデルに沿うものであったが，本書は，それをミクロ的な多段階アプローチの手法を交え，具体的検証を通じて明らかにしてきた。従来からの歴史的沿革過程に立脚したPOSシステムや商品管理，販売管理の情報の統合，ネットワーク化等にみられる個々の情報伝達技術の導入とそれらによる取引形態の変容の集積としての発展プロセスがそれである。その集積としての変容は，QRコードやICタグに代表されるさらなる情報伝達技術の普及化により，流通システムの構造をネットワーク化による連結を通じて，世界的にさらなる変化，仮説モデルで示した「救命艇」の段階に向けて変化させてきている。

　本書を通して検証してきたこのような情報化がもたらすグローバルな「情報共有化」と「標準化」を通じた構造変化の発展パターンは，他の産業，そして経済構造の変化にも適用可能な一般性を有しているとみられ，今日の情報化の影響，本質を学術的により明らかにしていくうえでも，重要な一助となるものと考えられる。

　本書は，以上のような発展プロセスと発展パターンの実証的検証に加え，構造変化がもたらす新たな影響，課題についても，国際的なトレーサビリティの現実化を軸に論及を進め，それらを総じて，世界システムの変容の示唆

を探った。この点を今後の政策課題を含めて，最後に若干付記すれば，以下の通りである。

　流通の情報化，そのなかでも特に，最近年の情報技術革新を伴っての情報ネットワーク化はトレーサビリティ・システムという社会的ニーズを擁して，その導入が進みつつあるわけであるが，それは今後の流通競争市場においてはなくてはならない存在となる可能性が強く，事実上，企業の社会的責務として深く根付いてくるであろう。いや，それどころか，今日のようなコンプライアンス経営が求められているなかで，その導入ができないような企業は逆に，淘汰を余儀なくされる可能性もでてくる。また，このような情報技術革新を伴っての情報ネットワークは，従来のそれとは異なりトレース可能なものとなっていることから，流通の透明性や効率性を格段に向上させると共に，これまで世界経済市場取引において阻害要因となってきた各国の経済構造や制度等を融合化させ，世界規模での同質化が進んでいくことになるだろう。そして，その同質化のなかで，消費者はグローバルな価格，サービスを享受することができるようになると考えられる。加えて，このような情報ネットワークによって，今後は，消費者が流通システムの一員として積極的に関与するようになり発言権を増してくるようになるだろう。さらに，従来，伝統的な流通はメーカー，卸売業，小売業が，長年，その機能を担ってきたが，情報ネットワークによって，それに属さない異業種も参入してくるようになるだろう。例えば，金融や生産者等が直接関与してくる可能性が強く，また，商物分離が明確となってくるため，3PL（サードパーティロジスティクス）等といった新規参入者が創出される可能性も高まる。

　一方，このような情報ネットワークを可能とするトレーサビリティ・システムは，その導入を契機に，我国において広く浸透し，冒頭で掲げた情報通信技術と流通との絡みのなかで，4つの変容モデルの「囚人のジレンマ」の状況と「救命艇」状況の中間にあった位置から「救命艇」状況へと移行していくことになっていくであろう（図2－1を再参照）。本書のなかで，論じてきたように，「囚人のジレンマ」状況での特徴ともいうべき，企業間取引（BtoB）から，企業－消費者間取引（BtoC）へとトレーサビリティ・システムの普及とその浸透によって導かれることによって，消費者との間でオープ

ンな情報のネットワークの共有化が誕生し，消費者を含めた流通へと変貌していく。

　また，その状況においては，次第にトレーサビリティ・システムは制度化され，それに対応できない企業は再編・淘汰を余儀なくされる。加えて，この状況における情報通信技術の効果は絶大であり，イノベーションを通じて世界システムに及ぼす影響も極めて高い状況となっている。そのイノベーションとして導入されてきたのがQRコードやICタグであり，それらによってこれまでの「量」から「質」を重視した流通へと変革していく。特に，ICタグは将来的には，ボーダレスな取引を可能とするため，情報の国際化を促し，インターネットを通じてスピーディーかつ広範に世界各地に広がりをもたせてくれる。従って，情報開示が可能なシステムを構築した輸入貿易を貿易相手国に求めていくことになっていくであろう。

　しかしながら，この状況では，2つのシステム，すなわち，社会システムとしてのトレーサビリティ・システムと消費者に対するプライバシー保護確立のためのシステムづくりがなされなくてはならない。この2つのシステムは経済・社会の発展，すなわち，生活の質の向上と共に極めて重要なものであり，また，それは，表裏一体の関係にある。トレーサビリティ・システムは消費者とダイレクトなつながりをもち，不測の事態が発生した際に消費者の要望に応じて瞬時に情報開示ができるシステムでもある。しかし，このシステムこそが，消費者のプライバシーの侵害問題へと発展する恐れがある。従って，この状況においては，そうした問題に柔軟に対応できる機関を設立する必要がある。もし，そうした状況で対応を怠ることが生じれば，情報がもたらすべき信頼性は失われ，企業は失態・業績悪化の一途を辿り，やがて失脚することになる（図9－1を参照）。特に，救命艇状況においては，このことが極めて重要となってくる。このことは日米だけでなく，後発国も情報ネットワークで連結しているため当然，その影響を受けることになるだろう。

　また，既述したように，欧米ではICタグを巡り消費者問題にまで発展した。そうした動向を踏まえて，我国においても行政がガイドラインを検討する等，国を挙げての動きが活発化してきている。そうした意味では，国家間のレベルにおいては，その具体的な担い手はNPO等のような営利を目的と

図9-1 4つの変容モデル

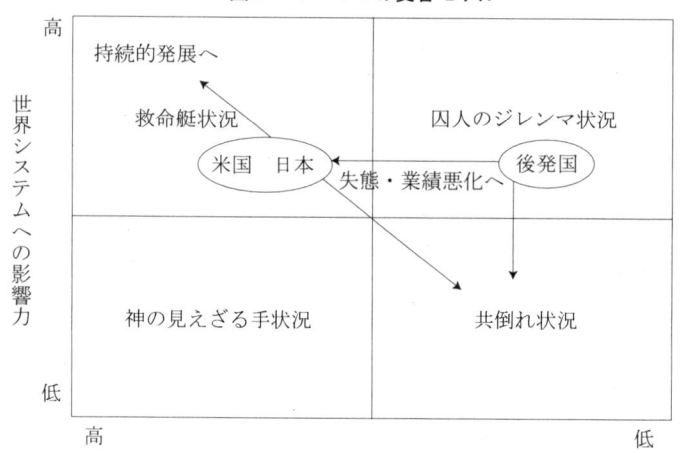

（縦軸：世界システムへの影響力　高／低）
（横軸：流通と情報通信技術の浸透度＝効率性の度合い　高／低）

- 左上：救命艇状況　持続的発展へ　米国　日本
- 右上：囚人のジレンマ状況　後発国　失態・業績悪化へ
- 左下：神の見えざる手状況
- 右下：共倒れ状況

出所：筆者作成。

図9-2 取引形態の時系列的変遷

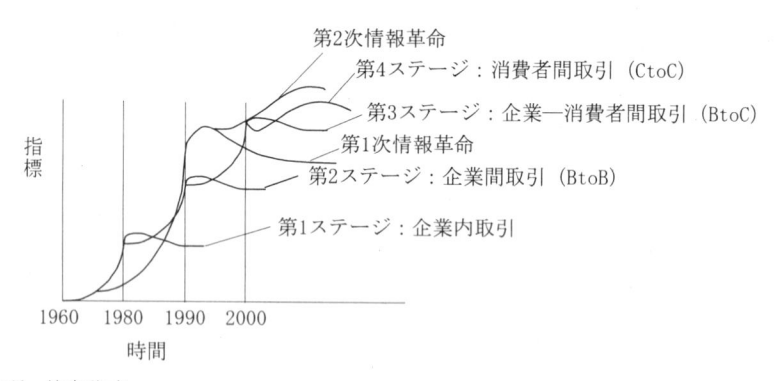

- 第2次情報革命
- 第4ステージ：消費者間取引（CtoC）
- 第3ステージ：企業—消費者間取引（BtoC）
- 第1次情報革命
- 第2ステージ：企業間取引（BtoB）
- 第1ステージ：企業内取引

（縦軸：指標、横軸：時間　1960　1980　1990　2000）

出所：筆者作成。

しない機関が中心となって民間企業と消費者間の情報を公正な立場で管理し，中立的な機能を行う必要性がでてくる。

しかしながら，情報通信技術は今後のブロードバンドの普及に伴い，さらなるインターネット人口の普及と浸透が予測されていることから，企業間取引（BtoB），企業－消費者間取引（BtoC）だけでなく，消費者間取引（CtoC）

256

も，次第に，普及してくるだろう（図9－2を参照）。
　そうしたなかで，消費者情報の管理を遂行していくことは極めて難解であるため，世界規模で管理できる機関の設立が急務となってこよう。金融機関にIMFが存在するように，情報産業においても中立的な第三者の立場で物事を判断できる新たな機関がなくてはならない。そして，そうした機関の下で，グローバルな視点に立ってのルールづくりが進んでいくことが望まれる。

あとがき

　現在,我国の流通は再編の時を迎えつつある。流通のグローバル化,情報化が同時進行する中で伝統的流通システムの見直しが迫られ,それらが流通の国際的変化を促そうとしている。こうした状況下,本書は,経済構造,制度の変化と融合化について流通業の国際的な構造変化に焦点を当て,イノベーションと構造変化の発展過程とその特質の解明を進めて,情報技術革新と世界システムの変容との関係を明らかにしていくことを意図している。

　また,本書の特徴は,世界経済,世界システムというマクロのフレームワークのなかで現在の流通業の構造変化を位置付け,その変容を情報技術革新,特に,情報ネットワーク化の急速な進展の影響を軸に解明しようとすることにある。加えて,世界システムというマクロ的なフレームワークにおける情報化と流通業の構造変化を解明していく前段階として,まず,情報通信技術の発展段階と世界市場の変容の関係を4区分の市場環境変容モデルを用いて検討し,現在の情報化と市場環境の構造的変化の位置付けを図っている。さらに,日米におけるイノベーションと流通構造の発展過程とその特質の解明を進め,情報技術革新と流通構造の国際的変革,その影響を広範な視点から明らかにしている。

　元来,情報ネットワーク化がもたらす本質的な効用の1つは共有化,標準化という点にある。産業組織や生産体制の国際的標準化はその具体例であり,流通も例外ではない。情報技術,ネットワーク化の進展は各国固有に発展してきた流通構造の制度的融合化,標準化を個別の流通イノベーションの発展と相まって進んできた。それ故に,流通構造の変容の検証においては制度の国際比較とその融合化のプロセスの検証を抜きにしてはみえてこない。歴史的視点,そのなかでの制度の経済的意義を含めて比較検証を進めていくことが必要となってくる。それを踏まえたうえで,個々のイノベーションが制度の標準化とどのような関係をもち,どのように流通構造の融合化を推し進めてきたのか,その経済,社会的な意義と影響を含めて実証的に分析,検討を進めている。その検証,分析においては,組織論やマーケティング論を含む

ミクロ経済学的アプローチのみならず，マクロ経済学的視点にも留意して変化の意義や問題点の解明を進めると共に，社会的影響についてはアンケート調査も駆使して分析を進めている。情報化の進展による構造変化は今や流通形態の高度な標準化と国際的なトレーサビリティを可能とする段階にまで進展してきている。こうした標準化とトレーサビリティの進展は国際的な生産体系の標準化や軍事面におけるロジスティクス戦略のイノベーションにまで発展する可能性も内包している。このような構造変化を，歴史的発展プロセスを踏まえた多段階アプローチを通して解明していくことで，最終的に，イノベーションと構造変化の関係の一般化を図り，流通のグローバル化，情報化と国際的トレーサビリティ・システムの新たな構築に向けた動きが内包する社会経済的影響と世界システムの変容への示唆を解明していくことを目的として論を進めている。

なお，本書の構成は大きく分類すると，第Ⅰ部で問題提起と流通イノベーション，変化の時系列的変遷を，第Ⅱ部で伝統的流通構造の特質とイノベーションを，そして第Ⅲ部で情報ネットワーク化社会と流通イノベーション—流通取引の情報化戦略，パッケージIT化戦略，PB戦略—をそれぞれ取り扱っている。各部各章の内容については，以下の通りである。

第Ⅰ部第1章では，問題意識，研究目的と方法を検討し，今までに成されてきた流通研究，国際流通研究等のサーベイを行っている。

第2章では，情報通信技術の発展段階と世界市場の変容の関係を4区分の市場環境変容モデルを用いて検討し，現在の情報化と市場環境の構造的変化の位置づけを行っている。

第Ⅱ部第3章では，流通形態に関する理論的仮説を網羅的にサーベイしたうえで，日米における流通形態の発展とイノベーションを比較検討し，それによって明らかとなった相違の分析を行っている。

第4章では，日本の流通構造を統計資料などに基づいて分析し，その特質を明らかにしている。また，その際に補論として，日本の流通構造の特質の中核とされる日本的商慣行を取り上げ，それがどのような機能をもってきたのかを概観し，そして，近年の流通業を取り巻く環境変化のなかで，どのような方向性に向かっているのかについての分析，検討を行っている。

第Ⅲ部第5章では，経済のグローバル化，情報化による日本の流通構造への影響の1側面として卸売業の機能の縮小とその再編を挙げると共に，それによる卸売業の進むべき新たな方向性を示唆している。

　第6章では，最近年の流通におけるイノベーションとして2次元バーコードとIT化戦略について概観し，具体的事例を紹介しながら，それが創造する新たな流通業のブランドについてトレーサビリティとの関係で考察を行ってる。

　第7章では，今後の国際的流通構造の変化の担い手として導入が期待されているICタグの流通への影響力を具体的事例研究なども含めながら分析・検討を行っている。

　第8章では，第7章で取り上げたICタグの普及の場として，トレーサビリティ・システムへの導入を挙げ，その普及の可能性を確認するために，需要サイドである消費者に対してアンケート調査を行っている。そして，その結果に基づき，その普及と情報ネットワーク化によって，流通の質的変化が促されることの予測を行っている。

　第9章では，第8章の調査分析に基づいて，第2章で設定した世界システムにおける位置づけをしたうえで，情報化による国際的流通構造の変化の方向性を示すと共に，そこで問題化してくる新たな課題への政策的視点からの考察，示唆を行っている。

　なお，本書のための研究を進めるにあたってこれまで多くの方々からのご指導，ご助言を頂いた。日本大学の円居総一先生，小林通先生，梅沢昌太郎先生には，大学院時代に専門領域における数々のご助言とご指導を頂いた。それから，日本大学名誉教授の秋山正幸先生には専門領域は異なるものの，公私にわたり数々の相談にのって頂いた。また，現在の勤務先である日本大学国際関係学部長の佐藤三武朗先生をはじめ教職員の方々にもいつも大変お世話になっている。その他沢山の方々からのご指導と励ましがあったからこそ，本書がこうして刊行できたものと痛切に感じている。この場を借りて深く感謝を申し上げたい。

　最後に，本書の刊行にあたり何かとご配慮頂いた時潮社社長の相良景行氏，制作部部長の相良智毅氏，そして校正の際にお世話頂いた西村祐紘氏に対し

あとがき

ても心よりお礼を申し上げたい。

平成22年2月
蓼沼　智行

参考文献

[日本語文献]

[単行本]

相原修『ベーシック/マーケティング入門〈新版〉』日本経済新聞社，1999年。
相原修・嶋正・三浦俊彦『グローバル・マーケティング入門「70億人世界市場」をとらえる新視点』日本経済新聞出版社，2009年。
青木幸弘・恩蔵直人編『製品・ブランド戦略』有斐閣，2004年。
秋山功他編『ICタグの仕組みとそのインパクト』ソフト・リサーチ・センター，2004年。
阿部真也『流通情報革命 リアルとバーチャルの多元市場』ミネルヴァ書房，2009年。
阿部真也・村上剛人編『グローバル流通の国際比較―共通性と多様性の解明―』有斐閣，2003年。
雨宮史卓『ブランド・コミュニケーションと広告』八千代出版，2009年。
新井範子『みんな力 ウェブを味方にする技術』東洋経済新報社，2007年。
荒川弘『世界経済の秩序とパワー：多極化時代の国際関係』有斐閣，1983年。
荒川祐吉『小売商業構造論』千倉書房，1962年。
同著『商業構造と流通合理化』千倉書房，1969年。
同著『流通政策への視角』千倉書房，1973年。
同著『流通研究の方法論』千倉書房，1988年。
井熊均『ICタグビジネス―実践手法と新分野への適用―』東洋経済新報社，2004年。
池尾恭一編『ネット・コミュニティのマーケティング戦略』有斐閣，2003年。
石井貫太郎編『国際関係論のアプローチ 理論と実証』ミネルヴァ書房，1999年。
同著『国際関係論のフロンティア』ミネルヴァ書房，2003年。
石井淳蔵『流通におけるパワーと対立』千倉書房，1983年。
石井淳蔵・石原武政『マーケティング・ダイナミズム』白桃書房，1996年。
石原武政・石井淳蔵編著『製販統合』日本経済新聞社，1996年。
石原武政・矢作敏行編『日本の流通100年』有斐閣，2004年
石橋春男編著『消費経済学体系1 消費経済理論』慶應義塾大学出版会，2005年。
伊藤元重『挑戦する流通』講談社，1994年。
同著『ビジネス・エコノミクス』日本経済新聞社，2004年。
同著『伊藤元重のマーケティング・エコノミクス』日本経済新聞社，2006年。

参考文献

井上能行『ICタグのすべて』日本実業出版社，2004年。
今井賢一『現代産業組織』岩波書店，1976年。
岩田一政・山影進・小寺彰・山本吉宣編『国際関係研究入門』東京大学出版会，2003年。
上村信幸編『ベーシック 国際関係論』北樹出版，2001年。
臼井秀彰・木下安司『ニューホールセラーの挑戦』ビジネス社，1995年。
渦原実男『日米流通業のマーケティング革新』同文舘出版，2007年。
宇野政雄他編『流通業界』教育社新書，1982年。
梅沢昌太郎編『流通サービス産業の経営論』白桃書房，1991年。
同著『食品のマーケティング』白桃書房，1986年。
同著『アグロ・フード・マーケティング』白桃書房，1999年。
同著『マーケティング流通戦略』白桃書房，2001年。
同著『トレーサビリティ』白桃書房，2004年。
同著『ビジネス・モデルの再生 ディスマーケティングを問う』白桃書房，2006年。
梅沢昌太郎・雨宮史卓編『マーケティング論概説』記録舎，2005年。
梅沢昌太郎・四條亨・原誠編著『ゆうパック・宅配便と流通革命』白桃書房，1991年。
梅津和郎編著『現代世界と国際関係』晃洋書房，1979年。
梅津和郎他編『現代日本の国際関係』晃洋書房，1986年。
浦野起央『現代国際関係の視点』南窓社，1992年。
同著『国際関係論の再構成』南窓社，1994年。
浦野起央他著『国際関係における地域主義：政治の論理・経済の論理』有信堂高文社，1982年。
江尻弘『流通系列化』中央経済社，1983年。
衛藤瀋吉・公文俊平・渡辺昭夫・平野健一郎『国際関係論』東京大学出版会，1984年。
円居総一「産業と経営」川辺信雄・原輝史編『アメリカの経済—世界をリードする原動力』早稲田大学出版部，1994年。
大江ひろ子編著『コミュニケーション・マーケティング 共鳴と共感の対話型企業経営』白桃書房，2008年。
大平号声・栗山規矩『情報経済論入門』福村出版，1995年。
清野誠喜・梅沢昌太郎共編著『パッケージド・アグロフード・マーケティング 生産・販売履歴にみる安全・環境・ブランド化』白桃書房，2009年。
小倉利丸編『監視社会とプライバシー』インパクト出版，2001年。
小倉利丸「日本型監視社会に対抗するために」『世界のプライバシー権運動と監

視社会』明石書店，2003年．

鴨武彦・伊藤元重・石黒一憲『国際政治経済システム④〜新しい世界システム〜』有斐閣，1999年．

賀来弓月『地球化時代の国際政治経済：情報通信化革命と運輸革命の衝撃』中公新書，1995年．

懸田豊・住谷宏著『現代の小売流通』中央経済社，2009年．

金森久雄『イノベーションと産業構造』日本経済新聞社，1987年．

川端基夫『小売業の海外進出と戦略―国際立地の理論と実態』新評論，2000年．

川辺信雄『セブン-イレブンの経営史〈新版〉―日本型情報企業への挑戦』有斐閣，2003年．

川辺信雄・原輝史編『アメリカの経済―世界をリードする原動力』早稲田大学出版部，1994年．

木村達也『インターナル・マーケティング　内部組織へのマーケティング・アプローチ』中央経済社，2007年．

木村達也『流通イノベーションの発生要因』白桃書房，2008年．

木綿良行他編『現代マーケティング論〈第2版〉』有斐閣ブックス，1992年．

木綿良行・三村優美子編『日本的流通の再生』中央経済社，2003年．

久保村隆祐・荒川祐吉『商業学』有斐閣，1974年．

久保村隆祐・吉村寿編『現代の流通政策』千倉書房，1984年．

久保村隆祐/流通問題研究協会編『第二次流通革命―21世紀への課題―』日本経済新聞社，1996年．

公文俊平『ネットワーク社会』中央公論社，1988年．

同著『情報文明論』NTT出版，1994年．

同著『文明の進化と情報化―IT革命の世界史的意味』NTT出版，2001年．

同著『情報社会学序説―ラストモダンの時代を生きる』NTT出版，2004年．

経済企画庁物価局『「価格破壊」を斬る！』大蔵省印刷局，1997年．

経済産業省編『新流通ビジョン』経済産業調査会，2007年．

経済産業省経済産業政策局調査統計部編『我が国の商業〈2005〉〜新たな発展をめざし，変わりゆく商業』経済産業統計協会，2005年．

経済産業省経済産業政策局編『イノベーションと需要の好循環』経済産業調査会，2002年．

公正取引委員会事務局『独占禁止法の抑止力強化と透明性の確保』大蔵省印刷，1992年．

國領二郎＋日経デジタルコアトレーサビリティー研究会編『デジタルID革命』日本経済新聞社，2004年．

呉世煌・西村多嘉子編著『消費経済学体系3　消費者問題』慶應義塾出版会，

2005年。
小林通『国際経済の新視点』時潮社，1993年。
同著『国際貿易理論小史』時潮社，2008年。
小林隆一『流通の基本〈第3版〉』日本経済新聞社，1999年。
小西滋人『小売競争の理論』同文舘，1971年。
小西滋人他訳（デレック・ニー・ディビッド・ウォルターズ著）『戦略小売経営』同文舘，1989年。
近藤文男・中野安『日米の流通イノベーション』中央経済社，1997年。
斎藤哲夫「変わる競争政策と流通・取引慣行」矢作敏行/法政大学産業情報センター編『規制緩和で変わる日本』東洋経済新報社，1997年。
佐藤肇『日本の流通機構』有斐閣，1974年。
塩田長英『国際関係論 変容する文化と社会』多賀出版，2000年。
戚守峰『日本の商慣行に関する実証分析』木馬書館，2001年。
白川一郎編『内外価格差とデフレ経済』通商産業調査会出版部，1998年。
嶋口充輝『戦略的マーケティングの論理』誠文堂新光社，1984年。
同著『マーケティング・パラダイム』有斐閣，2000年。
嶋口充輝＋竹内弘高＋片平秀喜＋石井淳蔵編『営業・流通革新』有斐閣，1998年。
鈴木武×夏春玉編『現代流通の構造・競争・行動』同文舘出版，2002年。
鈴木安昭『新・流通と商業』有斐閣，1993年。
鈴木安昭・関根孝・矢作敏行編『マテリアル流通と商業〈第2版〉』有斐閣，1997年。
鈴木典比古『企業戦略と国際関係論：日米関係の理論と分析』有斐閣，1995年。
同著『多国籍企業と国際関係の統合理論：グラフによるパラダイムシフト分析』国際書院，1996年。
鈴木豊『流通が変わった』日本経済新聞社，1994年。
同著『これからの流通がわかる辞典』PHP研究所，1999年。
陶山計介・高橋秀雄『マーケティング・チャネル』中央経済社，1990年。
瀬川博義・須賀周平編著『現代国際関係の構造』啓文社，1995年。
関根孝『小売競争の視点』同文舘出版，2000年。
総務省編『平成17年度版 情報通信白書』ぎょうせい，2005年。
高嶋克義『現代商業学〈第2版〉』有斐閣アルマ，2004年。
田口冬樹『新訂 現代流通論』白桃書房，1994年。
竹林庄太郎『日本中小商業の構造』有斐閣，1941年。
田島義博『日本の流通革命』日本能率協会，1962年。
同著『流通機構の話』日本経済新聞社，1990年。

同著『歴史に学ぶ　流通の進化』日経事業出版センター，2004年。
田島義博・宮下正房編『流通の国際比較』有斐閣，1985年。
田島義博監修・臼井秀彰・加藤弘貴・寺嶋正尚『卸売業のロジスティクス戦略　サプライチェーン時代の新たな中間流通の方向性』同友館，2001年。
谷口弘行『現代国際関係論入門』晃洋書房，1998年。
谷口吉彦『商業組織の特殊研究』日本評論社，1931年。
田内幸一・村田昭治編『現代マーケティングの基礎論理』同文舘出版，1981年。
玉城芳治『卸売業マーケティング』中央経済社，1988年。
田村馨『日本型流通革新の経済分析―日本型流通システムの持続的・選択的変革に向けて―』九州大学出版会，1998年。
田村正紀『マーケティング行動体系論』千倉書房，1971年。
同著『流通産業・大転換の時代』日本経済新聞社，1982年。
同著『日本型流通システム』千倉書房，1986年。
同著『マーケティングの知識』日本経済新聞社，1998年。
同著『流通原理』千倉書房，2001年。
同著『先端流通産業―日本と世界―』千倉書房，2004年。
同著『業態の盛衰―現代流通の激流―』千倉書房，2008年。
田村正紀・石原武政編『日本流通研究の展望』千倉書房，1984年。
チャネル・マネジメント研究会『大転換期のチャネル戦略』同文舘，1992年。
通商産業省編『21世紀に向けた流通ビジョン』通商産業調査会出版部，1997年。
通商産業大臣官房調査統計部編『我が国の商業〈2000〉～新たな発展めざす商業～』通産統計協会，2000年。
陶山計介・宮崎昭・藤本寿良編『マーケティング・ネットワーク論　ビジネスモデルから社会モデルへ』有斐閣，2002年。
長銀総合研究所『流通革命新時代』東洋経済新報社，1997年。
鶴田俊正・伊藤元重『日本産業構造論』NTT出版，2001年。
内閣府編『経済財政白書　平成15年版』国立印刷局，2003年。
中田信哉『小売業態の誕生と革新　その進化を考える』白桃書房，2008年。
中西治『新国際関係論』南窓社，1999年。
新納一徳『スーパーVSメーカー　流通支配の構図』ぱる出版，1995年。
西川吉光『現代国際関係論』晃洋書房，2001年。
西村清彦『「価格革命」のマクロ経済学―流通構造変革の実証分析―』日本経済新聞社，1996年。
西村哲『アメリカ流通業のすべて』有斐閣，1987年。
日本情報処理開発協会編『情報化白書2004』コンピュータ・エージ社，2004年。
同著『情報化白書2007』増進堂，2007年。

日本大学商学部マーケティング研究会編『マーケティング・ソリューション』白桃書房，2001年。
根来龍之監修・早稲田大学IT戦略研究所編『mixiと第二世代ネット革命』東洋経済新報社，2006年。
根本重之『プライベート・ブランド —NBとPBの競争戦略—』中央経済社，1995年。
同著『新取引制度の構築—流通と営業の革新—』白桃書房，2004年。
根本重之・為広吉弘編『グローバル・リテーラー』東洋経済新報社，2001年。
根本則明「家電業界の価格動向とメーカーの対応」『価格革命と流通革新』日本経済新聞社，1995年。
野口智雄『価格破壊時代のPB戦略』日本経済新聞社，1995年。
同著『流通メガ・バトル』日本経済新聞社，2000年。
野尻俊明『知っておきたい流通関係法』白桃書房，1998年。
野村総合研究所情報・通信コンサルティング部『これから情報・通信市場で何が起こるのか IT市場ナビゲーター2008年版』東洋経済新報社，2008年。
服部勝人『ホスピタリティ・マネジメント学原論 新概念としてのフレームワーク』丸善株式会社，2006年。
同著『ホスピタリティ学のすすめ』丸善株式会社，2008年。
服部吉伸『流通業破壊の構図』日本実業出版社，1995年。
花井等『新国際関係論』東洋経済新報社，1996年。
花井等・岡部達味編『現代国際関係論』東洋経済新報社，2005年。
原田保・三浦俊彦編『eマーケティングの戦略原理 ビジネスモデルのパラダイム革命』有斐閣，2002年。
原田英生『アメリカの大型店問題 小売業をめぐる公的制度と市場主義幻想』有斐閣，2008年。
原田英生・向山雅夫・渡辺達朗『ベーシック流通と商業—現実から学ぶ理論と仕組み』有斐閣アルマ，2002年。
林周二『流通革命』中央公論社，1962年。
同著『流通革命新論』中央公論社，1962年。
同著『流通経済の課題』日本生産性本部，1968年。
同著『流通』日本経済新聞社，1982年。
林周二・田島義博編『流通システム』日本経済新聞社，1970年。
深見義一『商業学』春秋社，1949年。
同著『マーケティング論』有斐閣，1965年。
福田敬太郎『市場配給論』千倉書房，1937年。
藤瀬五郎訳（ジョン・ケネス・ガルブレイス著）『アメリカの資本主義』時事通

信社，1970年。

藤野香織『PB商品　企画・開発・販売のしくみ　PB商品の企画，生産から売り場展開，リニューアルまで』同文舘出版，2009年。

船井幸雄『流通が変わる・日本が変わる』PHP研究所，1990年。

フードリンクニュース編『食品トレーサビリティのすべて』日本能率協会マネジメントセンター，2004年。

保坂直達・白石善章『流通と経済―1つの学際研究―』晃洋書房，2004年。

三浦信『マーケティングの構造』ミネルヴァ書房，1971年。

水谷雅彦『情報の倫理学』丸善，2003年。

溝上幸伸『問屋が変わる！』ぱる出版，2002年。

宮沢健一『制度と情報の経済学〈第2版〉』有斐閣，1989年。

同著『価格革命と流通革新』日本経済新聞社，1995年。

同著『国際化時代の流通機構』商事法務研究会，1991年。

向井鹿松『配給市場組織』丸善，1935年。

森下二次也『現代商業経済論』有斐閣，1960年。

森田桐郎編著『世界経済論：《世界システム》アプローチ』ミネルヴァ書房，1995年。

保田芳昭『国際化時代の流通政策』ミネルヴァ書房，1993年。

矢作敏行『現代流通』有斐閣アルマ，1996年。

同著『中国・アジアの小売業革新―全球化のインパクト―』日本経済新聞社，2003年。

同著『小売国際化プロセス　理論とケースで考える』有斐閣，2007年。

矢作敏行/法政大学産業情報センター編『規制緩和で変わる日本』東洋経済新報社，1997年。

山上徹『現代流通総論』白桃書房，1994年。

横森豊雄『流通の構造変動と課題―ヨーロッパと日本の流通―』白桃書房，2002年。

吉川洋『マクロ経済学　第2版』岩波書店，2001年。

渡辺昭夫・緒田原涓一編『国際政治経済論』有斐閣，1988年。

渡辺好章編著『消費経済学体系2　流通・マーケティング』慶應義塾出版会，2005年。

和田充夫・恩蔵直人・三浦俊彦『マーケティング戦略〈第3版〉』有斐閣アルマ，2006年。

流通経済研究所国際部『アメリカ流通概要資料集2002年版』流通経済研究所，2002年。

同著『アメリカ流通概要資料集2003年版』流通経済研究所，2003年。

同著『アメリカ流通概要資料集2004年版』流通経済研究所，2004年。
同著『アメリカ流通概要資料集2005年版』流通経済研究所，2005年。
同著『アメリカ流通概要資料集2007年版』流通経済研究所，2007年。
流通問題研究協会編『変貌する流通とマーケティングチャネル』税務経理協会，1984年。
アメリカ合衆国商務省センサス局編/鳥居泰彦監訳『現代アメリカデータ総覧 2002 (Statistical Abstract of the United States)』東洋書林，2003年。
イマニュエル・ウォーラーステイン/川北稔訳『近代世界システム1600～1750：重商主義と「ヨーロッパ世界経済」の凝集』名古屋大学出版会，1993年。
イマニュエル・ウォーラーステイン/丸山勝訳『転移する時代：世界システムの軌道1945－2025』藤原書店，1999年。
イマニュエル・ウォーラーステイン/山田鋭夫他訳『世界システム論の方法』藤原書店，2002年。
クラウス・クノール/浦野起央・中村好寿共訳『国際関係におけるパワーと経済』時潮社，1979年。
ガレット・ハーディン/竹内靖雄訳『サバイバル・ストラテジー』思索社，1983年。
ポール・R・ビオティ/マーク・V・カピ/デヴィッド・J・ウェッセルズ/石坂菜穂子訳『国際関係論　現実主義・多元主義・グローバリズム』彩流社，1993年。
マーケティング史研究会編『現代アメリカのビッグストア〈第3版〉』同文舘出版，2008年。
ロバート・ギルピン/大蔵省世界システム研究会訳（監修：佐藤誠三郎・竹内透）『世界システムの政治経済学：国際関係の新段階』東洋経済新報社，1990年。
E.バッツァー/H.ラウマー/鈴木武編『現代流通の構造・競争・政策—日本とドイツの比較』東洋経済新報社，1992年。
E.バッツァー，鈴木武編『流通構造と流通政策—日本と西ドイツの比較—』東洋経済新報社，1985年。
RFIDテクノロジ編集部/編『無線ICタグのすべて—ゴマ粒チップでビジネスが変わる—』日経BP社，2004年。
RFIDテクノロジ編集部/編『無線ICタグ導入ガイド—先進ユーザーと実証実験に学ぶ！—』日経BP社，2004年。

[報告書]
井川正紀/美濃谷晋一『インターネットビジネスの現状と利用動向に関する調査研究報告書』総務省郵政研究所，1998年8月。

井川正紀/西垣昌彦『企業情報ネットワークに関する調査研究報告書』総務省郵政研究所，1998年8月。
岸本伸幸『情報通信の高度化を通じたアジア各国への貢献』総務省郵政研究所，1996年6月。
北村雅彦『流通業における物流機能に関する研究調査報告書』総務省郵政研究所，1990年4月。
木村順吾『諸外国の次世代情報通信サービス及び次世代情報通信網構築政策の動向に関する調査研究』総務省郵政研究所，1993年3月。
公正取引委員会事務局『流通構造の変化と情報技術の利用に関する実態調査報告書—消費財の流通を中心に—』大蔵印刷局，2000年6月。
同著『大規模小売業者と納入業者との取引に関する実態調査結果報告書』大蔵印刷局，1999年7月。
公正取引委員会事務総局編『経済の構造的変化と競争政策〜競争環境の積極的な創造〜経済調査研究会報告書』大蔵省印刷局，2000年8月。
佐々木勉『高度情報社会における記録通信の機能に関する研究（中間報告書）』総務省郵政研究所，1989年5月。
同著『高度情報社会における記録通信の機能に関する研究調査報告書』総務省郵政研究所，1989年5月。
須澤淳『企業の経営指標に関する調査研究報告書』総務省郵政研究所，2002年9月。
鈴木健治『情報化機器等の普及状況等調査報告書』総務省郵政研究所，1989年3月。
同著『情報化機器等の普及状況等調査報告書』総務省郵政研究所，1990年6月。
住尾健太郎『情報通信分野における技術標準のあり方に関する調査研究報告書』総務省郵政研究所，2002年7月。
竹下剛/田中明宏『情報通信の産業連関分析に関する研究調査報告書』総務省郵政研究所，1993年7月。
竹下剛/田中明宏/大村真一『情報通信の産業連関分析に関する研究調査報告書』総務省郵政研究所，1994年6月。
貿易会議製品輸入対策会議『我国の流通機構及び商慣行等の企業行動に関する分析と提言：日本市場への理解と参入を促進するために』総理府，1988年。
武南純一『情報化関連データ集（No.1）』総務省郵政研究所，1989年5月。
同著『情報化関連データ集（No.2）』総務省郵政研究所，1990年6月。
同著『情報化関連データに見る情報化動向—経済の情報化・ソフト化に関する統計・資料の整備に関する調査報告書—』総務省郵政研究所，1989年5月。
山科敏夫/東條進/宮尾好明『最近における物流業の業際化の動向に関する研究

報告書』総務省郵政研究所，1991年11月。
横井功/岡田裕二/國井昭男/竹山秀樹『ビジネス分野におけるマルチメディアサービスの利用動向に関する調査研究報告書』総務省郵政研究所，1996年6月。

[論文]

今井賢一「日本の産業組織」現代経済研究会『季刊現代経済』1972年。
江尻弘「拮抗力理論の再検討」日本消費経済研究所『季刊消費と流通』日本経済新聞社，1978年秋。
円居総一「情報化と企業・産業組織の構造変化―グローバルスタンダードの本質と政策的課題―」国際関係研究所『国際関係研究』日本大学国際関係学部，2002年第22巻第4号。
大平号声「情報産業進展の構造分析」『季刊現代経済』No.51，1982年冬号。
神里達博「近年の食品問題の構造―2002年食品パニック―分析」『社会技術研究論文集』Vol.2，Oct.2004.
川辺信雄「コンビニエンス・ストアの経営史―日本におけるコンビニエンス・ストアの30年―」『早稲田商学第400号』早稲田大学商学部，2004年9月。
河野恵伸・斎藤修「生鮮食料品トレーサビリティ・システムの現段階」『流通情報』流通経済研究所，2003年10月。
國領二郎「インターネットとプライバシー問題」Info-Future，Vol.11，2003年12月。
古城桂子「経済のグローバル化と国際関係：国際政治経済学の展開と課題」『国際関係研究』1998年3月。
小林逸太「大規模小売業者の垂直的市場行動と経済的成果」流通経済研究所『流通研究』1976年。
小山周三「新流通革命の基本条件」『新流通革命への視座』流通産業研究所，1994年。
三家英治「アメリカと日本における小売革新の差異」『京都学園大学論集』第14巻第1号，1985年。
食品のトレーサビリティ導入ガイドライン策定委員会『食品トレーサビリティ導入の手引き（食品トレーサビリティガイドライン及びトレーサビリティ・システム実証事例）』2003年3月。
鈴木武「日本の流通システムの特質と問題点」『福岡大学商学論叢』福岡大学商学部，第31巻第2号，1988年9月。
関根孝「内外価格差と我国の流通機構」『商学研究年報』専修大学商学研究所，第21号，1996年3月。
高嶋克義「在庫を背負う営業」『新流通革命への視座』流通産業研究所，1994年。

田内幸一・相原修「流通効率の測定評価について」『成蹊大学経済学部論集』第1巻第1号，1980年9月。

電子商取引推進協議会『ECOM Journal 第8号』2004年5月。

長島信一「欧州にみるウォルマートと日本市場参入」『流通情報』流通経済研究所，No.404，2003年2月。

丸山雅祥他編「日本の流通システム：理論の実証」『経済分析』経済企画庁経済研究所，1991年5月第123号。

安田武彦「発展途上国への小売技術の移転について」『商学集志』日本大学商学部創設90周年記念号，1994年10月号，第64巻第1・2・3号合併号，203～218頁。

安田武彦「革新の商業化と市場参入戦略」『商学集志』日本大学商学研究会，1993年3月，第62巻第4号，79～93頁。

矢作敏行「対抗力概念の再検討と多元的流通システムの展開」『これからの流通産業』流通産業研究所，1976年。

同著「流通チャネルの変動」日経流通新聞編『流通現代史』日本経済新聞社，1993年。

同著「取引から提携へ」『新流通革命への視座』流通産業研究所，1994年。

同著「小売サプライチェーン」『経営史林』法政大学経営学会，1999年。

矢部丈太郎「流通問題と競争政策」矢部丈太郎・山田昭雄・上杉秋則監修『流通問題と独占禁止法』国際商業出版，1990年。

山下道子他編「大型小売店の参入規制と小売価格の変動—大規模小売店舗法の経済的評価—」『経済分析』経済企画庁経済研究所，1992年7月第127号。

吉川肇子・白戸智・藤井聡・竹村和久「技術的安全と社会的安心」『社会技術研究論文集』Vol.1，Oct.2003.

エコノミスト臨時増刊号『2003 米国経済白書』毎日新聞社，2003年6月9日号。

[英語文献]
[単行本]

Alexander, N., *International Retailing*, Blackwell, 1997.

Anne T.Coughlan and Erin Anderson and Louis W.Stern and Adel I.El-Ansary, *Marketing Channels*, Prentice Hall International, Inc., 2001.

Ansoff, I.H., *Corporate Strategy : An Analytic Approach to Business Policy for Growth and Expansion*, McGraw-Hill, 1965.（広田寿亮訳『企業戦略論』産業能率大学出版部，1969年。）

Arrow, K.J., *The Limits of Organization*, New York, Norton, 1974.（村上泰亮訳『組織の限界』岩波書店，1976年。）

Arrow, K.J., "The Potentials and Limits of the Market in Resource Allo-

参考文献

cation," in G.R.Feiwel(ed.), *Issues in Contemporary Microeconomics and Welfare*, London, Macmillan, 1985.

Arrow, K.J. and F.H.Hahn., *General Competitive Analysis*, Holden-Day, San Francisco, 1971. (福岡正夫・川又邦雄訳『一般均衡分析』岩波書店, 1976年。)

Badaracco, Jr., J.L., *The Knowledge Link : How Firm Compete through Strategic Alliances*, Harvard Business School Press, 1990.

Barksdale, H.C.and Anderson, L.M., "Toward a Conceptual Framework For Comparative Marketing," *Comparative Marketing Systems*, Edited by Erdener Kyanak and Ronald Savitt, Praeger Publishers, 1984.

Bert Rosenbloom, *The Retailer's Changing Role in the Marketing Channel*, Marketing, Random House, 1981.

Bertels, R., *Marketing Theory and Metatheory*, 1970.

Bucklin, L.P., *Competition and Evolution in the Distributive Trades*, Prentice-Hal Inc., 1972.

Bruce Mallen, "Conflict and Cooperation in Marketing Channels," in *Reflections on Progress in Marketing*, ed. L.George Smith, American Marketing Association, 1964.

Christian Gronroos, *SERVICE MANAGEMENT and MARKETING : Customer Management in Service Competition*, third-edition., WILEY, 2007.

David N.Balaam and Michael Veseth, *Introduction to International Political Ecomony*, Prentice Hall, 1996.

David Walters, *The Retail Business as a Component in the Supply Chain*, Retailing Management, The Macmillian Press, 1994.

Donald J.Bowersox and David J.Closs and M.Bixby Cooper, *Supply Chain Logistics Management*, The McGraw-Hill Companies, inc., 2002

Duncan, Hollander and Sawitt, *Modern Retailing Management*, 1983.

E.Jerome McCarthy, *Basic Marketing : A Management Approach*, Richard D. Irwin, Inc., 1984.

E.T.Grether, *Marketing and Public Policy*, 1966.

Evert Gummesson, *Total Relationship Marketing second-edition*, Butterworth Heinemann, 2002.

Findlay, A.M., Paddison, R. and Dawson, J.A., *Retailing Environments in Developing Countries*, Routledge, 1990.

Francis Buttle, *Customer Relationship Management :*

Concepts and Technologies second-edition, Elsevier, 2009.

Gary Hamel&C.K.Prahalad, *Competing For The Future,* Harvard Business Scool Press, 1994.（一条和生『コア・コンピタンス経営』日本経済新聞社，1995年。）

James R.Lowry, *Effective organization for retailer's, Retail Management,* South-Western, 1983.

John A.Dawson and Susan A.Shaw, *Horizontal competition in retailing and the structure of manufacturer−retailer relationships,* Retail and marketing channels, Routledge, 1989.

John Kenneth Galbraith, American *Capitalism−The Theory of Countervailing Power,* Hamish-Hamilton, 1957.

Karl Polanyi, *The Great Transformation,* Beacon press, 1944.

Kevin Lane Keller, *Strategic Brand Management,* Prentice-Hall, Inc., 1998.

Lou E.Pelton and David Strutton and James R.Lumpkin, *Marketing Channels-A Relationship Management Approach,* McGraw-Hill Irwin, 2002.

Louis W. Stern and Adel I. El-Ansary and Anne T. Coughlan, *MARKETING CHANNELS,* Prentice Hall, 1996.

Luca Pellegrini, *Consumer Behavior and Product−distributer Relationship in Cnvenience goods market Retail and marketing Channel,* Routledge, 1989.

McCraw, T.K.ed., *America versur Japan : A Comparative Study,* Boston, Massachusetts : Harvard Business School Press, 1986.

M.Kotabe&K.W.Wheiler, *Anticompetitive Practices in Japan,* Greenwood Publishing Group, inc., 1996.

Melvin Morgenstein and Harriet Strongin, *The Buying Function : Modern Retailing,* John Wiley&Sons, 1983.

Michael E.Porter, *The Competitive Advantage of Nations,* The Free Press, 1990.（土岐坤・中辻万治・小野寺武夫・戸成富美子訳『国の競争優位（上）（下）』ダイヤモンド社，1992年。）

Michael E.Porter, *On Competition,* Harvard Business School Press, 1998.（竹内弘高訳「競争戦略論Ⅰ」ダイヤモンド社，1999年。）

Michael E.Porter, *On Competition,* Harvard Business School Press, 1998.（竹内弘高訳「競争戦略論Ⅱ」ダイヤモンド社，1999年。）

Nigel Slack-Stuart Chambers-Robert Johnston,

OPERATIONS MANAGEMENT fifth-edition, 2007.

O.E.Williamson, *Markets and Hierarchies : Analysis and Antitrust Implications*-A study in the Economics of Internal Organization, Free Press, New York, 1985.（浅沼万里・岩崎晃訳『市場と企業組織』日本評論社, 1980年。）

O.E.Williamson, *The Economic Institutions of Capitalism : Firms*, Markets, *Relational Contracting*, Free Press, New York, 1985.

Pellengrini, L., *Consumer Behavior and Product-Distributor Relationship in Convenience Goods Market : Retail and Marketing Channels*, Routledge, 1989.

Philip Kotler・Gary Armstrong, *Principles Of Marketing* 12th edition., Prentice-Hall 2008.

Philip Kotler, *KOTLER On Marketing*, The Free Press, 1999.

Philip Kotler, *Marketing Insights from AtoZ : 80 Concepts Every Manager Needs to Know*, John Wiley&Sons International Rights, inc., 2003.

PhilipKotler, *Marketing Management : Analysis, Planning, Implementation and Control, 9th ed* ., Prentice-Hall, 1997.

Philip Kotler-Kevin Keller, *MarketingManagement*, 12th edition., Pearson Education, 2006.

Philip Kotler-Kevin Keller, *A Framework for MarketingManagement*, fourth-edition., Pearson Education, 2009.

Philip Kotler, Thomas Hayes and Paul N.Bloom, *Marketing Professional Services*, second-edition., Learning Network Direct, 2002.（白井義男監修・平林祥訳『コトラーのプロフェッショナル・サービス・マーケティング』ピアソン・エデュケーション, 2002年。）

Philip Kotler, *Marketing for Hospitality and Tourism*, third-edition., Pearson Education, 2003.（白井義男監修・平林祥訳『コトラーのホスピタリティ＆ツーリズム・マーケティング〈第3版〉』ピアソン・エデュケーション, 2003年。）

Philip Kotler, Hermawan Kartajaya, Hooi Den Huan, Think ASEAN!, McGrawHill, 2007.（洞口治夫監訳・山田郁夫訳『ASEANマーケティング 成功企業の地域戦略とグローバル価値創造』マグロウヒル・エデュケーション, 日本出版貿易株式会社発売, 2007年。）

Richard H.Thaler, The Winner's Curse, The Free Press, 1992.（篠原勝『市場と感情の経済学』ダイヤモンド社, 1998年。）

Robert F.Hartley, *Retailer Strategic Planning, Retailing : Challenge and*

Opportunity, Houghton Mifflin Company, 1984.

R.Lauterborn, New Marketing *Litany : 4P' s Passe;C-Wores Take Over*, Advertising Age, October 1, 1990.

Susan Segal-Horn John McGee, *Strategies to Copy with Retailer Buying Power, Retail and marketing channels*, Routledge, 1989.

Susan Strange, *States And Markets*, Pinter London and Washington Second Edition, 1999.

Tawfik Jellassi-Albrecht Enders, Strategies for e-Business:Creating Value through Electronic and Mobile Commerce Concept and Cases second-edition, Prentice Hall, 2008.

Vincent Cable, *Globalization and Global Governance*, The Royal Institute Of International Affairs, 1999.

Warren, S.D.&Brandeis, L.D., *The Right of Privacy*, 4Harvard Low Review, 1890.

[論文]

Arndt, J., "Temporal Lags in Comparative Retailing", *Journal of Marketing* ", Vol.36, Oct.1972.

A.Juel and R.Pappu, "Squealing Euros : Privacy Protection in RFID-Enabled Banknotes", *Financial Cryptography* 2003, Springer-Verlag, 2003.

Barnes, W.N., "International Marketing Indicators," *European Journal of Marketing*, Vol.20, No. 2, Winter 1980.

El-Ansary, A.I.and M.L.Liebrenz, "AMultistage Approach to Comparative Marketing Analysis," *Journal of Macromarketing*, 1982.

Fernald, G. and Ramnath, S, "The Acceleration in U.S.Total Factor Productivity after 1995 : the Role of Information Technology , " *Economic Perspective FRB Chicago*, Oct.2004.

JETRO 『DISTRIBUTION PLANNING IN JAPAN』 No.38.1988.

Orla Nielsen, "Development in Retailing," in Kjaer-Hansen(ed.), *Redings is Danish Theory of Marketing* (North Holland), 1966, pp.101-115.

M.C.McNair, "Significant Trends Development in the Post War Period," in A.B.Smith (ed.) *Competitive Distribution in a Free High-Level Economy and It' s Implications for the University* (University of Pittsburg Press), 1958, pp.1-25.

S.C.Hollander, "Notes on the Retail Accordion," *Journal of Retailing*,

Summer, 1966, pp.29-40.

W.R.Davidson, A.D.Bates, and S.J.Bass, "The Retail Life Style," *Harvard Business Review*, Nov./Dec., 1976, pp.89-96.

[ホームページ資料]

経済産業省ホームページ [HP] http://www.meti.go.jp/
公正取引委員会ホームページ [HP] http://www.jftc.go.jp/
厚生労働省ホームページ [HP] http://www.mhlw.go.jp/
国土交通省ホームページ [HP] http://www.mlit.go.jp/
国民生活センターホームページ [HP] http://www.kokusen.go.jp/
総務省統計局ホームページ [HP] http://www.stat.go.jp/
中小企業庁ホームページ [HP] http://www.chusho.meti.go.jp/
内閣府ホームページ [HP] http://www.cao.go.jp/
農林水産省ホームページ [HP] http://www.maff.go.jp/
米国商務省ホームページ [HP] http://www.commerce.gov/
米国農務省ホームページ [HP] http://www.usda.gov/wps/portal/usdahome
食品産業センターホームページ [HP] http://www.shokusan.or.jp/
食品トレーサビリティシステム標準化推進協議会
　　[HP] http://trace-sys.jp/ftssi/digest1.html
食品流通構造改善促進機構ホームページ [HP] http://www.ofsi.or.jp/
総合研究開発機構（NIRA）ホームページ [HP] http://www.nira.go.jp/
日本小売業協会ホームページ [HP] http://www.japan-retail.or.jp/
日本ショッピングセンター協会ホームページ [HP] http://www.jcsc.or.jp/
日本セルフサービス協会ホームページ [HP] http://www.jssa.or.jp/
日本チェーンストア協会ホームページ [HP] http://www.mlit.go.jp/
日本統計協会ホームページ [HP] http://www.jstat.or.jp/
日本百貨店協会ホームページ [HP] http://www.depart.or.jp/
日本経済新聞社NIKKEI NETホームページ [HP] http://www.nikkei.co.jp/
流通経済研究所ホームページ [HP] http://www.dei.or.jp/
流通システム開発センターホームページ [HP] http://www.dsri-dcc.jp/
米国食品市販協会（FMI）ホームページ [HP] http://www.fmi.org/
イオンホームページ [HP] http://www.aeon.info/
イトーヨーカドーホームページ [HP] http://look.itoyokado.co.jp/
三井物産戦略研究所のホームページ [HP] http://mitsui.mgssi.com/
T-Engine Forum ホームページ[HP]http://www.t-engine.org/japanese.html
RFIDテクノロジホームページ [HP] http://itpro.nikkeibp.co.jp/rfid/index.html

［著者紹介］
蓼沼　智行（たでぬま・ともゆき）

栃木県出身。日本大学大学院商学研究科修士課程修了，日本大学大学院国際関係研究科博士課程修了。現在，日本大学国際関係学部国際ビジネス情報学科助教，博士（国際関係）。
主な著書
『マーケティング・ソリューション』（共著，白桃書房）
『コミュニケーション・マーケティング―共鳴と共感の対話型企業経営―』（共著，白桃書房）
『パッケージド・アグロフード・マーケティング　生産・販売履歴にみる安全・環境・ブランド化』（共著，白桃書房）
『　マーケティング論概説』（共著，記録舎）
『経営学検定試験　公式テキスト4　マーケティング』（共著，中央経済社）
その他

イノベーションと流通構造の国際的変化
―業態開発戦略，商品開発戦略から情報化戦略への転換―

2010年3月25日　第1版第1刷　　定　価＝2800円＋税

著　者　蓼沼智行 ©
発行人　相良景行
発行所　㈲時潮社

〒174-0063　東京都板橋区前野町4-62-15
電　話　03-5915-9046
Ｆ Ａ Ｘ　03-5970-4030
郵便振替　00190-7-741179　時潮社
Ｕ Ｒ Ｌ　http://www.jichosha.jp

印刷・相良整版印刷　製本・武蔵製本

乱丁本・落丁本はお取り替えします。
ISBN978 4 7888 0644 3

時潮社の本

グローバル企業経営支援システム
―時間発展型統合シミュレーションを用いて―
張　静　著
Ａ５判・並製・160頁・定価3500円（税別）

従来の勘とコツによる物流管理方式を脱した新方式、グローバル・カンパニー・マネジメント(GCM)システムを提案。本書では、生産〜物流〜販売〜在庫の一元管理により、グローバル企業の経営の最適化をサポートするGCMを全面的に紹介する。

情報通信技術と企業間取引
鋼材取引業務の電子商取引化
伊藤昭浩著
Ａ５判・上製箱入り・148頁・定価2800円（税別）

情報通信技術の発展がもたらす企業間取引への影響について、鉄鋼業界における鋼材の電子商取引化を対象に分析した。本書では、わが国の企業間取引における変化を取引費用論から実証的かつ理論的に詳細に分析し、従来の企業間取引を電子商取引化する経済合理性を示すことを試みている。

国際貿易論小史
小林　通著
Ａ５判上製・218頁・定価3500円（税別）

本書は、古典派貿易論研究の出発点となる『国際分業論前史の研究』（小社刊）をさらに一歩前進させ、古典派経済学の基本的真髄に接近し、17〜18世紀イギリスにおける国際貿易理論に学説史的にアプローチする。A.スミス、D.リカードウ、J.S.ミルなど本書に登場する理論家は10人を数える。

国際環境論〈増補改訂〉
長谷敏夫著
Ａ５判・並製・264頁・定価2800円（税別）

とどまらない資源の収奪とエネルギーの消費のもと、深刻化する環境汚染にどう取り組むか。身のまわりの解決策から説き起こし、国連を初めとした国際組織、NGOなどの取組みの現状と問題点を紹介し、環境倫理の確立を主張する。